La negligencia emocional en la infancia: reconocer y superar las secuelas

La información contenida en este libro se basa en las investigaciones y experiencias personales y profesionales del autor y no debe utilizarse como sustituto de una consulta médica. Cualquier intento de diagnóstico o tratamiento deberá realizarse bajo la dirección de un profesional de la salud.
La editorial no aboga por el uso de ningún protocolo de salud en particular, pero cree que la información contenida en este libro debe estar a disposición del público. La editorial y el autor no se hacen responsables de cualquier reacción adversa o consecuencia producidas como resultado de la puesta en práctica de las sugerencias, fórmulas o procedimientos expuestos en este libro. En caso de que el lector tenga alguna pregunta relacionada con la idoneidad de alguno de los procedimientos o tratamientos mencionados, tanto el autor como la editorial recomiendan encarecidamente consultar con un profesional de la salud.

Título original: Running on Empty. Overcome Your Childhood Emotional Neglect
Traducido del inglés por Julia Fernández Treviño
Diseño de portada: Editorial Sirio, S.A.
Maquetación: Toñi F. Castellón

www.editorialsirio.com
sirio@editorialsirio.com

I.S.B.N.: 978-84-10335-45-5
Depósito Legal: MA-621-2026

Impreso en Imagraf Impresores, S. A.
c/ Nabucco, 14 D - Pol. Alameda
29006 - Málaga

Impreso en España

Puedes seguirnos en Facebook, X, YouTube e Instagram.

DRA. JONICE WEBB

LA NEGLIGENCIA EMOCIONAL EN LA INFANCIA: RECONOCER Y SUPERAR LAS SECUELAS

EDITORIAL SIRIO

Dedicado a mis clientes

ÍNDICE

PRÓLOGO

Escribir este libro ha sido una de las experiencias más fascinantes de mi vida. A medida que el concepto de negligencia emocional se fue aclarando y definiendo más en mi cabeza, no solamente cambió mi forma de practicar la psicología sino también mi forma de ver el mundo. Comencé a ver negligencia emocional en todas partes: en mi propia manera de criar a mis hijos o de tratar a mi marido, en el centro comercial, e incluso en los programas de televisión donde personas anónimas hablan de su vida. A menudo me encontré pensando que sería una gran ayuda que la gente pudiera ser consciente de esta influencia invisible que nos afecta a todos.

Después de considerar que el concepto se había convertido en un aspecto vital de mi trabajo a lo largo de los años, y plenamente convencida de su valor, terminé por compartirlo con mi colega, la doctora Christine Musello. Ella lo comprendió de inmediato, y rápidamente comenzó a detectar la negligencia emocional no solo en su propia práctica clínica sino también en su entorno, igual que me había sucedido a mí. Entonces empezamos a trabajar juntas para esbozar y definir el fenómeno. La doctora Musello fue una ayuda importante en el proceso de poner en palabras el concepto de negligencia emocional. El hecho de que fuera capaz de incorporar el concepto, y que lo considerara tan útil, me animó a seguir avanzando.

A pesar de que la doctora Musello no pudo seguir colaborando conmigo en la redacción de este libro, fue un gran apoyo al inicio del proceso. Ella se encargó de revisar y estructurar las primeras secciones y muchas de las viñetas clínicas,* motivo por el cual me complace expresar mi reconocimiento por su contribución.

* N. de la T.: Las viñetas son una herramienta metodológica que se utiliza para ilustrar conceptos y mostrar posibles escenarios. Habitualmente en el ámbito profesional son más completas y técnicas que las que aparecen en este libro ya que, aunque la autora ha elegido este término para referirse a ellas, aquí se trataría de sencillas narraciones breves que sirven como ejemplo, sin entrar en tecnicismos, diagnosis ni análisis profundo.

AGRADECIMIENTOS

Este libro nunca hubiera podido ser imaginado ni escrito sin la buena disposición de los clientes que aparecen en las viñetas para compartir sus historias y su sufrimiento en el curso de la terapia. A todos ellos quiero expresarles mi aprecio y mi respeto, y agradecerles profundamente su confianza, su franqueza y su compromiso.

También quiero agradecer a *The New Yorker* por trabajar conmigo para que pudiera utilizar algunos de sus excelentes dibujos con el fin de añadir un toque de humor a *La negligencia emocional en la infancia*.

Para escribir este libro he contado con la extraordinaria comprensión y apoyo de mi familia, mis amigos y mis colegas. Me gustaría agradecer a algunas de las muchas personas que me han animado a seguir adelante y me han ayudado a lo largo de este proceso.

En primer lugar, me gustaría expresar mi más profunda gratitud a Denise Waldron, que dedicó innumerables horas a leer y corregir el manuscrito, lo que le restó tiempo para dedicarse al libro que ella misma estaba escribiendo. El ojo de Denise para los detalles es inestimable. Me sorprendió constantemente por su capacidad para descubrir inconsistencias y errores, algunos nimios y otros importantes, y me ayudó a corregirlos.

En segundo lugar, quiero agradecer a Joanie Shaffner, trabajadora social, a la doctora Danielle DeTora y a Nicholas Brown, por sus excelentes comentarios e ideas para mejorar el manuscrito; a Michael Feinstein, por compartir conmigo sus conocimientos empresariales en los momentos en que debía tomar decisiones difíciles y enrevesadas, y a mi agente, Michael Ebeling, por creer en mi libro y en mí, y por guiarme a lo largo del complicado proceso de publicar un libro.

Mi agradecimiento también para el doctor Scott Creighton, Catherine Bergh, Patrice y Chuck Abernathy, David Hornstein y Nancy Fitzgerald Heckman; cada uno de ellos me animó cuando más lo necesitaba, escuchándome, cuidándome, aconsejándome o pidiendo favores a otras personas para hacer posible que este libro saliera a la luz.

Y, por último, quiero expresar mi amor y mi más sincero agradecimiento a mi marido, Seth Davis, y a mis dos hijos, Lydia e Isaac, por soportar de buen grado las largas horas que invertí en investigar y escribir, y por no permitir en ningún momento que dudara de mí misma. Jamás hubiera sido capaz de escribir este libro sin su apoyo y sin su confianza inquebrantable.

INTRODUCCIÓN

¿Qué es lo que recuerdas de tu infancia? Casi todo el mundo recuerda algunos fragmentos, o tal vez algo más. Tal vez tengas algunos recuerdos positivos, como por ejemplo vacaciones familiares, maestros, amigos, campamentos de verano o premios académicos. Y también algunos recuerdos negativos, como pueden ser conflictos familiares, rivalidades entre hermanos, problemas en el colegio o incluso algunos acontecimientos tristes o problemáticos. Este libro no se ocupa de ninguno de esos recuerdos. De hecho, no trata de nada que puedas recordar, ni de nada que haya ocurrido en tu infancia. Este libro se ha escrito para ayudarte a tomar conciencia de lo que *faltó* en tu niñez, de aquello que *no recuerdas*. Porque *lo que no sucedió* tiene tanto o más poder sobre la persona en la que te has convertido como adulto que cualquiera de los acontecimientos que recuerdas. *La negligencia emocional en la infancia* te permitirá conocer las consecuencias de lo que no sucedió: una fuerza invisible que puede estar activa en tu vida. Te ayudaré a determinar si esta fuerza invisible te ha afectado y cómo puedes superar sus efectos.

Muchas personas buenas e inteligentes que se desempeñan muy bien en sus estudios o su trabajo, se sienten insatisfechas o desconectadas, aunque no lo manifiesten. «¿Acaso no debería ser más feliz?», «¿Por qué no he conseguido más logros?», «¿Por qué mi vida no tiene más sentido?». Estas son las preguntas que a menudo nos lleva a plantearnos esa fuerza invisible. Y las personas que suelen hacérselas son las que creen que han tenido padres cariñosos y bienintencionados, y recuerdan su infancia como una época sana y feliz. En consecuencia, se culpan a sí mismas por lo que no las hace sentir bien como adultas. No se dan cuenta de que están bajo la influencia de todo aquello que no recuerdan... la fuerza invisible.

En este momento probablemente te estés preguntando: *¿Qué es esta fuerza invisible?* Puedes estar seguro* de que no es nada aterrador. No es nada sobrenatural, paranormal ni inquietante. En realidad, es algo muy común y humano, que *no ocurre* todos los días en los hogares y familias de todo el mundo. Sin embargo, no nos damos cuenta de que existe, de su importancia, ni del impacto que tiene en nosotros. No sabemos cómo nombrarla, no pensamos en ella ni hablamos de ella. No podemos verla; solo podemos sentirla. Y cuando lo hacemos, no sabemos qué es lo que estamos sintiendo.

En este libro, finalmente voy a darle un nombre a esta fuerza. Y el nombre es negligencia emocional. Esto no debe confundirse con la desatención física.

Todo el mundo está familiarizado con la palabra *negligencia*. Es un término muy común. En los diccionarios podemos encontrar (en lo referente a este contexto) varias definiciones de negligencia: prestar poca atención, no dar importancia o hacer caso omiso; desatender, mostrar indiferencia, desproteger, ignorar...

En particular, *negligencia* es una palabra utilizada frecuentemente por profesionales de la salud mental de los servicios sociales. Por lo general se emplea para referirse a una persona dependiente,

---

* N. de la T.: Por razones prácticas, se ha utilizado el masculino genérico en la traducción del libro. La prioridad al traducir ha sido que la lectora y el lector reciban la información de la manera más clara y directa posible.

que puede ser un niño pequeño o mayor, cuyas necesidades físicas no son cubiertas. Por ejemplo, un niño que acude a la escuela sin abrigo en invierno, o un anciano con problemas de movilidad y cuya hija adulta «se olvida» asiduamente de llevarle comestibles.

La desatención emocional pura es invisible. Puede ser extremadamente sutil, y los signos visibles y físicos pueden ser casi inexistentes. De hecho, muchos niños que la sufren han recibido excelentes cuidados físicos. Muchos proceden de familias que parecen ideales. Es bastante improbable que las personas que han sufrido este tipo de negligencia, para las que escribo este libro, hayan sido identificadas debido a indicios externos; de hecho, es bastante improbable que se haya descubierto siquiera que la han sufrido.

Entonces, ¿para qué escribir un libro? Después de todo, si el tema ha pasado desapercibido todo este tiempo para investigadores y profesionales, ¿cómo de debilitante puede realmente ser? La verdad es que las personas afectadas sufren. Sin embargo, no son capaces de descubrir el motivo de su dolor, y con demasiada frecuencia tampoco lo consiguen los terapeutas que las tratan. En este libro identifico, defino y sugiero soluciones para una lucha oculta que a menudo bloquea a quienes la padecen, e incluso también a veces a los profesionales a los que acuden en busca de ayuda. Mi objetivo es ayudar a estas personas que están sufriendo en silencio, preguntándose qué hay de malo en ellas.

Existe una buena explicación que permite entender por qué la negligencia emocional ha sido ignorada durante tanto tiempo. *Se esconde*. Reside en los pecados de omisión, no en los de perpetración; es el espacio en blanco en el retrato familiar y no el retrato en sí mismo. Suele ser lo que NO se pronunció, observó, ni recordó en la infancia, en lugar de lo que SÍ se dijo.

Por ejemplo, los padres pueden brindar a sus hijos un hogar agradable, ofrecerles muchas prendas de vestir y alimentos, y no juzgarlos ni maltratarlos jamás. No obstante, esos mismos padres pueden no percatarse de que su hijo adolescente consume drogas, o quizás le den demasiada libertad en vez de ponerle límites porque eso supondría tener un conflicto. Cuando ese adolescente llega a ser adulto, puede considerar que tuvo una niñez «ideal» y no darse cuenta jamás de que sus padres no le dieron lo que él más necesitaba. Se culpa pensando que cualquiera de sus dificultades se debe a las malas decisiones que tomó cuando era adolescente: «Yo era una buena pieza»; «Tuve una infancia genial, así que no tengo ninguna excusa para no haber llegado más lejos en mi vida». Como terapeuta, en muchas ocasiones he escuchado pronunciar estas palabras a personas maravillosas y muy competentes. Esas personas no son conscientes de que la negligencia emocional fue una fuerza muy poderosa en su infancia. Este ejemplo nos ofrece solamente una de las infinitas formas en que un padre o una madre pueden descuidar emocionalmente a su hijo, provocando que sienta un gran vacío interior.

«Esta canción está dedicada a nuestros padres, y es nuestra forma de suplicar una supervisión más atenta».

Aquí me gustaría incluir una advertencia importante: *todos* podemos citar ejemplos de momentos en los que nuestros padres nos han fallado en un aspecto u otro. No hay padres perfectos, y ninguna infancia es perfecta. Sabemos que la inmensa mayoría de los progenitores se esmeran en hacer lo mejor para sus hijos. Todos los que tenemos hijos sabemos que cuando cometemos errores en su crianza casi siempre podemos corregirlos. Este libro no tiene el propósito de avergonzar a los padres ni de hacerles sentir que han fracasado. De hecho, a lo largo del libro conocerás muchos casos de padres que son cariñosos y tienen buenas intenciones, y sin embargo descuidan emocionalmente a sus hijos de alguna forma fundamental. Muchos son buenas personas y buenos padres, pero ellos mismos sufrieron negligencia emocional cuando eran niños. *Todos* los padres descuidan emocionalmente alguna vez a sus hijos sin causarles un daño real. Este tipo de negligencia solo se convierte en un problema cuando es lo suficientemente importante o frecuente como para privar al niño o la niña del apoyo emocional que necesita.

Cualquiera que sea el nivel del fracaso parental, las personas que han sufrido desatención emocional consideran que el problema está en ellas, en vez de aceptar que sus padres les han fallado.

A lo largo del libro incluyo muchos ejemplos basados en las vidas de mis pacientes y de otras personas que han luchado para librarse de la tristeza, la ansiedad o el sentimiento de vacío en sus vidas, para los que no tenían palabras ni encontraban ninguna explicación. Estas personas que han sufrido desatención emocional suelen dar a los demás lo que ellas mismas desean o necesitan. Saben lo que se espera de ellas en la mayoría de los ámbitos sociales; sin embargo, son incapaces de identificar y describir qué es lo que no va bien en su experiencia interna de la vida, y de qué manera las perjudica y les hace daño.

Esto no significa que los adultos que sufrieron negligencia emocional cuando eran niños carezcan de síntomas apreciables. No obstante, estos síntomas que los han traído a la consulta de un psicoterapeuta siempre se enmascaran bajo otros problemas: depresión, problemas conyugales, ansiedad, ira... Estos adultos no interpretan correctamente su infelicidad y tienden a sentirse avergonzados por tener que pedir ayuda. Dado que no han aprendido a identificar sus verdaderas necesidades emocionales, ni a conectarse con ellas, los terapeutas pueden tener dificultades para conseguir que sigan en tratamiento el tiempo suficiente para que lleguen a comprender mejor lo que les sucede. De modo que este libro no se ha escrito únicamente para los que han sufrido negligencia emocional, sino también para los profesionales de la salud mental que necesitan herramientas para tratar la falta crónica de autocompasión que puede sabotear el mejor de los tratamientos.

Independientemente de que hayas escogido leer *La negligencia emocional en la infancia* porque estás buscando respuestas para tus propias sensaciones de vacío y tu insatisfacción, o que seas un profesional de la salud mental con el propósito de ayudar a pacientes que están «bloqueados», este libro ofrece soluciones concretas para heridas invisibles.

En *La negligencia emocional en la infancia* he utilizado muchas viñetas para ilustrar diversos aspectos de la desatención emocional en niños y adultos. Todas las viñetas se basan en historias reales de la práctica clínica, ya sea de mi práctica personal como de la doctora Musello. Se han modificado los nombres, eventos y detalles de los pacientes con el fin de proteger su privacidad, de manera que ninguna viñeta representa a una persona real viva o fallecida. Las excepciones son las de los capítulos uno y dos, en las que interviene Zeke. Estas viñetas fueron creadas para ilustrar la forma en que diferentes estilos parentales pueden afectar al mismo niño, y son meramente ficticias.

¿Te estás preguntando si este libro se puede aplicar a tu caso? Rellena el siguiente cuestionario para descubrirlo. Marca con un círculo las preguntas en las que tu respuesta ha sido **SÍ**.

Cuestionario de negligencia emocional

Cuando los niños sufren desatención emocional, a menudo es sutil e invisible, y no suelen recordarlo. Como adulto puedes estar preguntándote: «Entonces, ¿cómo saber si lo he sufrido?».

Este dilema es precisamente la razón por la cual he creado este cuestionario. Se trata de una serie de preguntas a las que debes responder SÍ o NO. Tu puntuación no solamente te permitirá saber si te has criado en un ambiente de negligencia emocional; también te abrirá una ventana para que conozcas en qué ámbitos tuvo lugar.

En www.drjonicewebb.com/cen-questionnaire puedes obtener el cuestionario (en inglés)*, solo tienes que hacer clic en «Take the Questionaire» e introducir tu correo electrónico para que te lo enviemos.**

* N. de la T.: En Internet puedes encontrar paginas especializadas que ofrecen cuestionarios en castellano.

** Al tratarse de una fuente ajena a Editorial Sirio, nuestra editorial no tiene competencia ni responsabilidad en lo que respecta a la actualización y operatividad de esta herramienta en un futuro.

PRIMERA PARTE

SIN COMBUSTIBLE (EL VACÍO INTERIOR)

Capítulo 1

¿POR QUÉ NO SE LLENÓ EL DEPÓSITO?*

«Intento llamar la atención sobre la inmensa contribución para el individuo y la sociedad que una buena madre, con el apoyo de su marido, aporta al inicio de la vida, *y lo hace simplemente a través de la devoción a su bebé*».

D. W. Winnicott (1964). *The Child, the Family, and the Outside World* [El niño, la familia, y el mundo exterior]

No se necesita un gurú de la crianza, un santo ni, gracias a Dios, un psicólogo para criar a un niño de manera que, con el paso de los años, se convierta en un adulto sano y feliz. El psiquiatra infantil, investigador, escritor y psicoanalista Donald Winnicott lo destacó en todos sus escritos a lo largo de cuarenta

* N. de la T.: El título original de este libro es *Running on Empty* cuya traducción es complicada en este contexto. En general la expresión se suele utilizar para indicar extenuación (estar al límite, vivir en modo supervivencia...), pero la traducción literal, en un contexto general, se referiría a conducir con el depósito en reserva (es decir, con el tanque de combustible al mínimo). La autora utiliza la analogía para ilustrar las secuelas drenantes de una crianza emocionalmente negligente.

años. Pese a que hoy reconocemos que los padres tienen igual importancia que las madres en el desarrollo de un niño, el significado de las observaciones de Winnicott sobre la función de las madres sigue siendo esencialmente el mismo: se requiere una *mínima* cantidad de conexión emocional parental, empatía y atención constante para impulsar el crecimiento y desarrollo de un niño o niña, con el fin de que se convierta en un adulto emocionalmente sano y conectado con sus emociones. Menos de esa mínima cantidad será la causa de que cuando ese niño o niña llegue al estado adulto tenga conflictos emocionales. Y es posible que ese adulto coseche éxitos en el exterior y, sin embargo, sienta un gran vacío en su interior. Un vacío que el mundo no puede ver.

En sus escritos, Winnicott acuñó la expresión ahora muy conocida *madre suficientemente buena* para describir a una madre que satisface las necesidades de sus hijos, proporcionándoles un ambiente seguro y apoyo durante su crecimiento y desarrollo. Una crianza «suficientemente buena» de los hijos asume diversas formas, pero todas ellas satisfacen las necesidades físicas y emocionales de los niños en cualquier momento dado y en cualquier cultura, y realiza un trabajo «suficientemente bueno» al ocuparse de dichas necesidades. La mayoría de los padres son suficientemente buenos. Como todos los animales, nosotros los humanos estamos biológicamente programados para criar a nuestros hijos con el fin de que prosperen. Pero ¿qué es lo que sucede cuando las circunstancias de la vida interfieren en la crianza? ¿O cuando los propios padres no están sanos o tienen importantes defectos de carácter?

¿Has sido criado por padres «suficientemente buenos»? Al final de este capítulo sabrás lo que esto significa, y serás capaz de responder esta pregunta.

Pero primero...

Si además de ser lector eres padre o madre, es posible que te identifiques con los *fallos* parentales de los que te hablo en este libro, y también con las experiencias emocionales de los niños representados en las viñetas (porque, sin lugar a dudas, eres demasiado estricto contigo mismo). Por consiguiente, te pido que prestes mucha atención a las siguientes advertencias:

Primero

Todos los buenos padres se sienten culpables por fallar emocionalmente a sus hijos en algunas ocasiones. Nadie es perfecto. Todos nos sentimos cansados, malhumorados, estresados, aburridos, confundidos, distraídos, desconectados, agobiados o molestos de una u otra forma de vez en cuando. Esto no significa que seamos padres emocionalmente negligentes. Los padres que sí lo son se distinguen de una de dos formas, o de ambas a la vez: o bien fallan a sus hijos de una manera fundamental en un momento de crisis, causándoles una herida que nunca podrá ser reparada (fallo empático agudo), o bien son crónicamente sordos a algunos aspectos de las necesidades de sus hijos a lo largo de su desarrollo (fallo empático crónico). Cualquier padre o madre puede recordar un error del que se avergüenza, porque sabe que en esa ocasión le ha fallado a su hijo o hija. Sin embargo, el verdadero daño surge de la totalidad de momentos importantes en los que los padres están sordos y ciegos frente a las necesidades *emocionales* de sus hijos durante su desarrollo.

Segundo

Si realmente has sufrido este tipo de desatención y ahora tienes hijos, este libro representa una buena oportunidad para que empieces a comprender de qué diferentes formas les has pasado la antorcha de la negligencia emocional. De ser así, es extremadamente vital que te des cuenta de que *no es tu culpa*. La negligencia emocional es invisible, insidiosa, y se transmite con facilidad de generación en generación; por eso es extremadamente difícil y bastante improbable interrumpir la cadena a menos que tomes verdadera conciencia de ella. Por el hecho de estar leyendo este libro, te encuentras a años luz de tus padres. Tienes la oportunidad de cambiar el patrón, y la estás aprovechando. Los efectos de la desatención emocional pueden revertirse. Y tú estás a punto de aprender de qué manera puedes revertir esos patrones parentales para ti mismo y para tus hijos. Sigue leyendo. *No está permitido culparse.*

Los padres sanos y normales en acción

La importancia de la emoción en la crianza sana de los hijos se comprende mejor a través de la teoría del apego. Esta teoría describe de qué manera nuestras necesidades emocionales de seguridad y conexión han sido cubiertas por nuestros padres desde la infancia. Muchas formas de observar la conducta humana han surgido de la teoría del apego, y la mayoría debe sus ideas al teórico original del apego, el psiquiatra John Bowlby. Su modo de entender el vínculo entre padres e hijos se basa en miles de horas de observación, que inicialmente se dedicaron a las madres y los bebés. De manera muy simple, Bolwby sugiere que cuando los padres reconocen y satisfacen adecuadamente las necesidades emocionales de sus hijos en la infancia, crean un «apego seguro» que se mantiene a lo largo de toda la vida. Este primer apego constituye la base de una autoimagen positiva y una sensación de bienestar general a lo largo de la infancia que persiste en el estado adulto.

Enfocando la salud emocional a través de la lente de la teoría del apego, podemos identificar tres habilidades emocionales fundamentales de los padres:

1. Los padres **sienten una conexión emocional** con sus hijos.
2. Los padres **prestan atención** a sus hijos y los consideran una persona única y separada de ellos, y no una extensión de sí mismos, una posesión, o una carga.
3. Al utilizar esa **conexión emocional** y **prestar atención**, los padres **responden competentemente** a las **necesidades emocionales** de sus hijos.

A pesar de que estas habilidades parecen muy simples, combinadas constituyen una herramienta muy poderosa para ayudar a un niño a conocer su propia naturaleza, gestionarla y crear un vínculo emocional seguro que se mantenga hasta el estado adulto con el fin de que pueda enfrentarse al mundo con una conexión emocional sana que es necesaria para ser feliz. Para decirlo brevemente, cuando los padres son conscientes de la naturaleza emocional singular de sus hijos, los niños llegan a ser adultos emocionalmente fuertes. Algunos padres son capaces de hacerlo de un modo intuitivo, mientras que otros deben aprender las habilidades necesarias para conseguirlo. En ninguno de los dos casos los hijos sufrirán debido a la negligencia emocional.

ZEKE

Zeke es un niño precoz e hiperactivo que está en tercer curso de primaria. Es el menor de los tres hijos de una familia tranquila y cariñosa. Últimamente ha tenido algunos problemas en la escuela por «respondón». Uno de esos días trae a casa una nota de su maestra en la que describe su conducta del siguiente modo: «Hoy Zeke me respondió de forma irrespetuosa». Su madre se sienta a hablar con él y le pregunta qué es lo que ha pasado. Con un tono de voz exasperado, el niño responde que cuando estaba en el recreo la señora Rollo le había ordenado que dejara de jugar con un lápiz con la punta hacia arriba, porque podía lastimarse la cara. Frunciendo el ceño, Zeke le había respondido que haría falta que se inclinara «completamente sobre el lápiz» para que se le clavara en la cara (y se lo había mostrado mientras se lo explicaba), y que él no era «tan tonto» como para hacerlo. Como respuesta, la señora Rollo le había confiscado el lápiz, había escrito su nombre en la pizarra y lo había mandado a casa con una nota para sus padres.

Antes de describir cuál fue la reacción de la madre de Zeke, vamos a averiguar qué es lo que el niño necesita comprender en la conversación que mantiene con su madre: está enfadado por lo que ha ocurrido con su maestra, que generalmente le cae muy bien, de modo que necesita empatía; por otro lado, si quiere que le vaya bien en el colegio también tiene que aprender qué es lo que sus maestros esperan de él. Por último, sería muy conveniente que la madre hubiera observado (atención emocional) que últimamente Zeke estaba afligido porque sentía que su hermano mayor y su hermana «lo trataban como un bebé» y le daban de lado debido a su edad. Su madre necesita las tres habilidades mencionadas: conectar emocionalmente con el niño, prestarle atención y responder de una manera eficaz para ayudarlo a resolver este problema.

A continuación, veremos cómo se desarrolló la conversación entre la madre y el hijo:

Madre: «La señora Rollo no entendió que te avergonzaba que pensara que podías ser tan tonto como para clavarte el lápiz en un ojo. Pero cuando los maestros te dicen que dejes de hacer algo, debes obedecer independientemente de cuál sea el motivo».
Zeke: «¡Lo sé! ¡Intenté explicárselo, pero ella no quiso escucharme!».
Madre: «Sí, sé muy bien lo frustrado que te sientes cuando las personas no te dejan hablar. La señora Rollo no sabe que últimamente tu hermano y tu hermana no te hacen demasiado caso».
Zeke se tranquiliza un poco cuando se da cuenta de que su madre lo comprende: «Sí, me hizo sentir muy frustrado y luego me quitó el lápiz».
Madre: «Debe de haber sido muy duro para ti. Pero ten en cuenta que en las clases de la señora Rollo hay muchos alumnos, y ella no tiene tiempo para hablar las cosas como estamos haciendo nosotros ahora. Es **muy** *importante que cuando cualquier adulto en el colegio te ordene que hagas algo, lo hagas de inmediato. ¿Tratarás de hacer lo que te piden sin decir nada, Zeke?».*
Zeke: «Sí, mamá».
Madre: «¡Genial! Si haces lo que la señora Rollo te dice nunca tendrás ningún problema. Luego puedes contarnos lo que ha sucedido si crees que ha sido injusto. Pero como alumno, ser respetuoso significa cooperar con todo lo que tu maestra te pide».

Las respuestas intuitivas de la madre de Zeke en la conversación anterior nos proporcionan un ejemplo complejo de que la base para ser un adulto sano y feliz como el que describe Winnicott es una crianza sana en la que los padres sintonizan con las emociones de sus hijos. ¿Qué es lo que ella hace exactamente?

- En primer lugar, antes de reaccionar, se conecta emocionalmente con su hijo preguntándole qué había sucedido.
- Luego lo escucha atentamente. Cuando él empieza a hablar, le explica una regla simple que cualquier niño de ocho años debe entender (*Cuando los maestros te dicen que dejes de hacer algo, debes obedecer independientemente de cuál sea el motivo*). Al decir esto, la madre demuestra que comprende instintivamente la etapa de desarrollo cognitivo del niño y le indica una regla general que debe cumplir en la escuela.
- Inmediatamente después de hablar de dicha regla, le expresa su empatía y pone palabras a lo que su hijo sintió (*La señora Rollo no entendió que te* ***avergonzaba****...*). Cuando el niño escucha que su madre describe lo que ha sentido, es capaz de expresar un poco más sus emociones (*¡Lo sé! ¡Intenté explicárselo, pero ella no quiso escucharme!*).
- Una vez más su madre le contesta a Zeke definiendo o nombrando la emoción que llevó al niño a tener una conducta inadecuada con su maestra, y que ella consideró como una falta de respeto (*Sí, sé muy bien lo* ***frustrado*** *que te sientes cuando no te dejan hablar...*).
- Al sentirse comprendido, Zeke responde repitiendo la misma palabra que usa su madre para definir su emoción (*Sí, me hizo sentir muy* ***frustrado,*** *y luego me quitó el lápiz*).
- Pero la madre todavía no ha terminado. En esta conversación le ha mostrado a Zeke que lo comprende y que

comparte sus sentimientos, comunicándole que ella entiende su conducta de una forma diferente que su maestra. Sin embargo, no puede detenerse aquí porque su tendencia a discutir (la probable consecuencia de tener dos hermanos mayores que hablan mucho) *seguirá siendo* un problema para Zeke en el colegio a menos que sea capaz de corregirlo. Así que le dice: *Es muy importante que cuando cualquier adulto en el colegio te ordene que hagas algo, lo hagas de inmediato.*
- Por último, lo hace responsable de su conducta y establece así un escenario futuro en el que el niño sea capaz de controlar su naturaleza «peleona» preguntándole: *¿Tratarás de hacer lo que te piden sin decir nada, Zeke?*

En una conversación que aparenta ser muy simple, la madre de Zeke ha evitado avergonzarlo por el error que ha cometido y ha descrito sus sentimientos, promoviendo así un aprendizaje emocional que permitirá al niño gestionarlos por sí mismo en el futuro. También lo ha apoyado emocionalmente, le ha enseñado una norma social y le ha pedido que se comprometa a cumplirla. Y en el caso de que Zeke repita esa conducta en la escuela, le hablará y actuará de otro modo con el fin de adaptarse a las dificultades que su hijo tiene en el aula.

Recuerda a Zeke, porque lo utilizaré varias veces más para describir las diferencias entre una crianza sana y otra caracterizada por la negligencia emocional.

He aquí un nuevo ejemplo:

KATHLEEN

Con frecuencia la desatención emocional dañina es tan sutil en la vida de un niño que rara vez es evidente a pesar de estar en juego cada día, y a menudo se oculta tras una aparente conducta de consideración o incluso de tolerancia.

Kathleen es una mujer joven y exitosa que se ha casado recientemente. Trabaja como asistente ejecutiva en una pequeña empresa emergente de alta tecnología y tiene un sueldo muy alto.

Ha convencido a su marido para comprar juntos una casa en la ciudad donde viven sus padres. Y tal como ha manifestado en una sesión de terapia, lo ha hecho a pesar de saber que su madre la saca de quicio muchas veces. Ella estaba sorprendida por haber tomado esa decisión. Reconocía que su madre siempre le había demandado mucha atención y era consciente de que, más allá de cuánto se ocupara de ella, invariablemente terminaba sintiéndose culpable. En la época en que comenzó su terapia Kathleen se encontraba en la cima de su éxito y su felicidad: nueva casa, nuevo marido y un trabajo excelente; aun así, inexplicablemente estaba deprimida. Se sentía al mismo tiempo avergonzada y confundida por su estado anímico, puesto que no había «ninguna razón para que estuviera desanimada». A continuación, veremos un buen ejemplo de que la negligencia emocional no se oculta en lo que sucedió, sino en lo que *no sucedió* y debería haber sucedido.

> *Nos retrotraemos a veinticinco años atrás. La pequeña Kathleen tiene cinco años y está feliz en la playa construyendo castillos de arena con su padre. Es la única hija de una joven y exitosa pareja que vive en una casa de Nueva Inglaterra bellamente restaurada. La gente suele decirle que es muy afortunada. El padre es ingeniero, y la madre ha retomado sus estudios y se ha graduado como maestra de educación primaria. Los viajes a lugares exóticos, los buenos modales y una educación exquisita forman parte de la vida de Kathleen. Su madre, una excelente*

modista, le confecciona toda su ropa. A menudo madre e hija llevan conjuntos a juego. Pasan mucho tiempo juntas. Ahora están de vacaciones y ella ha abandonado la tumbona junto a su madre porque su padre la ha invitado a jugar. No hay muchas ocasiones en las que Kathleen pueda disfrutar de la agradable oportunidad de hacer algo especial con su padre. Están cavando un agujero y recogiendo arena para hacer el primer piso de sus castillos de arena.

Después de unos minutos, la madre levanta la vista del libro que está leyendo y, desde la posición elevada de su tumbona, le dice severamente: «Ya has jugado bastante con tu padre, Kathleen. Él no quiere dedicar todo su día libre a jugar contigo. Ven aquí y te leeré un cuento». Padre e hija la miran desde su agujero, con sus palas de plástico en alto. Hay una breve pausa. Luego el padre se pone de pie y se quita la arena de las rodillas, como si él también tuviera que obedecerla. Kathleen se entristece porque el juego se ha acabado, pero a la vez se siente egoísta. Después de todo, su madre los cuida a ambos, y ella no debería agotar a su padre. Se dirige obedientemente a la pequeña tumbona que hace juego con la de su madre y se sienta a su lado. Su madre empieza a leerle un cuento. Tras unos instantes, la desilusión de la niña se diluye mientras escucha la historia que le está contando.

Durante la terapia Kathleen evocó este recuerdo mientras hablaba de la relación distante que siempre había tenido con su padre. Pero cuando llegó a la parte en que su padre se había puesto de pie y se había quitado la arena de las rodillas, sus ojos se llenaron de lágrimas. «No sé por qué esa imagen me entristece tanto», afirmó. Le pedí que se centrara en sus sentimientos de tristeza y que pensara en qué otra cosa podrían haber hecho su madre o su padre aquel día. En ese momento Kathleen comenzó a entender que *ambos* le habían fallado con frecuencia. No fue difícil descubrir qué era lo que hubiera deseado que fuera diferente aquel día. Lo único que ella quería era seguir cavando aquel agujero junto a su padre.

Si la madre de Kathleen hubiera estado en sintonía con las emociones de su hija:

> *Después de unos minutos, la madre levanta la vista del libro que está leyendo y, desde la posición elevada de su tumbona, dice con una sonrisa: «¡Vaya, qué agujero tan grande estáis cavando! ¿Queréis que os muestre cómo hacer un castillo de arena?».*

O si su padre hubiera estado en sintonía con sus emociones:

> *Después de unos minutos, la madre levanta la vista del libro que está leyendo y, desde la posición elevada de su tumbona, le dice severamente: «Ya has jugado bastante con tu padre, Kathleen. Él no quiere dedicar todo su día libre a jugar contigo. Ven aquí y te leeré un cuento». Padre e hija la miran. Se produce una breve pausa, y entonces el padre sonríe primero a su esposa y luego a su hija. «¿Estás de broma? No hay nada que me guste más que estar jugando con mi hija en la playa. ¿Quieres ayudarnos a cavar, Margaret?».*

Es importante observar que las dos «correcciones» corresponden a habilidades parentales normales y naturales. Este tipo de conversaciones se dan continuamente. Pero si no se valora la importancia que tiene el niño para los padres, si se avergüenza a un niño por necesitar o querer recibir atención de alguno de ellos con demasiada frecuencia, *ese niño crecerá siendo ciego a muchas de sus necesidades emocionales*. Por fortuna, en la edad adulta Kathleen pudo reconocer que había una buena razón para estar enfadada con su madre. Fue capaz de ver que el motivo de haber evitado la relación con ella durante tantos años era que nunca había sintonizado con lo que sentía. En cuanto pudo aceptar que su rabia era legítima, se sintió menos culpable. Advirtió que no había nada malo en despreocuparse de las demandas de su madre para centrarse en lo que era bueno para ella y su marido. Y al hacerlo comprendió las limitaciones de su madre y sintió el deseo de intentar reparar su relación.

Otro factor importante en el caso de Kathleen es que sus padres no habían cometido equivocaciones demasiado importantes en su crianza. Su «error» había sido tan sutil que probablemente ninguno de ellos tuvo la menor conciencia de que la estaban perjudicando. De hecho, probablemente se limitaron a repetir los patrones que les habían transmitido en su propia infancia. Este es el peligro de la negligencia emocional: dos personas buenas por naturaleza que quieren a su hija y se esmeran por hacer bien las cosas, le trasmiten patrones potencialmente dañinos, fortuitos e invisibles. El objetivo de este libro no es culpar a los padres, sino comprender a los nuestros y también tomar conciencia de cómo nos ha afectado la forma en que nos han criado.

Ahora que tienes una idea de la diferencia que existe entre una crianza sana y otra caracterizada por la negligencia emocional, vamos a analizar los tipos específicos de padres emocionalmente negligentes. Al leer el capítulo siguiente, intenta reconocer a tus propios padres.

Capítulo 2

NEGLIGENCIA EMOCIONAL Y ESTILOS PARENTALES

Hay un número infinito de formas en que un padre o una madre pueden fallar emocionalmente a sus hijos. Y son tantas que sería imposible hablar de todas ellas en este libro. Lo que podemos hacer es ocuparnos de las categorías más relevantes. Te ruego que leas lo que viene a continuación y consideres que tus padres pueden tener rasgos de un tipo combinados con los de otro. Aunque después de haber leído el primer tipo pienses que has identificado a tus padres, puede ser útil que sigas leyendo hasta el final del capítulo. Es muy posible que en el tipo 9 encuentres algo que hayas experimentado en tu infancia, después de haber identificado a tus padres como pertenecientes al tipo 5. Aunque la mayoría de los padres corresponden predominantemente a uno de los tipos presentados, todos los ejemplos deben ser considerados como combinaciones de los tipos mencionados.

He dejado para el final la categoría más amplia: los padres bienintencionados pero negligentes. Esta categoría incluye a la gran cantidad de padres que fallan emocionalmente a sus hijos a pesar de tener las mejores intenciones. Tienen en cuenta los intereses más importantes de sus hijos. Los quieren sincera y profundamente. Sin embargo, no saben cómo brindarles lo que necesitan. Si has leído desde el tipo 1 hasta el tipo 11 y ninguno de ellos parece reflejar a tus padres, es muy posible que hayas sido criado por padres bienintencionados pero negligentes.

Tipo 1: Los padres narcisistas

Tal vez estés familiarizado con el mito griego de Narciso, del que se deriva la palabra *narcisista*. En el mito, Narciso era un joven de una belleza sorprendente que deslumbraba a todos los que lo conocían. Muchos lo halagaban y se enamoraban de él, pero como era muy vanidoso los rechazaba a todos. ¡Nadie era suficientemente bueno para él! Finalmente, Narciso vio su reflejo en un estanque de agua y se enamoró de sí mismo. Según cuál sea la versión del mito, Narciso se suicida o se consume poco a poco hasta morir por no ser capaz de apartarse de su propia imagen.

Las personas narcisistas son muy parecidas a él. La mayor parte del tiempo avanzan con el depósito lleno de superioridad, confianza y carisma. Sin embargo, en ocasiones los narcisistas reconocen que su sentimiento de superioridad es una mera ilusión. Por lo tanto, insisten en buscar evidencias que confirmen ese sentimiento y evitan interacciones o relaciones que puedan demostrar lo contrario. Cuando algo o alguien echa por tierra la grandiosa opinión que tienen de sí mismos, se convierten en personas difíciles. A pesar de su arrogancia, se sienten heridos con facilidad y son emocionalmente frágiles. Albergan rencores, culpan a los demás por sus fallos, los desprecian y tienen rabietas cuando las cosas no salen como esperaban. No les gusta no tener razón. Les encanta escucharse hablar. Aunque tal vez su rasgo más dañino es que suelen juzgar a los demás, destacando sus carencias. Ellos son los reyes y las reinas de cualquier familia, oficina o empresa.

Como puedes imaginar, cuando las personas narcisistas tienen hijos les exigen la perfección o, como mínimo, que no los avergüencen. Así como los padres sanos pueden encogerse un poco cuando su hijo o hija no consigue atrapar el balón en un partido importante, en esa misma situación los padres narcisistas se enfadan y lo viven como una humillación personal. Cuando sus hijos cometen errores que son visibles para otras personas –independientemente de que en ese momento los niños necesiten su ayuda– los narcisistas lo viven como una afrenta personal y se lo hacen pagar a sus hijos.

SID

Sid tiene diecinueve años y está de pie en la puerta de entrada de la magnífica casa que tienen sus adinerados padres. A primera vista es un joven alto y guapo, pero cuando lo miras a los ojos puedes ver su tristeza y su inseguridad. Tiene las manos entrelazadas delante de su cuerpo y los hombros ligeramente encorvados. A su lado hay un agente de policía que llama al timbre. El policía y el joven esperan varios minutos hasta que una elegante mujer abre la puerta. Con una amplia sonrisa, le agradece al policía por haber acompañado a su hijo, toma el papel que él le entrega y se hace a un lado para dejar que el muchacho entre en casa. El agente de policía se marcha. La madre de Sid cierra la puerta, y durante unos instantes se queda de pie frente a su hijo con los brazos cruzados y una mirada firme e impenetrable en su rostro. Sid se inclina ligeramente hacia ella como si deseara, o tal vez esperara, un contacto físico.

Ella dice: «Tu padre está muy enfadado. No puedes hablar con él ahora porque se ha ido a la cama. Vete a tu habitación y hablaremos de esto por la mañana».
¿Acaso lo han pillado bebido? ¿Ha hecho algo más grave, como por ejemplo robar?
No. Sid, que no hace mucho que ha aprendido a conducir, ha atropellado y herido gravemente a un transeúnte. Es un hombre de alrededor de cuarenta años que estaba cruzando apresuradamente una calle muy concurrida para tomar el autobús. El hombre ha acabado en el hospital y está en coma. ***Y la madre de Sid le ordena que se vaya a su habitación.*** *Está disgustada porque sabe que mañana su nombre aparecerá en el periódico y será una vergüenza para la familia.*

Los padres narcisistas no reconocen realmente a sus hijos como si fueran personas separadas; los ven como pequeñas extensiones de sí mismos. Las necesidades de los hijos se definen por las necesidades de los padres, y los niños que intentan expresar sus propias necesidades a menudo son acusados de ser egoístas o desconsiderados.

BEATRICE

Beatrice era una inteligente niña afroamericana de catorce años que había obtenido una beca completa para asistir a un prestigioso y renombrado instituto privado de su ciudad. La mayoría de los estudiantes eran tan ricos que en las vacaciones solían viajar a lugares como Montecarlo o los Alpes suizos. Pero Beatrice era una chica de pueblo, cuyos padres tenían que *ahorrar para poder llevarla a Disney World o a Cabo Cod* una vez al año. En su nuevo instituto sus calificaciones fueron magníficas, como de costumbre. Sin embargo, ella se sintió fatal durante todo el año porque se veía como una chica pueblerina de color, y sobre todo porque sentía que no pertenecía a ese ambiente.*

Sin embargo, la madre de Beatrice se sentía en la gloria. Le encantaba vestirse elegantemente para asistir a los eventos escolares y codearse con senadores y padres de Wall Street. Disfrutaba presumiendo delante de sus vecinos por el alto nivel educativo del instituto y por lo bien que le iba a su hija en los estudios. Sentía que por fin se relacionaba con el tipo de personas que le interesaban. Cada vez que Beatrice le comentaba que no se encontraba a gusto en ese ambiente, su madre exclamaba: «¡Pero si es una oportunidad maravillosa para que consigas los mayores éxitos en la vida! Son apenas cuatro años. ¡Tienes que ser fuerte!». Beatrice intentaba tener en cuenta las palabras de su madre, pero cada vez se sentía más sola y más deprimida, y notaba que no tenía nada en común con los demás estudiantes. Cuando al final del año les comunicó a sus padres que iba a volver a la escuela pública, su madre rompió a llorar y exclamó: «¿Cómo puedes ***hacerme*** *esto? ¡Ya no volveré a ver a todos los maravillosos amigos que he hecho allí! ¡Y además nuestros vecinos estarán encantados de saber que has fracasado, porque me tenían mucha envidia! ¡No eres más que una egoísta melodramática!». El padre de Beatrice no fue de gran ayuda; había aprendido que era mejor estar del lado de su mujer.*

Beatrice necesitaba que la comprendieran y sintieran compasión por ella, pero lo que recibió fue que la avergonzaran.

* N. de la T.: Cabo Cod, una península en Massachusetts, Estados Unidos, que es un destino popular de verano.

> *Durante mucho tiempo su madre no pudo perdonarla por una decisión que, por cierto, era la correcta para Beatrice. Finalmente se graduó en un instituto público y consiguió una beca para la Universidad Brown. Entonces su madre volvió a ser feliz.*

Los padres narcisistas carecen de la habilidad de imaginar lo que sienten sus hijos o preocuparse por ello. Un padre o una madre que no tienen empatía son como un cirujano que está operando con instrumentos que no están en buenas condiciones en un quirófano mal iluminado. Lo más probable es que el resultado sea una serie de cicatrices.

ZEKE

Volvemos a ocuparnos de Zeke, el niño de tercer curso que, como ya te conté en el capítulo uno, le faltó el respeto a su maestra y fue enviado a casa con una nota para sus padres. Esta es la conversación que podría tener con su madre si ella fuera narcisista:

> *Zeke le muestra la nota a su madre. Mientras ella la lee, Zeke observa que aprieta la mandíbula, tensa los músculos y su rostro empieza a ponerse colorado. Luego sacude la nota frente a la cara de su hijo: «¿Cómo has podido hacer esto, Zeke? ¡Ahora la señora Rollo pensará que no te hemos enseñado buenos modales! ¡Qué vergüenza! Vete a tu habitación, no quiero verte. Esto me ha dolido mucho».*

La madre de Zeke se tomó su mala conducta como algo personal, como si le hubiera hecho algo **a ella**. No le preocupa cómo se siente Zeke ni su mala conducta. Solo piensa en sí misma. Por lo tanto, el niño no recibe ningún consejo ni ningún comentario que le sirva para no seguir teniendo problemas en el colegio.

Cuando las personas narcisistas tienen hijos, son propensas a mantener relaciones muy diferentes con cada uno de ellos. Suelen tener un hijo preferido, y al menos uno que siempre las decepciona. Pero el hijo que las hace quedar bien, sea por ser guapo, inteligente o deportista, es el «elegido», y disfruta de una relación especial con su padre o madre narcisista. Y algunas veces, ese hijo favorito solo se da cuenta de que el amor de sus padres no era genuino sino condicional cuando ya es adulto.

GINA

Gina es una mujer de treinta y dos años y la mayor de tres hijos de una antigua familia de Manhattan. Hasta hace muy poco tiempo ha sido el ojito derecho de su padre y ha tenido una relación muy estrecha con él. Por el contrario, su hermano menor, que siempre ha tenido menos éxito que ella, se ha distanciado de su padre y también de Gina. Ella nunca ha entendido sus razones y lo adjudica a que su hermano tiene celos de ella. Gina va a casarse con un hombre perteneciente a la segunda generación de una familia de inmigrantes, un exitoso abogado de su despacho. A pesar de sus méritos, el padre considera que él es inferior a ella. Desde que se han prometido, se muestra frío con su hija y evita responder sus llamadas. Y cuando habla con ella utiliza el mismo tono crítico que Gina le ha escuchado utilizar con su hermano. En consecuencia, interpreta correctamente que lo ha decepcionado. A los treinta y dos años, finalmente es capaz de entender por qué su hermano se ha distanciado de la familia.

Al tomar conciencia de la situación, Gina puede seguir adelante con su vida distanciándose de su padre. No obstante, inconscientemente puede seguir intentando complacerlo, esforzarse por ser mejor que los demás, y cosechar elogios y reconocimiento únicamente para conseguir que su padre vuelva a tratarla como antes. Gina está atrapada en el espejo de su padre. A lo largo de su infancia negó su propia identidad y se esforzó por satisfacer las grandiosas expectativas de su progenitor, que la adulaba por ser la hija perfecta. Independientemente de que el hijo de un padre narcisista se sienta agobiado durante su desarrollo, como le sucedió al hermano de Gina, o se sienta querido, como fue el caso de Gina, al llegar al estado adulto luchará por liberarse de los juicios narcisistas. Tendrá dificultades para verse a sí mismo a través de sus propios ojos.

Estoy segura de que estás empezando a hacerte una idea de lo que pretendo decir. A primera vista, los padres emocionalmente negligentes pueden parecerse mucho a los padres sanos. Pero las diferencias son sustanciales. Así como en medio de un bosque podemos encontrar una seta que es comestible y otra que puede ser mortal, las semejanzas solo están en la superficie. En los siguientes capítulos aprenderás a reconocer las diversas variedades de setas venenosas, a estar plenamente vivo y a transmitir esa fuerza y ese conocimiento a la siguiente generación.

Tipo 2: Los padres autoritarios

En 1966, la doctora en Psicología Diana Baumrind fue la primera en identificar y describir a «los padres autoritarios». La doctora Baumrind los define como personas severas y represivas, a las que les gusta imponer normas. Educan a sus hijos basándose en exigencias inflexibles y estrictas. Las frases que más frecuentemente acuden a la mente al pensar en padres autoritarios son:

«De la vieja escuela»
«A los niños hay que observarlos, pero no escucharlos»
«La letra con sangre entra»

Si eres un *baby boomer** (es decir, si has nacido entre 1946 y 1964), o incluso mayor, lo más probable es que hayas sido criado por padres autoritarios. Este estilo parental fue el más popular en aquella época. Hoy los padres tienden a adoptar un enfoque mucho más abierto y permisivo, a menudo impulsado por la decisión consciente de NO criar a sus hijos como ellos mismos han sido criados. No obstante, todavía hay muchos padres autoritarios.

Los padres autoritarios exigen mucho a sus hijos. Esperan que los niños obedezcan las reglas que les imponen sin cuestionarlas. Al mismo tiempo, estos padres no explican cuáles son las razones en las que se basan sus reglas, simplemente exigen que se las obedezca. Y cuando los niños no lo hacen, los tratan con severidad. Los padres autoritarios tienden más a castigar a sus hijos o darles un azote, en lugar de conversar con ellos cuando se presenta un problema. No están particularmente preocupados por lo que el niño pueda sentir o pensar. Crían a sus hijos de acuerdo con lo que ellos consideran que debe ser la conducta de un niño, sin tener en cuenta las necesidades individuales, el temperamento, ni los sentimientos de sus propios hijos.

---

* N. de la T.: Expresión utilizada para describir a las personas que nacieron durante el notable incremento de la natalidad que tuvo lugar en algunos países anglosajones, durante y después de la Segunda Guerra Mundial.

Los padres más abusivos son los que pertenecen a la categoría de padres autoritarios. No obstante, la doctora Baumrind tiene la precaución de destacar que ***no todos los padres autoritarios son abusivos***. Aunque yo me aventuraría a afirmar que, ***por definición, todos los padres autoritarios son emocionalmente negligentes***.

Muchos padres autoritarios tienden a equiparar la obediencia del niño con el amor. En otras palabras, se sienten queridos si el niño obedece sin replicar. Desafortunadamente, lo contrario también es verdad. Si el niño cuestiona las exigencias de los padres, ellos no solo sienten que les ha faltado al respeto, también se sienten rechazados. Si el niño los desobedece de forma descarada, los padres sienten todo lo antedicho además de otras cosas, y básicamente sienten que su hijo no los quiere. Para entender cómo funciona todo esto vamos a ver la historia de Sophia.

SOPHIA

Sophia es una joven hermosa y vivaz de diecinueve años. Su padre tiene sesenta y dos años y es un italiano de la vieja escuela. Adora a su única hija, y a cambio espera que ella lo respete y lo ame. Es Nochebuena y como todos los años la familia va a reunirse para celebrarla. Sophia siempre ha detestado estas reuniones porque no tiene hermanos ni primos de su edad, y además considera que sus tíos y tías son «aburridos y pretenciosos». En estas fiestas se siente como un adorno en exhibición. Al principio es alabada por toda la familia, y luego rechazada e ignorada. Este año su novio la ha invitado a pasar la Nochebuena con su familia. Está muy emocionada con la perspectiva de conocer a sus padres, y por lo que esto representa para el futuro de la relación. Y además siente que va a ser una forma mucho más cálida, interesante y apasionante de celebrar esta noche tan especial.

Cuando Sophia le comunica sus planes a su padre con gran inquietud, él se pone furioso. «No puedes faltarme al respeto de este modo. ¿Qué crees que van a pensar tus tíos y tus tías? Creerán que no los quieres. ¿Así es como aprecias todo lo que he hecho por ti? Lo único que te pido es una cena familiar al año, y eres tan egoísta como para negarte a darme ese gusto». Ante la negativa de Sophia, le dice que no se tome la molestia de aparecer por la casa el día de Navidad. «Devolveré tus regalos, y puedes pasar también la Navidad en casa de tu novio». A estas alturas Sophia se siente tan culpable y rechazada que accede a cambiar de planes para satisfacer el deseo de su padre. No puede soportar el pensamiento de pasar el día de Navidad sola.

El padre de Sofía responde de una forma tan dura porque se siente rechazado, y concluye que su hija no lo quiere. Cuando Sophia toma la determinación de no acatar sus reglas, él lo vive como un rechazo, una falta de respeto y de cariño. Sin embargo, la decisión de Sophia se basa en tres motivos sanos y positivos: el amor que siente por su novio, lo emocionada que está por el futuro de la relación, y su necesidad natural y normal de comenzar a vivir su propia vida. En efecto, el padre de Sophia está «entrenándola» inadvertidamente para que posponga sus sanas necesidades con el fin de satisfacer su propia necesidad de ser amado.

JOSEPH

Joseph tiene diez años y es el mayor de cinco hermanos. Hoy es Halloween, y a lo largo de su corta vida la familia siempre lo ha festejado con el mismo ritual: tomar perritos calientes y alubias a las seis de la tarde. Únicamente después de la cena los niños pueden ponerse por fin sus disfraces, a pesar de estar suplicando hacerlo desde la mañana.

Todos los años la madre y la abuela de Joseph eligen un tema para los disfraces, y ellas mismas se encargan de confeccionarlos. Este año los cinco niños son Power Rangers. * *A Joseph le da vergüenza ponerse este disfraz, porque cree que ya es mayorcito para encarnar a los Power Rangers. Le preocupa que sus amigos lo vean con un disfraz tan infantil, y mañana en el colegio se burlen de él. Además, lo que él quería era disfrazarse de Harry Potter. Sin embargo, Joseph jamás se atrevería a cuestionar la elección del disfraz, ni pedirle a su madre que le permita ser Harry Potter, porque sabe que se enfadaría y le diría que no valora el esfuerzo que ella y su abuela hacen al confeccionar los disfraces. De manera que trata de no pensar en el disfraz. Lo aparta de su mente y es capaz de entretenerse con el juego de «truco o trato» a pesar de ser un Power Ranger.*

Los padres de Joseph son muy estrictos con el juego de «truco o trato». Permiten a sus hijos visitar únicamente las mismas siete casas del vecindario todos los años. Deben caminar por orden de edad, los más pequeños delante para que su madre pueda tenerlos controlados. Mientras van caminando, Joseph ve que dos de sus amigos están jugando al «truco o trato» al final de la calle, e impulsivamente se adelanta mientras les hace señas con las manos y grita sus nombres. La madre, que está tratando de vigilar a sus cinco hijos, reacciona de inmediato agarrándolo por un brazo y arrastrándolo hasta el final de la cola, el sitio donde le corresponde estar. Y a continuación le advierte: «Se acabó el "truco o trato" para ti esta noche. Ya que no eres capaz de

* N. de la T.: Los *Power Rangers* son un grupo de superhéroes. Cada uno ellos viste de un color y sus trajes son ajustados y brillantes. Probablemente ese atuendo, demasiado llamativo e infantil, es lo que avergüenza a Joseph.

controlarte, te quedarás aquí conmigo mientras tus hermanos y hermanas visitan el resto de las casas. Tal vez eso te ayudará a recordar que debes comportarte correctamente el próximo año».

La madre de Joseph nos ofrece un ejemplo perfecto de autoritarismo. No tuvo en cuenta la edad del niño (ni la de ninguno de sus hijos) al decidir el disfraz que llevarán este año, y trata a todos por igual a pesar de la diferencia de edad. No mostró ningún interés en saber de qué quería disfrazarse Joseph este Halloween, solo pensó que lo más fácil era hacer cinco disfraces idénticos. Sus reglas son estrictas e inflexibles, y cuando Joseph las incumple sin querer, la consecuencia es muy severa.

Tal vez podríamos justificar un poco a la madre de Joseph considerando que tiene que cuidar a cinco niños pequeños mientras juegan al «truco o trato». Su conducta autoritaria podría ser un intento desesperado de controlarlos. Sin embargo, es importante observar que cualesquiera que sean los motivos para su comportamiento, todos tendrán el mismo efecto sobre Joseph. Él está aprendiendo que tener deseos y necesidades es un rasgo de egoísmo, de modo que se dice a sí mismo que no debe expresarlos, como tampoco sus sentimientos. También está aprendiendo que él no es importante. Cuando llegue a la adolescencia correrá un alto riesgo de tener una conducta rebelde, y es probable que como adulto sufra las secuelas de la negligencia emocional.

Algunos padres autoritarios son más sutiles:

RENEE

En una de nuestras primeras sesiones de terapia Renee me comentó: «Yo fui una niña difícil. Siempre me estaba metiendo en problemas. Cuando miro hacia atrás, siento pena por mis padres». Al pedirle que me contara un poco más sobre su infancia, esto es lo que me dijo.

Según las palabras de Renee, su padre era «algo perfeccionista y riguroso». Esperaba que sus hijos colaboraran con las tareas de la casa. Por ejemplo, a menudo llegaba a casa del trabajo y de inmediato se daba cuenta de que el suelo de la cocina estaba sucio. Entonces la llamaba a voces: «¡Renee, ven a limpiar el suelo de la cocina!». Si ella estaba haciendo su tarea escolar, intentaba razonablemente terminar la oración o el problema de aritmética que tenía entre manos, antes de salir corriendo hacia la cocina. Pero su padre interpretaba esta breve demora como desobediencia. «¡Cuando digo que vengas a limpiar el suelo de la cocina, quiero decir AHORA MISMO, y no dentro de cinco minutos!», chillaba. Y Renee tenía que obedecerlo sin protestar, independientemente de lo que estuviera haciendo en ese momento. Como es evidente, Renee solía tener «muchos problemas».

Tal vez hayas observado que el padre de Renee no la castigaba tan severamente como los otros padres autoritarios que he descrito. No la reprendía ni la excluía de la cena de Navidad con la familia. De hecho, lo que hacía podría ser considerado normal por muchas personas. ¿Qué padre o madre no gritan de vez en cuando a sus hijos? El problema con el padre de Renee era que chillaba muy alto y que era irascible. Y lo que motivaba su conducta era su *sensación* de que, al no reaccionar inmediatamente a sus órdenes, su hija le estaba demostrando que no lo quería. Y a él lo único que le importaba era que sus necesidades (ser respetado y querido) fueran satisfechas, y transmitirle a Renee el mensaje de que le convenía hacer lo que él le ordenaba.

Desafortunadamente, lo que en realidad hacía el padre de Renee era transmitir a su hija que sus propias necesidades no solamente eran irrelevantes sino también ofensivas. Renee se culpaba a sí misma por tener necesidades inaceptables, en vez de culpar a su padre por ser tan poco razonable. Esencialmente, la niña estaba siendo sentenciada a una vida futura caracterizada por la rabia autodirigida y el sentimiento de culpa. Por fortuna, Renee decidió hacer terapia y fue capaz de aprender y aceptar que ocuparse de sus propias necesidades y sentimientos era bueno para ella.

ZEKE

Mientras viaja en el autobús escolar, Zeke no puede dejar de pensar en el partido de fútbol de mañana. Su padre finalmente ha conseguido entradas para ver a los Patriots y lo va a llevar a un partido por primera vez en su vida. ¡Zeke nunca ha estado tan emocionado!

En cuanto llega a casa le entrega la nota de su maestra a su madre. Mientras ella la lee, en su rostro aparece una expresión de pena devastadora mezclada con ira. «Esto es inaceptable. ¡Tienes que aprender a mostrar el debido respeto por tus maestros! ¡No mereces ir al partido de fútbol mañana! Así quizás la próxima vez recordarás que debes respetar a la señora Rollo».

Como es evidente, la madre ha reaccionado con extrema dureza. No ha dedicado ni un minuto a escuchar la versión de Zeke ni a enseñarle cómo podría gestionar sus emociones o comportarse adecuadamente en el colegio. Lo que le ha enseñado es que, por regla general, *él* carece de importancia. Lo único que importa es respetar la autoridad acatándola ciegamente. E incluso si a lo largo de su desarrollo Zeke tiene la fortuna de recibir de otras personas (un maestro, un amigo, su esposa) el mensaje de que *él sí importa*, siempre tendrá una tendencia muy arraigada a culparse cuando las cosas no le salgan bien, y a ser muy duro consigo mismo cuando cometa algún error.

Tipo 3: Los padres permisivos

De muy diversas maneras, los padres permisivos podrían ser considerados como el polo opuesto de los padres autoritarios. El lema de los padres permisivos es: «No te preocupes, sé feliz». En nuestra cultura este tipo de progenitores son representados como personas queridas y un poco peculiares. Piensa en los padres *hippies*

de Dharma en *Dharma & Greg*,* en Homer Simpson, en la madre de Stewie en *Padre de familia*, o en Dennis, el relajado padre de Daniel el Travieso que fuma en pipa. Los padres permisivos podrían describirse como personas que toman el camino de menor resistencia. En el mejor de los casos, simplemente desean que sus hijos sean felices. En el peor, sencillamente no quieren tomarse el trabajo de educarlos. En ninguna de las dos situaciones ponen límites a sus hijos ni les proporcionan el orden que todo niño necesita. Y en la adolescencia sus hijos carecen de una presencia adulta sólida ante la que puedan rebelarse. Decir «no» requiere energía. Obligar a un hijo a realizar alguna tarea requiere energía. Lidiar con un niño que está enfadado requiere energía. Soportar ser odiado momentáneamente por tus hijos por pronunciar un «no» es doloroso. A los padres permisivos les parece más fácil hacer ellos mismos las tareas de sus hijos que enseñarles a realizarlas; y también mirar hacia otro lado o disculparlos cuando se meten en problemas.

Con frecuencia se considera que los padres permisivos son muy queridos por sus hijos. Y esto se debe a que este tipo de padres tienen pocos conflictos con ellos; sencillamente evitan decir «no» con demasiada frecuencia. Muchos de estos padres se sienten incómodos con los conflictos en general y tienen sus propios problemas con la autodisciplina. Para poder comprender mejor el estilo de crianza permisiva, vamos a ocuparnos de la «idílica» infancia de Samantha.

SAMANTHA

Samantha era la envidia del vecindario. Cuando todos los vecinos llamaban a sus hijos para que volvieran a casa para cenar, Samantha tenía plena libertad para volver a la hora que

* N. de la T.: Serie de televisión estadounidense.

quisiera. Cuando no le apetecía ir al colegio no tenía más que decírselo a sus padres, y ellos le permitían que se tomara el día libre. Tampoco había problema si no le apetecía irse a la cama, ella podía decidir cuándo irse a dormir. Los padres de Samantha creían que los niños debían gozar de total libertad, porque esto les ayudaría a convertirse en adultos felices. Y en realidad Samantha era muy feliz en casa. Rara vez tenía problemas con sus padres; y con el paso del tiempo sencillamente casi nunca estaba allí.

Sin embargo, tenía problemas en el colegio. Todos sabían que Samantha era muy inteligente y capaz de tener excelentes calificaciones. No obstante, sus maestros la consideraban una niña muy difícil. La describían como una niña malcriada e indisciplinada, que tenía un rendimiento muy por debajo de sus posibilidades. Tenía dificultades para acatar las reglas y problemas de conducta en clase. Y, por otra parte, solía faltar a los exámenes. No es de extrañar que sus notas fueran mucho más bajas de lo que correspondía a su potencial.

Al llegar a la edad adulta y mirar hacia atrás, Samantha se refería a sus padres diciendo que eran maravillosos. «Siempre me sentí plenamente apoyada por ellos», afirmó en su primera sesión de terapia quince años más tarde. En ese momento Samantha trabajaba como gerente de una tienda de ropa en un centro comercial. Se culpaba por no haber asistido a la universidad. «Tenía todo a mi favor –me dijo–. Mis padres me hubieran pagado gustosos la universidad, pero lo eché todo a perder. No entiendo qué es lo que pasa conmigo». Samantha no tenía la menor idea de que el estilo permisivo de sus padres no la había preparado para afrontar las normas y los desafíos del mundo real. Vivía con una visión distorsionada de su infancia, razón por la cual no era capaz de entenderse a sí misma ni de entender sus conflictos.

No todos los padres permisivos son recordados con cariño. Como adulta, Audrey, a quien conocerás a continuación, no se relaciona en absoluto con sus padres y siente una gran rabia hacia sí misma. Sigue leyendo.

AUDREY

Audrey cumplió trece años en la época en que sus padres se estaban divorciando. Su madre se había hartado de que su padre bebiera alcohol y la engañara, y finalmente lo había echado de casa. Él se fue a vivir rápidamente con otra mujer, y a partir de entonces Audrey vivió con su madre y su hermana pequeña. No pasó mucho tiempo antes de que la madre de Audrey conociera a otro hombre, que se mudó a la casa familiar. Estaba locamente enamorada de él y se dedicó prácticamente por entero a su nueva relación.

Audrey advirtió que ninguno de sus padres prestaba atención a sus idas y venidas, y estaba encantada de poder hacer todo lo que le apetecía. Empezó a salir con un grupo de chicos mayores que ella, a fumar marihuana y beber. Su madre advirtió que su hija casi nunca estaba en casa, pero no dijo nada porque eso le daba más libertad para estar con su novio.

Cuando en el colegio pillaron a Audrey con marihuana en el bolsillo de su chaqueta, le dijo a su madre que pertenecía a un amigo. La madre aceptó rápidamente su explicación y sintió un gran alivio al creer que su hija no fumaba marihuana. Era mucho más fácil aceptar la excusa poco creíble de Audrey, que tomarse el trabajo de investigar, observar y tomar medidas para ayudar a su hija, que estaba fuera de control. Alrededor de los dieciocho años Audrey ya se había sometido a un aborto (del que ninguno de los padres se enteró) y había suspendido varios cursos del instituto a pesar de tener un cociente intelectual alto.

Al recordar su infancia cuando ya era adulta, Audrey se culpaba por todas esas dificultades. La ausencia prácticamente total de sus padres durante sus años adolescentes la llevaron a pensar erróneamente que no habían influido para nada en su vida, ni positiva ni negativamente. Entonces, ¿a quién podía culpabilizar sino a sí misma? Es duro aceptar que lo que FALTA puede ser más importante que lo que HAY. Audrey no tenía la menor conciencia de que al haber tenido un padre ausente y una madre ensimismada, nadie había dedicado tiempo y energía a cuidarla y educarla.

Cuando era adolescente –y también como adulta– Audrey estaba cometiendo el mismo error que muchas otras personas al pensar en su situación familiar. ¿Recuerdas que cuando tenía trece años estaba encantada de que nadie la cuidara ni le impusiera ninguna regla? Y también Samantha estaba contenta de vivir sin reglas. Es natural que los adolescentes ansíen tener libertad. En esa etapa de su vida están intentando forjar sus identidades y separarse de sus padres. Sin embargo, hay algo importante que se debe tener en cuenta, y es que no es sano que tengan demasiada libertad. Los adolescentes necesitan tener padres fuertes ante los que poder rebelarse. Aprenden a tomar buenas decisiones y gestionar sus impulsos mientras se oponen a las reglas y consecuencias impuestas por los progenitores. Desafortunadamente, Audrey no vivió nada de eso.

Otro problema de los padres permisivos es que no ofrecen demasiada información a sus hijos. Audrey tiene que descubrir sola lo que puede esperar de sí misma: cuáles son sus talentos, cuáles son sus puntos débiles, por qué debería luchar, etc. Para entender mejor de qué estamos hablando, vamos a ocuparnos de Eli.

ELI

Eli cursa quinto curso de educación primaria. Cierto día volvió a casa con su libreta de calificaciones. Tenía cinco aprobados y dos suspensos. La madre abrió la libreta, miró las notas y a continuación movió la cabeza con pena. «Estoy segura de que lo has hecho lo mejor que has podido», dijo con un suspiro. Eli se sintió muy aliviado y salió corriendo a jugar. A pesar del alivio inicial, mientras jugaba experimentó una sensación incómoda. «Me ha dicho que lo he hecho lo mejor que he podido, lo que quiere decir que cree que no lo puedo hacer mejor».

La madre de Eli no le exigía demasiado ni tampoco esperaba mucho de él; por lo tanto, el niño creció sin exigirse mucho. El estilo permisivo de su madre favoreció que hiciera el mínimo esfuerzo en todo lo que acometía. Y debido a su forma permisiva de responder, le transmitió un mensaje que posiblemente no era lo que pretendía decir. Al tomar el camino de menor resistencia, le enseñó a no esperar mucho de sí mismo ni exigirse demasiado, porque él no era capaz de alcanzar sus objetivos.

ZEKE

Zeke le entrega la nota a su madre. Una sombra apenas perceptible atraviesa su cara, pero rápidamente es reemplazada por una expresión más amable. A continuación, agarra un balón de fútbol que un rato antes su hijo ha dejado sobre la encimera de la cocina, lo lanza en dirección al salón e invita a su hijo a que vaya a buscarlo. Cuando el niño toma el balón, su madre comienza a saltar y a imitar las voces alentadoras de un público imaginario ante el acierto de un jugador. «¡Eres un chico duro! –le dice mientras le despeina el cabello–. Sin embargo, al parecer has tenido un día difícil. Tal vez un poco de helado pueda mejorarlo».

Cualquier observador de la escena podría interpretar que la madre de Zeke actúa de forma cariñosa y bondadosa. Después de todo, lo que ella quiere es que su hijo se sienta mejor, ¿no es verdad? Los padres que se parecen a la madre de Zeke suelen ser considerados padres «enrollados» por los amigos de sus hijos. Si los amigos de Zeke hubieran observado la forma de reaccionar de su madre, es muy probable que hubieran sentido envidia. Acaso hubieran pensado que, en comparación con ella, sus padres eran aburridos y estrictos. Pero a pesar de que la madre de Zeke ha tenido una actitud cariñosa y bondadosa, le ha fallado a su hijo. Lo está tratando como si fuera su amigo, y no como un niño que necesita reglas para no meterse en problemas y aprender a gestionar sus impulsos. Los padres cariñosos y bondadosos que se dedican realmente a la crianza de sus hijos nunca transmitirían el mensaje de que el problema en el colegio no tiene ninguna importancia o que el niño no tiene nada que aprender de sus errores. La madre de Zeke cambió la oportunidad de enseñarle lecciones valiosas por la de ser su amiga.

La realidad es que no todos los padres permisivos crían a sus hijos de este modo por puro egoísmo, como en el caso de los padres de Audrey. Muchos padres permisivos, como la madre de Zeke, quieren mucho a sus hijos y tienen la mejor de las intenciones. A menudo simplemente los crían como ellos mismos fueron criados. No se dan cuenta de que deben asumir el rol de la autoridad frente a ellos, imponerles límites y consecuencias, y también decir «no» con el fin de ayudar a sus hijos a conocerse a sí mismos y a entender las relaciones y los sentimientos.

Tipo 4: Los padres en duelo (divorciados o viudos)

Los padres que están en duelo suelen estar intentando desesperadamente sobrellevar la situación. No es fácil tener un padre o una madre que está pasando por un duelo. Pero todavía es más difícil cuando su tristeza tiene que ver con la pérdida de su cónyuge, es decir, de tu padre o de tu madre, una pérdida que *también tú* estás viviendo. Los niños que pierden a su padre o a su madre debido a un divorcio o a un deceso sufren su propio duelo. Vivir un duelo en familia puede ser realmente complicado. En este libro nos interesa principalmente abordar uno de los aspectos de esta situación: cuando a consecuencia del duelo se genera un entorno de negligencia emocional.

SALLY

Sally es la tercera hija de una cariñosa familia irlandesa de cinco niños. Todos los días su familia tiene actividades relacionadas con la iglesia, la Pequeña Liga, la PTA,** los vecinos,*

* N. de la T.: Liga de béisbol para niños de seis a trece años.

** N. de la T.: Fundada en 1897, la Asociación de padres y maestros (Parent Teacher Association, PTA por sus siglas en inglés) es una red nacional de familias, estudiantes, educadores y líderes de la comunidad que trabajan en el ámbito de la escuela, el distrito, el estado y la nación para mejorar las condiciones de educación, salud y seguridad de los niños.

el colegio, los pícnics o las barbacoas, y las lecciones de piano. Los niños se pelean mucho porque tienen muy poca diferencia de edad, pero en general se llevan bien y se quieren. La madre de Sally es una mujer muy atareada que trata de estar al día con las actividades escolares y deportivas de sus hijos, y además trabaja a media jornada en el Departamento de Recreación de la ciudad. Les suele decir a sus amigos que está muy contenta de tener ese trabajo, porque es lo único que hace que no está relacionado con la maternidad, y siente que se volvería loca si no lo tuviera. El padre de Sally es ingeniero, cuenta con unos buenos ingresos y la familia no tiene ninguna preocupación económica.

Los padres de Sally tienen temperamentos muy diferentes. Su madre a menudo está agobiada, distraída y agotada por las demandas de sus hijos. Su padre no pasa demasiado tiempo en casa porque además de trabajar mucho, tiene un largo trayecto hasta el trabajo. Pero cuando está en casa disfruta de sus hijos. Como también les sucede a otros niños, por ser la hija del medio Sally a veces parece pasar desapercibida en la familia. No es la mayor ni tampoco la menor, ni la única niña, ni la más talentosa. Sin embargo, tiene la sensación de ser la favorita de su padre. Cuando se hicieron la foto familiar, él le pidió que se sentara en su regazo. Y muchos domingos por la mañana Sally se sienta a su lado y leen cómics juntos.

Cuando Sally tenía ocho años oyó que sus padres hablaban en voz muy baja. Intentó escuchar lo que decían, pero únicamente consiguió entender unas pocas palabras. Una de ellas fue «cáncer». En ese momento salió corriendo para ir a jugar porque no quiso seguir escuchando. A lo largo de los siguientes meses Sally advirtió que su padre estaba perdiendo peso gradualmente. Seis meses más tarde, dejó de trabajar y se pasaba todo el tiempo en la cama. El día que el padre dejó su trabajo, tuvieron una reunión familiar para informar a los niños que tenía cáncer. «Pero todo va a salir bien –les dijeron–. No queremos que os preocupéis por esto».

Tres meses más tarde al volver del colegio, Sally dejó sus libros sobre la mesa de la cocina y abrió la nevera para tomar un vaso de leche. La hermana mayor entró en la cocina con la cara bañada en lágrimas y le dijo: «Papá ha muerto. Ya se lo han llevado». Durante los meses siguientes la gravedad de esa afirmación atormentó a Sally. La primera semana después de que su padre desapareciera apenas vio a su madre, y cuando la veía su cara estaba inexpresiva, como si estuviera tallada en piedra. La madre de Sally hablaba muy poco, nunca mencionaba a su padre ni comentaba su pérdida. Nunca habló directamente con ninguno de sus hijos de lo que había sucedido. Simplemente dejó que los tíos, las tías y los vecinos que se ofrecieron a ayudarla se ocuparan de los niños, después de darles instrucciones para que intentaran que la vida de sus hijos fuera lo más normal posible. De manera que Sally siguió asistiendo a clases de piano y a los partidos de béisbol de su hermano. La única ocasión en que fueron a recogerlos al colegio fue el día del funeral. Ese día los vistieron, los llevaron a la iglesia donde se celebraba y los trajeron de vuelta a casa. Ni siquiera entonces se habló de la muerte del padre. Sally tenía miedo de hablar con su madre, o de hacerle alguna pregunta, porque tenía la sensación de que cualquier comentario inadecuado podría provocar que el rostro de piedra de su madre se derrumbara. No quería hacerle daño. Después del funeral la vida continuó. Fue como si no hubiera ocurrido nada en absoluto. Nadie mencionaba al padre de Sally. Parecía como si nunca hubiera existido. Pero la vida familiar cambió drásticamente. La madre tuvo que aceptar un

> *trabajo a jornada completa en una cafetería. Vendieron la casa y se mudaron a un apartamento alquilado mucho más pequeño que no tenía patio. La madre de Sally trabajaba nueve horas al día. Cuando estaba en casa se pasaba todo el tiempo ocupada en sus quehaceres, y a menudo con su cara de piedra. Sally aprendió a mantenerse alejada de ella, porque cualquiera de sus necesidades parecía abrumarla. Vivía con el miedo de que su madre se quebrara.*

Conocí a Sally cuando tenía cuarenta años. Nunca se había casado. Tenía una carrera muy exitosa como ingeniera en biotecnología. Tenía una casa propia, un perro y pasión por los sudokus. Pero se decidió a hacer terapia porque no era feliz. «No he sido feliz desde que tenía ocho años», afirmó. Aunque se desempeñaba muy bien en la vida, y había sido capaz de crearse un lugar en el mundo, durante treinta y dos años había luchado con una tristeza que no podía quitarse de encima, y con un sentimiento de vacío del que no conseguía escapar. En cierta ocasión me dijo: «Las demás personas viven en un mundo diferente al mío. Ellas ven colores, sienten cosas, se aman mutuamente y se emocionan. A mí no me pasa nada de eso. Para mí el mundo es gris. Yo estoy fuera, observando lo que sucede dentro».

Sally tenía razón. Vivía realmente en un mundo gris. Funcionaba con un depósito a medio llenar de combustible de bajo octanaje, que se había diluido en un mar de lágrimas no derramadas. He aquí algunos de los sentimientos que había retenido en su interior durante todos esos años:

- El impacto que le había producido la súbita desaparición de su padre.

- El duelo por su pérdida.
- La rabia que sentía porque nadie le había comunicado que su padre iba a morir.
- La aversión a hablar de algo relacionado con los sentimientos por miedo a hacer daño a otra persona (ese mensaje lo había recibido de la cara de piedra de su madre).
- La pérdida de la sensación de ser «especial», puesto que nunca más había sentido que era la favorita de alguien.
- El miedo de establecer vínculos afectivos ya que, debido a su experiencia, representaban un amargo sufrimiento.
- La rabia que sentía hacia su familia y hacia sí misma, por actuar como si su padre nunca hubiera existido después de su muerte.
- La culpa por haber deseado en algunas ocasiones, periódicamente a lo largo de su vida, que en vez de morir su padre hubiera muerto su madre.

Aquí es importante destacar que la madre de Sally era una buena mujer. Trabajaba mucho, y se esforzaba por dar lo mejor de sí, a pesar de estar abrumada por sus circunstancias. Cuando se enteró de la enfermedad incurable que padecía su marido y supo que pronto lo perdería, no tuvo los recursos necesarios para gestionar su propio duelo, y mucho menos para comunicárselo directamente a sus hijos. Empezó a funcionar en modo supervivencia y sobrellevó la situación con la técnica de «hincar los codos y ponerse a trabajar denodadamente». Lo hizo lo mejor que pudo con las herramientas que tenía. Una parte del trabajo que Sally hizo en terapia fue comprender cómo y por qué las cosas habían sucedido de esa manera y en qué la habían afectado; y también identificar los intensos sentimientos que había interiorizado y enterrado.

En el trabajo que hicimos juntas, Sally finalmente fue capaz de descubrir cada uno de esos sentimientos. Pasó muchas horas en mi consulta derramando las lágrimas que había estado reteniendo durante tantos años sin ser consciente de ello. Después de un largo proceso y mucho trabajo, Sally consiguió sintonizar consigo misma y ver el mundo en colores como las demás personas.

ZEKE

Zeke vuelve a casa del colegio nervioso porque tiene que mostrar la nota de la maestra a su padre. Él preferiría dársela a su madre, pero es jueves y es el día que le toca estar con su padre desde el divorcio. Sabe que su padre se lo tomará muy mal porque desde que la madre abandonó el hogar familiar, siempre está cansado, irascible y de malhumor. Zeke no entiende por qué su padre tiene que ser así. Su madre y su padrastro parecen felices, y él sufre al ver que su padre no lo es.

Zeke le da la nota a su padre. Lo mira intranquilo mientras él mueve la cabeza de lado a lado. «Esto es culpa de tu madre –afirma–. No me sorprende que empieces a tener problemas después de todo lo que nos ha hecho pasar. No te preocupes, hablaré con ella sobre esto».

Como puedes imaginar, Zeke se siente un poco confundido por la respuesta de su padre, que pasa por alto la conducta impulsiva y la naturaleza peleadora de Zeke, y elige utilizar la situación en contra de su exmujer, que decidió separarse de él y volver a casarse rápidamente. Es posible que Zeke sienta alivio por haberse librado de una reprimenda, pero en el fondo también siente que su padre no lo tiene en cuenta. Aparentemente está protegiendo a su hijo, pero en realidad solo piensa en sí mismo. Lamentablemente, Zeke no tiene ninguna oportunidad de aprender absolutamente nada del error que ha cometido.

Es totalmente comprensible que un hombre esté enfadado y herido después de haber sido abandonado repentinamente por su mujer. Y también es comprensible que se preocupe por el daño que eso puede producir en la vida del hijo que tienen en común. Cuando Zeke sea adulto y reflexione sobre lo sucedido, recordará claramente que su padre tuvo una actitud protectora y que no se enfadó con él por haberse metido en problemas. Lo que *no recordará* es lo que *faltó*. Y lo que faltó en ese momento fue todo lo que hizo la madre en el ejemplo que ofrecí sobre la conducta parental que tiene en cuenta las emociones de los hijos. Tal vez recuerdes que implica conocer los sentimientos de los niños, hablar con ellos, poner límites y ofrecerles reglas para su vida. Si el padre de Zeke sigue ignorando los sentimientos y necesidades de su hijo, lo más probable es que el niño crezca sintiendo que su padre realmente no lo conoce en absoluto. Pero nunca comprenderá las razones, porque no es capaz de recordar lo que faltó. Incluso es probable que se culpe a sí mismo.

Tipo 5: Los padres adictos

Cuando escuchamos la palabra *adicto*, la mayoría de nosotros pensamos en un «alcohólico» o en un «adicto a las drogas». Sin embargo, la adicción abarca un abanico mucho más amplio de conductas compulsivas, desde la adicción al juego hasta las compras, Internet, la pornografía, las tarjetas de rasca y gana, el tabaco, las máquinas tragaperras o los juegos *online*, por nombrar solo unas pocas. Algunas de estas actividades pueden aliviar el estrés cuando se realizan con moderación. No obstante, se convierten en una adicción cuando una persona empieza a:

- sentir un intenso placer, que se aproxima mucho a una sensación de alivio, al realizar la actividad o simplemente por pensar en el momento en que se va a realizar
- dedicar cada vez más tiempo a esa actividad, hasta que los miembros de la familia comienzan a notarlo
- gastar dinero y otros recursos en esa actividad, independientemente de que pueda o no permitirse ese gasto
- utilizar la actividad para diversos propósitos (reducir el estrés, socializar, jugar, gestionar emociones, o entretener a otras personas)
- negar que la actividad le está haciendo daño, o está haciendo sufrir a otras personas

En un auge sin precedentes de los juguetes tecnológicos, de las compras con tarjetas de crédito, del acceso ilimitado a Internet y de las redes sociales, actualmente hay un enorme potencial para que cualquiera de nosotros desarrolle una adicción. Los estadounidenses, en particular, están acostumbrados a altos niveles de estrés y también a obtener gratificaciones inmediatas. Ambos factores generan adicciones.

Recientemente, el neurocientífico David Linden escribió sobre la amplia gama de placeres por los que nuestro cerebro puede desarrollar una adicción. Linden insta al lector a tener compasión por las personas adictas, como la tenemos frente a cualquier otra persona que está enferma. Sin embargo, a los familiares les resulta difícil soportar el sufrimiento que el adicto invariablemente causa a los más allegados.

Los padres adictos no son todos iguales. En un extremo del espectro tenemos a un padre o una madre que depende de las drogas o del alcohol, y sufre consecuencias evidentes. Los hijos de padres adictos disfuncionales no solamente sufren negligencia emocional, también son niños traumatizados. Esta no es la clase de padres de la que queremos hablar aquí. Nos interesan los padres y las madres funcionales y afectuosos, cuya adicción tal vez aún no haya sido identificada como un problema en la familia. Mis pacientes se referían a este tipo de padres con algunas afirmaciones del tipo: «Bebía algunas cervezas cada noche, pero eso no suponía ningún problema». Estos son los padres a quienes se perdonan las copas de vino que beben cada noche, aunque se pongan irritables o sensibleros, porque se ocupan de sus hijos de diversas maneras. Los padres adictos funcionales son capaces de cuidar bien a sus hijos. Van a todos los partidos de fútbol llevando la nevera y los bocadillos para todo el equipo. Invitan a tus primos, tíos y tías a las barbacoas que preparan en casa. Cuando tienes problemas en el colegio no dudan en ir a hablar con el director y dar la cara por ti. Te hacen reír.

Entonces, ¿qué puede haber hecho, o no hecho, para terminar en este libro una madre cariñosa a la que le gusta el vino y siempre va a los partidos? ¿O un padre que trabaja duro y al que le gusta apostar dinero en todos los deportes que ve por televisión? ¿Acaso son culpables de desatender emocionalmente a sus hijos? Para decirlo de una forma simple, lo que perjudica a los hijos de padres adictos funcionales es que se comportan como si fueran dos personas. Y los niños no siempre pueden predecir cuál de ellas va a aparecer. Se olvidan de sus hijos cuando están atrapados por su conducta adictiva; se desentienden temporalmente de su trabajo y, como consecuencia, pueden comportarse de forma mezquina, atemorizante, inmadura, egoísta o inadecuada. Pero cuando no se dejan llevar por su adicción, pueden ser amables, comprensivos, serviciales, sensatos, divertidos y alentadores. De manera que, para los hijos de padres adictos funcionales, los recuerdos de la vida familiar son invariablemente una combinación de escenas positivas y escenas tristes. Después de haber vivido las conductas impredecibles de sus padres durante la infancia, el hijo adulto de un adicto es por lo general una persona con ansiedad, preocupada y veladamente insegura.

RICHARD

Richard decidió hacer terapia a los veintisiete años después de tener algunos ataques de pánico en el trabajo. Como no sabía qué era lo que le pasaba, terminó acudiendo a urgencias dos veces por creer que tenía un ataque cardíaco. Su padre es un respetado jefe de bomberos. Cuando le pregunto sobre su vida, Richard me cuenta que cuando era adolescente fue una estrella del béisbol. En el tercer año del instituto llegó a ser nominado para el galardón individual de jugador más valioso de la temporada. Me comenta con orgullo que su padre no se perdía ninguno de sus partidos. Recuerda que lo ayudaba a entrenar lanzándole la pelota para que pudiera batear cada vez mejor. Hasta aquí todo bien, ¿verdad?

Poco después en la misma sesión le pregunté: «¿Puedes recordar alguna ocasión en la que hayas experimentado una ansiedad tan intensa como la que has estado sintiendo últimamente?». Y esto es lo que me respondió: «Se celebraba la cena de entrega de premios de la temporada de béisbol juvenil. Eran las ocho de la tarde y yo estaba un poco preocupado porque a esa hora mi padre por lo general ya había bebido algunas cervezas. Cuando el nombre del ganador no fue el mío sino el de uno de mis compañeros de equipo, mi padre se puso de pie y con su atronadora voz de jefe de bomberos afirmó: "Ese condenado crío no se lo merece. ¡Mi hijo es el mejor jugador del Estado!". Todos se quedaron estupefactos, me miraron, luego miraron a mi padre y volvieron a mirarme a mí. Yo me sentí fatal. Lo único que atiné a hacer fue salir precipitadamente del salón, y cuando estaba fuera me puse a vomitar. No me gusta recordar esa escena. En la primavera de la siguiente temporada yo salía demasiado de fiesta como para jugar al béisbol».

La falta de previsibilidad genera una intensa ansiedad en los hijos de padres adictos. En consecuencia, cuando son adultos corren un mayor riesgo de tener trastornos de ansiedad y convertirse ellos mismos en adictos que las personas que no tuvieron este tipo de padres. Ser un buen padre (o madre) la mayor parte del tiempo y un padre horrible de vez en cuando produce adultos ansiosos e inseguros que lo único que esperan es que las cosas siempre salgan mal.

Otro aspecto de la conducta de los padres adictos que genera una situación de negligencia emocional es su tendencia a «compensar» sus periodos de desatención con periodos invasivos y controladores.

ELSIE

Elsie es una niña inteligente de ojos oscuros que comenzó a hacer terapia por decisión de su madre. Catherine, la madre, es adicta a estar delgada y además consume alcohol. Se queja de que las notas de Elsie han empeorado y dice que se ha convertido en una niña irrespetuosa que no tiene ganas de hacer nada. Habla de ella diciendo que es una «princesa exageradamente dramática». Su padre viaja mucho por trabajo, y en la casa habitualmente están Elsie, su madre y su hermana pequeña. Cuando la madre nos deja solas en la consulta durante la primera entrevista, Elsie me dice que quiere a su madre pero que nunca «tendría como amiga a alguien como ella, porque puede ser muy mezquina». Añade que en cuanto llega a casa del colegio la invade una sensación de preocupación e inquietud. Si su madre todavía no ha bebido una copa de vino, todo va bien; pero en caso contrario la censura cuando va a la cocina a buscar algo para comer, o le insiste en que haga ejercicio (a pesar de que Elsie es delgada). Algunas veces, me comenta, está muy bien tener una madre que se preocupe de lo que comes. Pero a pesar de que su madre le dice que no está gorda, Elsie cree que cuando comenta «esa porquería que estás comiendo engorda», o cuando le dice «ya es suficiente», o «no seas vaga y sal a dar un paseo con tu bicicleta» o «esos pantalones te quedan más ajustados», lo que le transmite es que no está a la altura de sus expectativas. Sin embargo, cuando la madre de Elsie no ha bebido es incapaz de decir algo semejante.

Los padres son incapaces de advertir las emociones de sus hijos cuando están atrapados por sus adicciones; y tampoco pueden relacionarse con ellos como realmente son. Por ejemplo, cuando la madre de Elsie está bajo los efectos del alcohol y le dice «no seas vaga y sal a dar un paseo con tu bicicleta», en realidad no está hablando de su hija sino expresando lo que siente respecto de sí misma (el miedo a engordar). Cuando la madre no bebe es capaz de ver a Elsie de forma realista y explicarle a su hija lo que le pasa a ella; sin embargo, después de una copa de vino todo es diferente. Este es un ejemplo perfecto de negligencia emocional en acción. La madre no trata a su hija como la persona que es, sino como un reflejo de sí misma. Desafortunadamente, cuando era niña Elsie no tenía la menor idea de lo que sucedía y se tomaba a pecho sus comentarios. Cuando la conocí tenía una autoestima muy baja y una persistente sensación de no ser suficientemente buena.

ZEKE

Zeke baja del autobús escolar sintiéndose muy ansioso. Se pregunta qué puede hacer para matar el tiempo antes de ir a casa con la nota que le ha dado su maestra. Sabe que, si puede llegar un poco más tarde, su madre probablemente estará jugando en el ordenador y no le prestará mucha atención. A Zeke no le da miedo su reacción, pero es un chico listo y ha descubierto que puede eludir algunas situaciones si su madre está absorta con el ordenador. De manera que pasea por el barrio, pasa por la casa de su amigo Scott y se pone a buscar piedras bonitas en el camino de entrada de la casa del vecino. Después de un rato se da cuenta de que si no entra pronto en casa su madre podría empezar a preocuparse, así que reúne valor y se encamina hacia la puerta.

Zeke observa con gran alivio que su madre no aparta la mirada del ordenador cuando él entra. «¿Cómo te ha ido en el colegio?», le pregunta. «Muy bien. Traigo una nota de mi maestra», responde Zeke. Luego deja rápidamente la nota sobre la mesa del ordenador y corre a la cocina en busca de galletas. Sabe que su madre no dejará de jugar para leer la nota, y cuando haya terminado es muy probable que se haya olvidado de que está allí. Con un suspiro de alivio por el éxito de su operación «posterga todo lo posible meterte en problemas», alberga la esperanza de que su madre gane el juego para que luego esté de buen humor y no se enfade si al final llega a ver la nota.

Es importante observar que a Zeke no le preocupa realmente que su madre reaccione mal o se enfade. En realidad, es una mujer razonable, amable y cariñosa. El problema aquí es que su adicción al ordenador le ofrece posibilidades que Zeke ha aprendido fácil y rápidamente a aprovechar con el fin de evitar situaciones comprometidas, incluyendo las consecuencias de su propio comportamiento. Si es capaz de hacerlo con algo tan serio como una nota de su maestra, podemos asumir sin equivocarnos que también la habrá utilizado en muchas situaciones menos importantes.

En esta situación la madre de Zeke lo ha descuidado emocionalmente porque el problema que ha tenido en el colegio puede pasar desapercibido debido a la adicción de su madre. Si tiene éxito en esta operación no tendrá que explicar lo que ha sucedido, pero al mismo tiempo perderá la oportunidad de sentirse comprendido. No aprenderá a reconocer sus propias emociones, y por lo tanto será incapaz de nombrarlas. Debido a la adicción de su madre aprenderá a evitar las consecuencias y a jugar con la gente. Es interesante considerar que, como adulto, es posible que no recuerde en absoluto este incidente de la nota, pero si lo recuerda, probablemente se culpará a sí mismo por ser manipulador, pero no culpará a su madre. Recordará lo que él *hizo*, pero no lo que su madre *no hizo*.

Tipo 6: Los padres deprimidos

Volvamos a Zeke, el niño de tercer curso al que acabo de mencionar, pero esta vez tendrá un padre deprimido:

ZEKE

En el autobús de camino a casa Zeke se siente fatal por haberse metido en problemas en el colegio. Piensa que su padre estará probablemente en el sofá, donde pasa mucho tiempo desde que perdió su trabajo. Cuando entra en casa comprueba que tenía razón. Su padre está tumbado en el sofá con los ojos cerrados,

> *y con* ESPN Sport Center* *como telón de fondo. Zeke saluda a su padre y le da la nota. Él lo adora y no entiende por qué ya no hace absolutamente nada. Su padre lee la nota y una expresión de sufrimiento se dibuja en su rostro. Suspira. «No vuelvas a hacerlo, ¿vale, Zeke? No es manera de comportarse». Zeke se siente muy avergonzado y piensa que su padre está triste por culpa de SU mala conducta. «No volveré a hacerlo, papá», murmura. Se queda a su lado, pero el padre cierra los ojos y parece volver a adormilarse. Zeke se marcha silenciosamente.*

Si este padre deprimido no consigue un poco de ayuda, el pronóstico para Zeke no es muy alentador. Crecerá sintiendo que tiene que comportarse perfectamente para no empeorar el ánimo de su padre. Este patrón puede llegar a arraigarse profundamente en su personalidad y ocasionar que tenga grandes dificultades para no crear problemas, que cometa errores o que se resigne a ser un ser humano imperfecto.

Los padres deprimidos tienen poca energía o entusiasmo para cuidar a sus hijos. A diferencia de los padres narcisistas que demandan atención, los depresivos a menudo parecen desaparecer. Se retraen a su mundo interior, se centran en su propia persona y en sus problemas, preguntándose cómo podrán salir adelante. Tienen poca energía y poco para ofrecer. Se abstienen de intervenir en la vida de los miembros de su familia. Y cuando están presentes, pueden mostrarse irritables o desanimados. Los niños que crecen con padres deprimidos no saben cómo recibir atención de los adultos de formas positivas. Como la buena conducta pasa desapercibida,

* N. de la T.: *Sport Center* es un noticiero deportivo diario que sirve como programa insignia de la cadena de televisión por cable y satélite estadounidense ESPN y sus filiales internacionales.

pueden recurrir a un mal comportamiento que al menos requiere un poco de atención, independientemente de lo negativa que pueda ser.

Los resultados de este tipo de negligencia emocional están bien documentados. En el colegio, los niños cuyos padres están deprimidos tienen más probabilidades de ser considerados problemáticos que los niños cuyos progenitores no lo están. Debido a que los padres deprimidos ofrecen poco consuelo, apoyo o motivación, sus hijos no saben cómo calmarse a sí mismos, y en la adolescencia pueden consumir drogas o alcohol. Este tipo de padres parecen sentirse presionados, atormentados o agobiados por los requisitos normales de la crianza de los hijos. Como consecuencia, los niños no siempre aprenden que son importantes o valiosos, y cuando son adultos corren el riesgo de caer también ellos en una depresión. Y, por último, como los padres deprimidos no consiguen controlar su propia conducta, sus hijos también pueden perder el control de sí mismos.

MARGO

Margo se considera una chica dura. A los dieciséis años la expulsaron del instituto por beber alcohol en el aseo y conseguir marihuana para su equipo de softbol. Ahora recibe clases en su casa. Les ha dicho a sus padres que no tiene la menor intención de dejar de salir de fiesta. Cuando ellos procuran ponerle límites con muy poca firmeza, se marcha de casa y se va a la de alguna amiga. Con el propósito de conseguir la empatía de las madres de sus amigas, Margo les cuenta que sus padres son horribles con ella. Desafortunadamente, los padres de Margo son demasiado apáticos como para relacionarse con otros padres, de manera que sus comentarios no pueden ser desmentidos. Cuando está en casa, Margo se encierra en su habitación y chatea con hombres a través de Skype. Sorprende a sus amigas hablándoles de sus atrevidos vídeos de contenido sexual.

Los padres de Margo, Elaine y Bruce, son buenas personas. Hacen obras de caridad, son miembros de una iglesia y son amables y respetuosos con todo el mundo. Sin embargo, ambos están deprimidos, aunque de una manera diferente. Son un poco mayores que los padres de las amigas de Margo, pues la adoptaron después de haber hecho durante años tratamientos de fertilidad que siempre fracasaron. Tienen mucho dinero, que ganaron por haber comprado acciones de Microsoft durante los primeros años de la empresa. Pero Elaine nunca ha podido superar los catorce años que pasó intentando quedarse embarazada. Con frecuencia Margo la encuentra tumbada en el sofá cuando llega a casa, y muchas veces todavía en pijama. Esto le da mucha rabia, y en esos momentos asume una actitud provocativa y despectiva con su madre. Su padre no se involucra demasiado en la vida de Margo. Se siente vacío y desde que dejó de trabajar no encuentra su propósito en la vida. Va a la biblioteca y hace diferentes cursillos para pasar el tiempo. Margo recuerda que cuando era pequeña pasaba momentos muy felices con él, pero desde que su mujer está deprimida se ha vuelto más distante. Suele traer comida a casa porque su mujer ya no cocina mucho, pero luego se limita a sentarse en su sillón reclinable junto a la madre de Margo para mirar la tele y quedarse dormido poco después.

Cuando estaba en octavo curso, Margo solía pensar insistentemente en lo tristes y arrepentidos que estarían sus padres en su funeral si ella muriese. Imaginar a sus padres y a sus amigos llorando su pérdida, de alguna manera le ayudaba cuando se sentía triste. Estos pensamientos empezaron a ser tan frecuentes que llegó a considerar la idea de suicidarse. Después de que Margo tomara una sobredosis, terminara en urgencias y más tarde en un hospital psiquiátrico, sus padres parecieron despertar y empezaron a prestarle atención. Últimamente le dicen que la quieren y a la hora de acostarse le preguntan si se encuentra bien, siguiendo las indicaciones del psicólogo. Están preocupados por ella y la llaman cuando se queda demasiado tiempo en su habitación. En cuanto a Margo, ¡para ella es maravilloso haber conseguido finalmente la atención de sus padres! Sin embargo, teme que si empieza a ser demasiado feliz, tal vez dejen de preocuparse y vuelvan a actuar como antes. Y ella cree que eso ya está sucediendo.

Te alegrará saber que los padres de Margo no volvieron a la actitud distante y depresiva que solían tener. Todos recibieron ayuda, y la curación de Margo está en marcha.

No todas las familias de padres deprimidos son tan extremas como las de Zeke o Margo. No obstante, cuando la mezcla tóxica de falta de atención y distanciamiento de unos padres que están deprimidos persiste a lo largo del tiempo, el resultado es la desatención emocional del niño en desarrollo.

Tipo 7: Los padres adictos al trabajo

En nuestra sociedad la adicción al trabajo se suele considerar como algo positivo. La serie televisiva *30 Rock*[*] retrata bastante bien a los adictos al trabajo a través del personaje de un ambicioso hombre de negocios llamado Jack Donaghy (interpretado por Alec Baldwin).

* N. de la T.: *30 Rock* (*Rockefeller Plaza* en España) es una comedia de situación estadounidense.

«¡Ya verás cuando llegue tu niñera!».

En una escena muy graciosa, está tumbado en la cama del hospital después de haber sobrevivido por los pelos a un ataque cardíaco debido al estrés laboral, y dice con gran sentimiento: «Haber estado tan cerca de la muerte me ha hecho ver que he vivido mi vida de manera equivocada». Cuando el personaje de Tina Fey se inclina hacia él para escuchar mejor la frase sensata que está a punto de decir, él susurra débilmente: «Debería haber trabajado muchas más horas y esforzarme más en el trabajo».

En nuestra economía capitalista valoramos el trabajo duro y los salarios altos. De todas las adicciones mencionadas previamente (por ejemplo, el alcohol, las drogas, las compras o el juego), el trabajo es la única que realmente proporciona dinero. Los adictos al trabajo suelen ser personas exitosas y motivadas, que son admiradas y respetadas por sus compañeros de trabajo, familiares y toda la comunidad. Desafortunadamente, por lo general sus hijos sufren en silencio. Este tipo de padres trabajan muchas horas al día, están obsesionados por su trabajo y tienden a prestar poca atención a las necesidades y los sentimientos de sus hijos. Y para empeorar las cosas, estos no suelen ganarse la simpatía de otros niños porque sus padres son personas de éxito, que tienen mucho dinero y muchas cosas bonitas. Al anteponer su trabajo a todo lo demás, los adictos al trabajo transmiten a sus hijos el mensaje de que sus sentimientos y necesidades no son importantes (lo que perjudica su valía personal). Y al no participar activamente en los logros y triunfos de sus hijos, les comunican inadvertidamente que todos esos logros no tienen ninguna importancia (lo que menoscaba su autoestima). Algunos niños tienen problemas en el colegio o consumen alcohol y drogas, con el propósito de conseguir la atención de sus padres. Otros desarrollan una baja autoestima y dudan de su valía personal sin tener la menor idea de cuáles son los motivos. Dado que no se consideran perjudicados sino privilegiados, suelen culparse a sí mismos por sus conflictos internos. La baja autoestima, la sensación de carecer de valía personal y la culpa se suman rápidamente y pueden dar lugar a una depresión.

SAM

Cuando Sam vino por primera vez a terapia tenía diecinueve años y estaba en el primer curso de una universidad privada muy cara. Se sentía deprimido y estaba fracasando en la universidad debido a que le resultaba muy difícil levantarse de la cama por las mañanas. A menudo perdía la batalla, faltaba a las clases y se pasaba todo el día durmiendo. Estaba muy enfadado consigo mismo y lo expresó del siguiente modo: «Soy patético. Mis padres han trabajado duro para ofrecerme una vida mejor que la que ellos tuvieron y me han dado todas las ventajas. Y aquí estoy yo tirándolo todo por la borda. No tengo ninguna excusa».

Para poder comprender qué es lo que le pasaba a Sam, primero tienes que saber algo de sus padres. Se conocieron en el instituto y se casaron a los diecinueve. Ambos procedían de familias incultas y de escasos recursos. A pesar de que los dos eran bastante inteligentes, ninguno tuvo la oportunidad de ir a la universidad debido a la situación económica de sus familias. Desde el mismo momento en que se casaron supieron que iban a tener que trabajar muy duro para lograr una vida decente para ellos y sus hijos. El padre de Sam comenzó trabajando como obrero de la construcción y se abrió paso hasta llegar a dirigir varias obras en todo el país. Aunque esto requería que viajara con frecuencia, su sueldo era mucho más alto de lo que jamás hubiera podido imaginar. Por su parte, la madre de Sam comenzó a trabajar de recepcionista en una cadena de hoteles. También fue progresando en su trabajo hasta llegar a ser la asistente ejecutiva del director general de la empresa, con un salario impresionante. Desafortunadamente, parte de su trabajo consistía en obedecer incondicionalmente todo lo que el director le ordenaba. Esto significaba llamadas telefónicas frecuentes en mitad de la noche, reuniones interminables y viajes de negocios planificados sobre la marcha. Cuanto más prósperos eran sus trabajos, más entusiasmados estaban ellos y más tiempo les dedicaban. Habían conseguido mucho más de lo que jamás habían podido soñar, y nunca se les había ocurrido que podían dejar de trabajar o al menos reducir algunas horas de dedicación.

A medida que el trabajo de sus padres progresaba con el paso de los años, gradualmente Sam los fue perdiendo. Él mismo, sus padres y las personas de su entorno comentaban a menudo lo afortunado que era Sam por mudarse frecuentemente a una casa cada vez más grande y tener coches cada vez más bonitos. Sus padres contrataron a la primera niñera cuando él tenía nueve años. Todos podían ver lo que estaba ganando materialmente, pero lo que permaneció invisible para todos ellos fue la paulatina pérdida de sus padres. Entre los nueve y los diecinueve años Sam pasó de ser un niño con dos padres cariñosos que estaban pendientes de él, a ser un estudiante universitario criado por una niñera y del que se esperaba que prosperara en sus estudios.

Todos saben que cuando fallece el padre o la madre, el niño se sentirá triste, experimentará el duelo por su pérdida y posiblemente sufra una depresión. Pero a nadie se le ocurre pensar que pasa lo mismo cuando un niño pierde a su padre o a su madre debido al éxito conseguido en su trabajo. Como Sam no era consciente de haber sentido la pérdida de sus padres, no comprendía su tristeza ni sus síntomas depresivos. Asumía de manera natural que los había generado él mismo. Eso allanó el camino para que en la adolescencia estuviera muy enfadado consigo mismo, se culpabilizara por sus fracasos y tuviera una baja autoestima, síntomas que persistieron en el estado adulto.

ZEKE

Zeke traspasa el umbral de su bonita y espaciosa casa, y le entrega la nota de su maestra a su padre, que acaba de llegar y está a punto de cambiarse de ropa antes de volver a salir para asistir a una reunión en la oficina. Su madre está de viaje por trabajo. El padre mira a Zeke por encima de sus gafas con un gesto de decepción. «Esto no está bien, Zeke. Ahora tengo prisa porque llego tarde a la reunión, pero le mostraré esta nota a Trish (la niñera) y ella hablará contigo esta noche».

Probablemente estés preguntándote qué hay de malo en esta situación. Después de todo, Zeke tiene una casa magnífica, un padre que a pesar de estar muy ocupado se preocupa por él, y una niñera que se encarga de cuidarlo. Sin embargo, lamentablemente la realidad es que a pesar de que la niñera es una cuidadora maravillosa que se lleva bien con él y siempre tiene las palabras adecuadas para cada situación, este es un ejemplo de negligencia emocional. Al dejar el problema en manos de la niñera, el padre le transmite el mensaje de que su trabajo es más importante que las lecciones de vida que su hijo debe aprender. Más adelante, probablemente recordará las cosas que *sucedieron*: su padre no reaccionó de manera violenta, su niñera habló con él, y quizás incluso también recordará lo que aprendió de esta situación. No obstante, no recordará ni advertirá que su padre no fue capaz de desentenderse un rato de su trabajo para hablar con él sobre la nota, ni tampoco recordará el mensaje que le transmitió aquel día. En cambio, muy posiblemente tenderá a desvalorizarse. Tiene la oportunidad de procesar y comprender lo que *ha sucedido*, pero no tiene ninguna forma de procesar lo que no puede recordar: *lo que no ha sucedido*.

Tipo 8: Los padres en cuya familia hay alguien con necesidades especiales

No hay ninguna categoría de padres que merezca MENOS ser incluida en un libro sobre la negligencia emocional, que los padres de una familia en la que alguien padece una enfermedad o está gravemente discapacitado. Sin embargo, por causas ajenas a su voluntad están incluidos aquí porque la vida les ha planteado un desafío que suele ser muy difícil de gestionar. Vamos a ocuparnos de la conversación que Tom y Patty tienen con Miranda, una niña de trece años, que es la menor de sus tres hijos.

> *«Miranda, eres una gran ayuda para nosotros», afirma su padre, Tom.*
> *«¡Ya lo creo que lo eres! –añade Patty–. Sé que últimamente las cosas se han puesto muy difíciles al tener que ingresar otra vez a Patrick en el hospital pediátrico para volver a colocarle una VP.* Tu hermano Steven no hace más que protestar. ¡Pero tú..., tú eres mi sostén!».*

Y esto es lo que sucede en la familia Smith, en la que el hermano mayor de Jack, que tiene diez años, sufre trastornos conductuales y emocionales asociados con el autismo:

> *«Ya sé que es muy frustrante que Todd coja tus cosas –le dice el padre a Jack–. Y también que es muy duro escuchar cuánto se altera últimamente desde que le cambiaron los medicamentos. Siento haber tenido que interrumpir nuestro partido de baloncesto, pero tu madre necesitaba ayuda con Todd. Te mereces algo mejor, hijo. Pero por ahora todos tenemos que intentar ser*

* N. de la T.: *Las derivaciones ventrículo peritoneales (VP)* son un delgado tubo de plástico que ayuda a drenar el sobrante de líquido cefalorraquídeo del cerebro.

pacientes y ser lo más amables posible entre nosotros. Todd no puede hacer nada por resolver sus problemas, y tu madre y yo estamos haciendo todo lo que podemos. Las cosas van a mejorar, ya lo verás».

Y por último veamos qué es lo que pasa en la familia de Zeke:

Zeke entra en su casa por la cocina dando un portazo. Llega con temor porque sabe que tendrá que mostrarle a su madre la nota que ha escrito su maestra. Se siente fatal porque es otro problema con el que la madre tendrá que lidiar además de todos los que ya tiene. Ella aparece de pronto en la cocina y, con el dedo índice sobre sus labios, le dice: «¡Shhhh, Zeke! Tu padre está durmiendo, ha pasado una mala noche». Al principio Zeke siente un gran alivio porque tenía la esperanza de que su padre estuviera durmiendo, y así tener que enfrentarse solamente a la reacción de su madre. Pero el alivio pronto es reemplazado por una sensación de vergüenza: «Mi padre está enfermo y yo solamente me preocupo por mí. Soy una mala persona».

Cuando un niño crece en una familia en la que uno de los miembros tiene una enfermedad grave, ya se trate de uno de los padres o de sus hermanos, los cuidados que ese niño o niña deberían recibir quedan en segundo plano. Tom, Jack y Zeke no tienen la libertad de ser ellos mismos. Observa que Zeke se siente culpable por vivir situaciones normales y experimentar sentimientos normales (tener que mostrar la nota de su maestra a sus padres y albergar la esperanza de evitar los problemas que esa nota pueda desencadenar).

Es frecuente que el padre o la madre que están sanos no den abasto y recurran implícita o explícitamente a sus hijos para que los ayuden abnegadamente. Cuando uno de los hijos o uno de los padres está enfermo, la vida familiar a menudo funciona en modo crisis. Por ejemplo, mientras los padres hacen visitas frecuentes al hospital, el niño que sufre desatención emocional calienta una comida congelada y come solo frente a la televisión. O también puede ocurrir que el niño escuche constantemente fragmentos de conversaciones sobre temas médicos que no debería escuchar y que además no entiende. El niño va a los partidos de fútbol con los padres de alguno de sus amigos y también se acostumbra a que sus padres se enfaden con él por cualquier tontería.

En estos casos los padres normalmente reconocen que la situación familiar tiene un impacto sobre el niño sano. Tal vez hablen con él, le pregunten cómo se encuentra y le ofrezcan todo el apoyo que puedan darle. Son conscientes de la cantidad de tiempo que dedican a la persona que está enferma, e incluso se preocupan por ello. De manera que estos serían los últimos padres de quienes podríamos pensar que son emocionalmente negligentes con sus hijos sanos. Sin embargo, muchos estudios han investigado qué es lo que sienten los padres y los hijos sanos en una familia en la que alguien sufre una enfermedad. En estos estudios, se solicita a los padres que describan cómo vive la situación el hijo sano. Los resultados muestran sistemáticamente que los padres consideran que lo está llevando «bien», pero el niño o la niña se ve a sí mismo bajo una luz mucho más negativa. ¿Conclusiones? Cuando los padres se sienten impotentes y no son capaces de cambiar los aspectos negativos de la vida de sus hijos, tienden a restar importancia a los efectos que producen dichos aspectos. Tales padres no solamente minimizan subconscientemente el malestar de sus hijos; sin advertirlo también les atribuyen una madurez que los niños no son realmente capaces de asumir. Esos padres a menudo necesitan y esperan que sus hijos sanos sean tan compasivos, pacientes y abnegados como ellos mismos están obligados a ser.

En algunas ocasiones las enfermedades familiares tienen un efecto negativo a lo largo de toda la infancia. En dichos casos, es probable que el niño o la niña desarrollen conductas casi adultas que no desaparecen hasta la adolescencia.

STUART

El padre y la madre de Stuart lo traen a terapia porque, según ellos, a los quince años se ha convertido en un chico «muy negativo». Stuart permanece prácticamente en silencio durante varias sesiones, está disgustado porque lo han obligado a hacer terapia y se resiste a hablar. Entiendo de inmediato que sus padres están sumamente preocupados por el hermano mayor de Stuart, Larry, que padece una enfermedad por la que es extremadamente vulnerable a las infecciones. Y me doy cuenta de cuál es la situación porque en la entrevista que mantengo con ellos para conocer la historia evolutiva de Stuart, no pueden evitar volver una y otra vez al tema de Larry, aparentemente sin ser conscientes de ello. Así me entero de que Stuart, como muchos hermanos de niños enfermos, ha reprimido sus emociones negativas y sus propias necesidades durante años.

Entiendo claramente que Stuart ha llegado a un punto crítico: sus defensas se están desmoronando y ya no puede seguir simulando que está «bien». La quiebra de su actitud estoica es inevitable; sin embargo, a sus padres les parece un misterio. Se preguntan cuál es la razón por la que su amable y servicial hijo ha desaparecido, y lo traen a terapia para «corregir» su actitud negativa.

Después de varias sesiones individuales, Stuart comienza a hablar. Me explica que no puede llevar a sus amigos a casa porque se siente culpable por tener amigos mientras su hermano no puede hacer vida social normal. También le preocupa que sus amigos no comprendan algunas conductas estrafalarias de su hermano. Y por último se siente culpable por avergonzarse de su hermano, al que quiere mucho.

De manera que tengo en mi consulta a un niño que se siente culpable por causar más problemas a sus padres, que necesita su atención, que está resentido porque ellos no se dan cuenta de su tristeza y que es incapaz de poner en palabras todo lo que le está pasando. Cuando después de algunas sesiones se produce un incidente en casa y Stuart se enfada mucho con sus padres, ellos me dicen que la terapia está «empeorando a su hijo». En ese momento animo a Stuart a que les responda, y él exclama: «¡Todo gira en torno a Larry! ¡Incluso os marchasteis antes de que terminara mi partido All-Star para ir a recoger sus medicinas!». Los padres empiezan a justificarse diciendo que se marcharon apenas unos pocos minutos antes de que terminara el partido y que Stuart está demasiado sensible. En ese momento decidí intervenir: «Este es precisamente el problema. A Stuart no se le permite expresar lo que siente, y cuando lo hace vosotros decís que es demasiado sensible. Larry no es el único que necesita ayuda; pero vuestras buenas intenciones con él están entorpeciendo vuestra capacidad de cuidar también a Stuart. Lo estáis haciendo sentir culpable por tener necesidades y sentimientos».*

* N. de la T.: Partido de las estrellas. Un partido de las estrellas es una competición deportiva de exhibición que reúne a los mejores deportistas de la disciplina.

Este momento difícil en mi consulta fue un punto de inflexión para Stuart. Por fortuna, sus padres fueron finalmente capaces de entender que la enfermedad de Larry estaba dificultando el desarrollo emocional y social de Stuart, y que eso lo hacía sentir culpable, rabioso y triste. A pesar de haberlo traído a terapia con la esperanza de que cambiara, fue evidente que eran ellos los que tenían que hacer un cambio tanto o más importante que el de su hijo.

La razón por la que los padres no se habían percatado de las dificultades de Stuart era que hasta ese momento no les había dado ningún problema. Afortunadamente pudieron darse cuenta de que, debido a la enfermedad de su hermano, eso era lo que ellos esperaban de él. Al tomar conciencia de la situación, los padres comenzaron a prestar más atención a sus necesidades y sentimientos. Si son capaces de seguir haciéndolo a lo largo de la adolescencia de Stuart, las secuelas de la negligencia emocional podrán revertirse y él podrá llegar a ser un adulto sano y feliz.

Tipo 9: Los padres centrados en los logros y la perfección

Los padres centrados en los logros y la perfección rara vez parecen satisfechos. Si su hijo o hija llega a casa con un notable, dirán: «La próxima vez trae un sobresaliente». Estos padres tienen algunas cosas en común con los padres narcisistas, de los que ya he hablado. De hecho, muchas de sus conductas son similares. Muchos padres narcisistas aspiran a que sus hijos alcancen la perfección porque quieren que los hagan quedar bien. En otras palabras: «Si mi hijo saca sobresalientes, los demás tendrán una buena imagen de mí». O: «Me hace sentir muy bien que mi hijo saque un sobresaliente». Este «efecto espejo» es característico de la mayoría de los padres centrados en los logros y la perfección (para abreviar los llamaremos CLP), aunque no siempre es así. Los padres CLP pueden estar motivados por varios y diversos factores.

No todos los padres CLP son emocionalmente negligentes. Muchos padres de atletas olímpicos, concertistas de piano y jugadores profesionales de béisbol podrían ser considerados padres CLP porque tienden a apoyar a sus hijos para que sean los mejores. No obstante, la diferencia entre los padres CLP que brindan los cuidados necesarios a sus hijos, y otros que son negligentes reside en el apoyo. Los padres CLP sanos *apoyan* a sus hijos para que consigan lo que *cada uno desea como individuo*. Los padres CLP negligentes *presionan* a sus hijos para que *cumplan sus propios deseos*.

Algunos padres CLP presionan a sus hijos para que cosechen éxitos porque quieren desesperadamente que tengan las oportunidades que ellos no tuvieron. Muchos actúan impulsados por la sensación de que ellos mismos deben ser perfectos. Otros intentan vivir su propia vida a través de sus hijos. Y también hay otro tipo de padres CLP que simplemente crían a sus hijos tal como los han criado, porque eso es lo único que conocen.

Cuando el pequeño Zeke entrega la nota de su maestra a su madre CLP, ¿qué crees que ella le diría?

ZEKE

«Zeke, ¿cómo puedes comportarte de este modo en el colegio? ¡Ahora la señora Rollo cambiará de opinión y no escribirá la carta de recomendación para apoyar tu solicitud de ingreso para el Maravilloso Colegio Superior para Niños! Tenemos que llamarla ahora mismo y resolver este problema».

O mamá CLP 2:

«Zeke, ¡tú sabes hacer algo mejor que balancear un lápiz sobre el dedo con la punta hacia arriba! La señora Rollo tiene razón. Si te lo hubieras metido en el ojo, eso podría haber retrasado tu progreso en las clases de piano. ¿Cómo podrías practicar si no pudieras leer la partitura?».

O mamá CLP 3:

«Zeke, estoy terriblemente decepcionada. ¡He hecho tantos sacrificios para que puedas estar en ese colegio tan caro! Si la señora Rollo empieza a considerar que eres un niño conflictivo, echarás a perder todo lo que he hecho por ti. ¡Tienes que pensar en tu futuro!».

Observa que las tres reacciones parecen hacer hincapié en los mejores intereses para Zeke. Estas madres CLP están claramente preocupadas por su hijo y quieren lo mejor para él. El problema es que las tres responden de una manera que refleja negligencia emocional. Ninguna de sus respuestas apunta a que Zeke debe aprender a controlar sus impulsos. Ninguna se ocupa de su reciente sensación de ser tratado como un bebé por sus hermanos. Y, finalmente, ninguna de ellas incluye nada de lo que es importante para *él*. Todas reflejan las necesidades de la madre, pero no las del niño. Se centran en el futuro de Zeke, pero él es demasiado pequeño como para preocuparse por eso e incluso para comprenderlo. Esas respuestas eliminan la oportunidad de que Zeke pueda aprender algo sobre sí mismo, su naturaleza, sus sentimientos y sobre cómo debe relacionarse con las figuras de autoridad. Con el paso del tiempo se verá obligado a silenciar muchas de sus necesidades y sentimientos con el fin de interiorizar un mensaje bastante simplista: «Si quieres tener éxito en la vida debes ser un buen chico». Esto quizás funcione bien durante la infancia, pero al llegar a la adolescencia, y más tarde al estado adulto, Zeke sentirá que le falta algo: autoconocimiento, conciencia emocional y autoestima.

TIM

Tim fue arrastrado a la terapia de pareja por su esposa, Trish. En nuestra primera entrevista fue difícil conseguir que expresara algo de lo que sentía o pensaba. Lo único que mencionó fue que estaba decepcionado consigo mismo y con Trish. «Nos queremos, y eso debería bastar. Pero para ella nunca nada es suficiente», afirmó. Cuando le pedí que explicara un poco lo que acababa de decir, se limitó a responder: «No entiendo por qué no deja que las cosas sigan su curso. ¿Por qué no puede simplemente ser feliz?».

Si yo hubiera aceptado sin más sus declaraciones, podría haber pensado que no era fácil llevarse bien con Trish. Pero como he trabajado con muchas parejas, comprendí que había mucho más de lo que Tim había verbalizado. Cuando le hice algunas preguntas a Trish, ella rompió a llorar. Y esto es lo que me dijo sobre los motivos que la habían llevado a decirle a Tim que necesitaban una terapia de pareja: «Tim dice que se siente feliz en nuestro matrimonio, pero no lo parece. Llega del trabajo irritable. Es un padre maravilloso, pero a veces es muy duro con los niños cuando no se comportan a la perfección. No se siente a gusto consigo mismo. Es el vicepresidente de su empresa con tan solo cuarenta años, y aun así se siente incompetente porque piensa que ya debería ser el director ejecutivo. Cuando intento hablar con él, me rechaza. Sé que se siente desdichado y quiero ayudarlo, pero no sé cómo hacerlo. Yo lo amo, pero no puedo seguir viviendo así. Le pido que nos ayude para poder seguir estando juntos».

Vamos a detenernos un momento para centrarnos en Tim. Apenas habían pasado quince minutos de nuestra primera sesión cuando tuve la sospecha de que había sufrido negligencia emocional en su infancia. A continuación, cito los signos que pude reconocer en él (cuando leas el capítulo tres sabrás mucho más acerca de estos signos):

- Irritabilidad.
- Perfeccionismo, evidenciado por su falta de tolerancia ante los errores de sus hijos.

- Falta de conciencia emocional, evidenciada por: «¿Por qué no puede ser simplemente feliz?».
- Contradependencia, evidenciada por su afirmación de sentirse decepcionado consigo mismo por necesitar ayuda y por rechazar la ayuda que le ofrecía Trish.
- Falta de compasión por sí mismo, evidenciada cuando Trish comenta que Tim se siente incompetente por ser el vicepresidente de su empresa en vez de tener el cargo de director ejecutivo.

Después de una docena de sesiones de pareja, Tim finalmente estuvo dispuesto a tener algunas sesiones individuales. En dichas reuniones descubrí que sus padres, si bien eran cariñosos, lo habían educado con una meta fundamental: ser una persona de éxito. A lo largo de su infancia, sus padres solo veían su estrés, sus luchas, sus logros y sus habilidades a través de la lente «del futuro». Tim había aprendido muy bien que sus sentimientos, necesidades y experiencias no eran importantes. Lo único que importaba era: «¿Qué significa esto para tu futuro?». Cuando llegó a la edad adulta, se casó y tuvo hijos con muy poco conocimiento de sí mismo y de sus emociones, y prácticamente sin saber cómo relacionarse con la gente, incluida su esposa.

Por fortuna, Tim fue capaz de abrirse y compartir todo esto conmigo, y conseguimos trabajar juntos en ello. Después de algunas sesiones individuales fue capaz de aplicar la autoaceptación, la compasión y la tolerancia recientemente adquiridas, en su matrimonio y con sus hijos.

Cuando los padres centrados en los logros y la perfección tratan a sus hijos como si sus sentimientos y necesidades emocionales no tuvieran ninguna importancia, niegan una parte personal muy profunda de los niños. Y esa parte llega a ser como un elefante en una habitación. Nadie quiere verlo ni escuchar hablar de él; sin embargo, es la parte que más los representa. La única forma que la mayoría de estos niños tienen de adaptarse y crecer en el seno de la familia es sumarse a la negación de sus emociones y fingir que su ser emocional no existe. No debe extrañarnos que estos niños crezcan con un espacio vacío en la percepción de sí mismos, en el amor por sí mismos y en su capacidad de relacionarse emocionalmente con otras personas.

Tipo 10: Los padres sociópatas

Este será el tipo más sorprendente de todos los padres de los que hablaré a lo largo del libro. Aun cuando estés cien por cien seguro de que esta categoría no se aplica a tu historia personal, te recomiendo que leas esta sección.

¿Qué figura acude a tu mente cuando escuchas la palabra *sociópata*? ¿Hannibal Lecter?* ¿Tony Soprano?** ¿Mussolini? En realidad, estas son representaciones icónicas del concepto, aunque son las versiones más extremas, dramáticas y evidentes de la sociopatía. Aquí estamos interesados en un tipo diferente de sociópata, uno que posiblemente nunca haya incumplido una ley y que jamás haya estado en prisión. Es mucho menos evidente que los personajes citados, aunque también mucho más habitual. Este sociópata

* N. de la T.: El doctor Hannibal Lecter es un sociópata de ficción inventado por el novelista Thomas Harris, que se da a conocer en la novela *El dragón rojo*. Es el personaje principal de la película *El silencio de los corderos*, interpretado por Anthony Hopkins.

** N. de la T.: Tony Soprano es un personaje ficticio de la serie de HBO *Los Soprano*.

podría ser tu vecino, tu hermano, tu madre o tu padre. Puede esconderse detrás de una manicura perfecta, en un trabajo excelente, en obras de caridad o en la asociación de padres y maestros. Mucha gente ni siquiera pensaría que esa persona es sociópata. De hecho, puede tener carisma y resultar muy interesante. Puede ser digna de admiración, y muchos podrían considerar que es altruista y amable. Pero en el fondo no es como el resto de nosotros. Suele suceder que nadie descubra que hay algo malo en ella, excepto los que tienen una relación más estrecha. Lo más habitual es que sean sus hijos quienes lo perciben, aunque eso no significa que puedan comprenderlo.

Hay una característica principal que distingue a los sociópatas del resto de las personas. Se puede expresar con una sola palabra: *conciencia*. Para decirlo de una manera simple, el sociópata no siente ninguna culpa; por este motivo se siente libre para hacer prácticamente cualquier cosa sin tener que pagar un precio interno. Un sociópata puede decir o hacer cualquier cosa que desee sin sentirse mal al día siguiente, o nunca. Además de no sentir culpa, también carece de empatía. Para el sociópata los sentimientos de los demás son irrelevantes porque no tiene capacidad para sentirlos. De hecho, los sociópatas no sienten realmente nada del mismo modo que lo sentimos el resto de las personas. Sus emociones funcionan en un sistema diferente, que gira en torno a controlar a los demás. Si el sociópata consigue controlarte, tal vez sea capaz de sentir algo de amor por ti. La otra cara de la moneda es que, si no lo consigue, te despreciará. Utiliza todo tipo de tácticas turbias para lograr sus objetivos, y si eso no funciona te intimidará o te acosará. Si eso también fracasa, no dudará en intentar por todos los medios hacerte daño.

Su falta de conciencia le permite utilizar libremente cualquier recurso para conseguir sus propósitos. Puede ser verbalmente despiadado. Puede describir falsamente las situaciones. Puede tergiversar las palabras de otros en beneficio propio. Puede culpar a alguien cuando las cosas salen mal. No le parece necesario hacerse cargo de sus errores porque es mucho más fácil culpar a otra persona. El sociópata ha descubierto el valor de jugar «el papel de víctima», y lo hace de una manera virtuosa.

De acuerdo con la doctora Martha Stout, autora de *El sociópata de la puerta de al lado*, el indicador más fiable para saber que estás tratando con un sociópata es cuando una persona parece estar haciéndote daño de forma intencionada y luego se comporta normalmente como si no hubiera hecho nada malo, como si no hubiera motivo alguno para que estés dolido. Si alguien se comporta reiteradamente así contigo, deberías considerar la posibilidad de que estás relacionándote con un sociópata.

Cuando esa persona es uno de tus padres, darte cuenta de ello puede ser extremadamente doloroso, aunque al mismo tiempo liberador porque te permite cambiar de vida. Por lo general, los hijos de sociópatas intentan desesperadamente encontrar un sentido a la conducta de sus padres. Pueden ser muy creativos a la hora de explicar lo inexplicable. He aquí algunas de las muchas excusas que he escuchado de hijos adultos de padres sociópatas, en un intento por encontrar un sentido y justificar las conductas hirientes, turbias o crueles de sus padres:

«Tiene ansiedad»
«Realmente no es su intención»
«Algo malo ocurre en su cerebro»
«Simplemente, se preocupa demasiado»
«No puede evitarlo»
«Ha tenido una infancia difícil»

Para comprender mejor lo que esos niños pretenden justificar cuando son adultos, vamos a observar otra vez a Zeke en el momento en que le entrega la nota a su madre sociópata.

ZEKE

Zeke mira a su madre mientras ella lee la nota y ve que sus labios se tensan en un gesto de disgusto. «¿Qué? ¡Cómo puedes haber hecho esto! Me siento muy avergonzada al enterarme de que te has comportado de este modo en el colegio».
Los ojos de Zeke están al borde de las lágrimas. «Yo...», empieza a decir, pero su madre lo interrumpe.
«No quiero escuchar ni una sola palabra. No quiero que me hables, ni siquiera que me mires. Vete a tu habitación ahora mismo y escribe cincuenta veces en cursiva: "Nunca volveré a meterme en problemas en el colegio", y será mejor que lo que escribas sea legible. No quiero volver a ver tu cara hasta que hayas terminado, y eso quiere decir que no habrá cena para ti».
Después de pasar varias horas en su habitación escribiendo y llorando, llorando y escribiendo, Zeke solamente consigue escribir la frase veinte veces, pero ninguna de ellas en cursiva. Está aterrorizado porque sabe que su madre se pondrá furiosa cuando vea lo que ha hecho. No obstante, no hay modo de arreglarlo porque está muy lejos de poder escribir en cursiva a su edad, ya que todavía no se lo han enseñado en el colegio. Tiene hambre, está triste y se siente desesperadamente culpable por haber enfadado tanto a su madre; así que dibuja un corazón para ella al final del papel, y con mucha cautela se aventura a salir de la habitación para ir al salón, donde su madre está mirando la televisión. «Mamá, solo he podido escribirlo veinte veces. Te prometo que no volveré a meterme en problemas.

¿Por favor, puedo acabar ya?», le pregunta sumisamente. Sin apartar los ojos de la tele para no ver sus cabellos desordenados, su cansancio, ni su cara surcada por las lágrimas, la madre le contesta refunfuñando: «Vuelve a tu habitación de inmediato, o te daré algo que realmente te hará llorar. Y por haber salido de tu habitación antes de haber terminado de hacer lo que te ordené, escribirás la frase diez veces más». Entonces se pone de pie con una actitud amenazante y comienza a andar en dirección a Zeke. Él sabe que es el momento de retirarse, de manera que sale corriendo hacia su habitación, se echa sobre la cama y llora hasta que se queda dormido.

Observa que en esta interacción la madre de Zeke ha demostrado que no conoce en absoluto a su propio hijo. Es totalmente inconsciente de lo que el niño es capaz e incapaz de hacer en su actual nivel de desarrollo (si puede escribir todo lo que le ha ordenado, y además hacerlo en cursiva) y también de sus sentimientos (empatía). Asimismo, ha demostrado una necesidad exagerada y poco sana de esgrimir su poder sobre él (control). Y por último ha sido cruel y de manera intencionada ha herido sus sentimientos. Un comportamiento que linda con el sadismo (lo que significa disfrutar con el sufrimiento de los demás).

Aunque los castigos duros y exagerados son una característica de la sociopatía, no todos los padres sociópatas recurren necesariamente a consecuencias extremas. Algunos no castigan a sus hijos, pero ejercen su necesidad de control de otras formas; por ejemplo, a través de la culpa o de una manipulación encubierta. El factor común para todos los padres sociópatas es que consideran que la crianza de sus hijos se parece mucho a cualquier otra cosa; todo se basa en el poder y el control.

WALLACE

Wallace, de cuarenta y siete años, decidió hacer terapia después de la muerte de su anciano padre. El motivo no fue que necesitara ayuda para procesar el duelo, sino la intensa culpa que sentía en relación con su madre. Wallace vivía a dos horas de distancia de la casa de sus padres, pero aun así solo los visitaba una vez al año, o incluso menos. Cuando comenzamos a analizar esto, fue evidente que lo único que podía decir era que se sentía culpable. Me comentó que el hecho de no visitar con mayor frecuencia a sus padres hacía que se sintiera el hijo menos cariñoso y más indiferente que podía existir. Sin embargo, me confesó que después de ir a visitarlos casi siempre se sentía deprimido o enfermaba físicamente. «Por eso no me apetece ir a verlos. También a mi mujer le disgusta ir a verlos, posiblemente porque mi madre nunca la ha querido».

Wallace describió a su padre recientemente fallecido como un hombre adicto al trabajo que no había compartido mucho tiempo con él ni se había involucrado en su vida. A su madre la definió como una «persona difícil». Cuando le pedí que me explicara un poco más qué quería decir con eso, respondió: «Nada de lo que he hecho parece haber sido suficiente para ella. Siempre ha rechazado a mi mujer, y creo que se debe principalmente a que piensa que es la causa de que me haya alejado de ella». Wallace me explicó que su madre lo considera un egoísta por visitarla tan poco, y cada vez que hablan o se encuentran se lo hace saber directa o indirectamente. Con el paso de los años le ha expresado de diversas formas que se siente decepcionada por su falta de cariño.

Wallace me contó una historia que ejemplifica en pocas palabras el estilo sociópata de su madre: en cierta ocasión él y su mujer decidieron resignarse y sucumbir al deseo de su madre de celebrar juntos la Navidad. Hacía casi un año que no habían estado allí, y sabían que tenían que hacer un acto de presencia en la cena de Navidad que su madre había preparado. Ella estaba encantada de que su hijo estuviera allí, e incluso había cocinado una receta con boniatos que era su plato favorito en la infancia. La visita parecía estar saliendo maravillosamente bien hasta que llegó el momento de abrir los regalos. Cuando los hijos de Wallace rompieron entusiasmados el papel brillante de los paquetes para ver qué les habían regalado sus abuelos, el corazón de su padre se estremeció. De pronto se dio cuenta de que una vez más su madre había aprovechado la ocasión para expresar su decepción por su falta de atención a ella. Y lo había hecho regalando a sus hijos unas cámaras de juguete de plástico muy baratas, mientras que a sus otros nietos les había regalado iPods muy caros. Los hijos de Wallace agradecieron educadamente a sus abuelos, pero él advirtió que estaban perplejos y además dolidos por la flagrante diferencia que había entre sus regalos y los de sus primos.

Un poco más tarde, cuando tuvo oportunidad de hablar en privado con sus hijos, Wallace intentó explicarles la falta de equidad de los regalos. Les dijo que sus abuelos eran muy mayores y no se habían dado cuenta de lo diferentes que eran los regalos. Sintió que no podía dejar pasar ese incidente y decidió enfrentarse a su madre. Cuando la encontró sola en la cocina y le preguntó si los regalos eran una forma de decirle algo a él, ella respondió con otra pregunta: «¿Acaso la Navidad solo significa para ti el precio de los regalos? Tú nunca te has preocupado nada más que del dinero. Si eso te hace feliz, el año próximo me aseguraré de gastar más en tus hijos. –Y luego añadió–: Supongo que eso es lo que puedo esperar de una persona que está demasiado ocupada como para visitar a sus padres».

> *Esa noche durante la cena de Navidad, la madre de Wallace se comportó como si no hubiera sucedido nada malo, como si la Navidad estuviera transcurriendo felizmente, como si todo estuviera bien; y al parecer esperaba que su hijo hiciera exactamente lo mismo.*

A través de esta única historia de la vida adulta de Wallace sabemos que su madre tiene *todos* los rasgos que caracterizan a una sociópata. Intenta controlar a su hijo a través de recursos malintencionados, lo ataca con malicia y luego actúa como si no hubiera ocurrido nada desagradable, se comporta como una víctima (madre abandonada) y culpabiliza a Wallace (hijo egoísta). Además, también hace daño intencionadamente a sus nietos con el fin de mortificar a su hijo.

Durante el tiempo que trabajamos juntos, Wallace fue capaz de ver que la culpa que él estaba asumiendo era injustificada. Las conductas controladoras y los castigos impuestos por su madre (y la actitud ausente de su padre) que había sufrido en su infancia, en su adolescencia y en su vida adulta, lo habían llevado a mantenerse distante. Cada vez que visitaba a sus padres se deprimía y se sentía enfermo porque no comprendía qué era lo que sucedía. Toleraba las conductas tóxicas de su madre porque había crecido con ellas, y no podía admitir lo que realmente significaban. En consecuencia, en parte se culpaba a sí mismo. Reconocer que su madre era una sociópata le ayudó a comprender que necesitaba protegerse, y también que debía proteger a sus hijos de cualquier forma que fuera necesaria. A partir de entonces se sintió libre para concentrarse en eso, en vez de seguir llevando a cuestas una culpa que no le correspondía.

Si tienes alguna duda sobre si uno de tus padres (o cualquier otra persona presente en tu vida) podría ser sociópata, lee las referencias al final del libro para buscar más información sobre *El sociópata de la puerta de al lado*.

Tipo 11: Los padres que tratan a sus hijos como si estos fueran sus padres

Este tipo de padres permite, estimula u obliga a sus hijos a comportarse como si fueran los padres en vez de los hijos. Algunas veces los niños deben cuidarse a sí mismos, y otras también tienen que ocuparse de sus hermanos. En los ejemplos más extremos, incluso pueden tener que cuidar a sus propios padres. En la gran mayoría de estas familias existen problemas importantes que obligan al niño a convertirse repentinamente en adulto. Algunos de los tipos de padres de los que ya hemos hablado son buenos ejemplos de familias que tienen que lidiar con esas dificultades. Tomemos, por ejemplo, el caso de una familia que está de duelo, en la que hay una persona enferma, o en la que uno de los padres está deprimido o es adicto. Otro ejemplo podría ser una familia con problemas económicos, en la que ambos padres están obligados a trabajar muchas horas. En todos estos casos existe algún motivo por el cual el progenitor real no se hace cargo de la función que le corresponde, y el resultado es que es el niño quien debe asumirla.

ZEKE

Zeke, que asiste al tercer curso, vuelve a casa con una nota de su maestra en el bolsillo. Camina lo más rápido que puede, porque sabe que tiene que llegar antes de que su vecino deje a su hermanita de cinco años en casa después de haberla recogido en el *jardín de infancia. Ella es muy pequeña para quedarse sola y su madre, que trabaja de cajera en Stop & Shop,* no llegará a casa hasta las ocho de la tarde. Zeke no le da ninguna importancia a la nota de su maestra. Está seguro de que su madre no se enfadará porque sabe que es muy responsable. Confía en él y sabe que cuidará a su hermanita pequeña, preparará bocadillos de crema de cacahuete para la cena y le pondrá el pijama antes de que ella regrese a casa del trabajo. Su madre no se enfadará ni le gritará.*

La falta de preocupación de Zeke por la reacción de su madre pone de manifiesto que no se ve a sí mismo en el rol de un niño. Básicamente, desempeña una función de adulto asumiendo toda la responsabilidad del cuidado de su hermana pequeña. Además, dichas responsabilidades le otorgan más poder y autoridad frente a su madre de lo que le corresponde por su edad. Al no existir un límite claro entre madre e hijo, Zeke no puede aprender absolutamente nada del incidente que ha tenido lugar en el colegio. Está perdiendo su infancia, y esto implica el riesgo de que durante la adolescencia desarrolle una conducta más rebelde de lo habitual. Pero a no ser que estas circunstancias se modifiquen, lo más probable es que llegue a ser un adulto exageradamente responsable y con dificultades para reconocer lo que siente, lo que desea o incluso lo que es realmente importante. Este tipo de situación genera una sensación de vacío y desconexión que es característica de muchos adultos que se han criado en un ambiente de negligencia emocional.

Dicho esto, es muy importante tomar nota de algo esencial:

* N. de la T.: Stop & Shop es una de las cadenas de supermercados más antiguas y emblemáticas de Estados Unidos.

Pertenecer a una familia con dificultades, por ejemplo, una familia monoparental, una familia en la que uno de los padres o de los hermanos está enfermo, o una familia que tiene problemas económicos, no significa de ninguna manera una sentencia para la negligencia emocional. Hay muchos, pero muchos padres que se las arreglan para estar pendientes de sus hijos, y ofrecerles el cuidado y la atención que los niños necesitan para poder sentirse conectados y «llenos» cuando sean adultos. De hecho, pasar una exagerada cantidad de horas con tu hijo ni siquiera es un requisito para evitar la desatención emocional. Puedes ser consciente de los sentimientos de tu hijo, ayudarlo a comprenderse a sí mismo y empatizar con sus necesidades emocionales sin tener que compartir una exagerada cantidad de tiempo con él. El tiempo ayuda a que sea más fácil, pero la falta de él se puede compensar.

Para ilustrar este ejemplo, volvamos a Sally:

SALLY

¿Recuerdas a Sally? Hablamos de ella en el tipo 4, los padres en duelo. El padre de Sally murió de cáncer cuando ella era una niña. Su pérdida la afectó profundamente e incidió en su personalidad y su conducta al llegar a la edad adulta. Como recordarás, nadie comunicó a los niños que era muy probable que su padre falleciera. Fue su hermana, y no su madre, la que le informó: «Papá ha muerto». Después de la muerte de su marido, la madre pocas veces volvió a hablar de él. Los niños solían quedarse solos en casa y cuidar de sí mismos, porque ella tenía que dedicar muchas horas a un trabajo de baja categoría para mantener a la familia.

¿Qué aspectos de esta situación crees que produjeron el vacío interior en Sally y su sensación de vivir en un mundo gris en su edad adulta? ¿La muerte de su padre? ¿Todas las horas que la madre pasaba fuera de casa después de su muerte? ¿Las dificultades económicas que tuvo que afrontar la familia como consecuencia de su fallecimiento?

La respuesta no corresponde a ninguna de las preguntas anteriores. Todos esos factores fueron situaciones que *ocurrieron*. Son acontecimientos. Y los acontecimientos por sí mismos no generan un entorno de negligencia emocional. Si la madre de Sally hubiera sido capaz de sintonizar emocionalmente con las necesidades de sus hijos durante el periodo de duelo, las cosas habrían sido muy diferentes.

Lo que causó la desatención emocional no fue la pérdida de su padre. Tampoco fue lo que *sucedió* después de su muerte. La verdadera causa fue lo que *no sucedió* antes y después de la muerte de su padre. No se informó a los niños que estaba enfermo. No los prepararon emocionalmente para lo que iba a suceder (la prolongada enfermedad y el posterior fallecimiento). No se les comunicó de una manera cuidadosa y tierna su muerte. Nadie prestó atención –ni los padres ni otros miembros de la familia– a la confusión y la tristeza de los niños. No se les permitió hablar y compartir sus sentimientos, ni se los animó a que recordaran juntos a su padre para poder apoyarse emocionalmente entre todos.

Todos estos factores corresponden a *la ausencia* de algo. Son el espacio en blanco del retrato de la familia, el fondo y no el primer plano. Por esta razón, como adulta Sally tuvo muchas dificultades para entender por qué se sentía desdichada y cuáles eran las causas.

Tipo 12: Los padres bienintencionados pero negligentes

Incluso los padres más cariñosos y bienintencionados pueden incurrir en la negligencia emocional. Como he mencionado al comienzo de este capítulo, con toda probabilidad este tipo conforma uno de los subgrupos más amplios de padres que no tienen en cuenta las emociones de sus hijos. Ahora que ya has conocido todos los tipos diferentes de padres que incurren en la negligencia emocional, es probable que te hayas hecho una idea de que los padres afectivos y cuidadosos también pueden descuidar emocionalmente a sus hijos. De hecho, es posible que esto les suceda a padres que los aman y quieren lo mejor para ellos. La verdad es que *querer* a un hijo es algo muy diferente a *estar en sintonía* con él. Si hablamos de un desarrollo sano, quererlo no es suficiente. Para que un padre o una madre estén en sintonía con sus hijos, deben ser conscientes de las emociones en general y comprenderlas. Deben ser personas observadoras para saber lo que el niño puede y no puede hacer en cada etapa de su desarrollo. Deben estar dispuestos a invertir el esfuerzo y la energía necesarios para conocer verdaderamente a sus hijos, y además ser capaces de hacerlo. Los padres bienintencionados que fracasan en algunos de estos aspectos corren el riesgo de fallar emocionalmente a sus hijos.

Para conocer mejor de qué manera crían a sus hijos los padres bienintencionados pero negligentes, vamos a ocuparnos de Zeke por última vez.

ZEKE

Zeke vuelve a casa del colegio con una nota de su maestra en el bolsillo. Su madre está en el salón mirando el programa de Oprah. «Hola, Zeke, ¿cómo te fue en el colegio?», le pregunta

> *sin levantarse. Cuando Zeke entra en el salón un poco nervioso e intenta entregarle la nota, ella le pide que espere hasta que llegue la publicidad. Él permanece de pie a su lado con la nota en la mano durante unos minutos, y luego se va a su habitación a entretenerse con sus videojuegos. Deja la nota sobre su escritorio. Al día siguiente la madre entra en su dormitorio para dejar su ropa limpia y encuentra la nota. La lee y se preocupa, pero inmediatamente piensa: «La señora Rollo seguramente está exagerando» y, a continuación, vuelve a dejar la nota sobre el escritorio y se olvida del problema.*

En este ejemplo, la madre de Zeke, que es muy cariñosa, no presta atención a la parte *emocional*. No tiene en cuenta los sentimientos de Zeke. Por ejemplo, no percibe que tener que mostrarle la nota de su maestra puede haberle generado ansiedad o consternación. No encuentra ningún motivo de preocupación en la falta de respeto que su hijo ha mostrado en el colegio, porque no consigue ver la conexión entre conducta, sentimientos y relaciones (en este caso, la relación entre Zeke y la señora Rollo). No da ningún valor a los sentimientos de la señora Rollo y considera que su reacción ha sido exagerada. Estos son signos evidentes de una persona que no está conectada con el mundo de las emociones ni es consciente de él; una persona que vive la vida de una manera superficial.

Muchos de los padres de los que ya hemos hablado en este libro podrían ser incluidos en esta categoría, además de pertenecer a su propio tipo. Volvamos atrás para identificar cuál de todos ellos podrían potencialmente ser padres bienintencionados pero negligentes:

- Los padres autoritarios de **Sophia**, **Joseph** y **Renee.** Muchos padres autoritarios fueron criados por progenitores con características similares. Son padres que quieren a sus hijos, pero únicamente saben criarlos de manera autoritaria.
- Los padres permisivos de **Samantha** y **Eli** creen que dejar que sus hijos hagan lo que quieran es una manera amorosa de criarlos.
- La madre de **Sally**, que estaba de duelo, amaba a sus hijos y lo hizo lo mejor que pudo para cuidar de ellos. Simplemente no tenía las habilidades emocionales necesarias para conectar con los sentimientos de los niños, ni para ayudarlos a gestionarlos. Lo más probable es que sus propios padres no le enseñaran dichas habilidades.
- Es evidente que los padres deprimidos de **Margot** la querían. Sin embargo, quizás no se dieron cuenta de lo que **no** le estaban ofreciendo, porque ellos mismos no lo habían recibido de sus propios padres.
- Los padres adictos al trabajo de **Sam** querían ofrecerle lo mejor. Y pensaron erróneamente que la riqueza material lo convertiría en un niño feliz y equilibrado.
- Los padres de **Tim**, centrados en los logros y la perfección, habían sido criados del mismo modo en que ellos criaban a sus hijos.

Lo más probable es que ninguno de estos padres bienintencionados tuviera la menor sospecha de que no estaban dando a sus hijos lo que necesitaban para tener una vida plena y feliz. Sencillamente estaban reproduciendo lo que habían vivido en su propia infancia.

Uno de los aspectos desafortunados de la negligencia emocional es que se propaga por sí misma. Los niños que la han sufrido crecen con total ignorancia de las emociones, no solamente de las propias sino también de las ajenas. Cuando se convierten en padres no son conscientes de las emociones de sus propios hijos, y el resultado de su crianza será que ellos también tendrán ese punto ciego. Y así sucesivamente.

A lo largo del libro ofreceré más ejemplos de padres bienintencionados pero negligentes. Observa si puedes identificarlos mientras lees la segunda parte.

SEGUNDA PARTE

VIVIR CON EL DEPÓSITO VACÍO

Capítulo 3

LAS SECUELAS DE LA NEGLIGENCIA EMOCIONAL EN LA VIDA ADULTA

Piensa en la infancia como si fuera los cimientos de una casa, y piensa en el estado adulto como si fuera la casa. Es posible construir una casa con unos cimientos defectuosos y, de hecho, dicha vivienda tendría la misma apariencia que otra bien construida. Sin embargo, si los cimientos están agrietados, torcidos o frágiles, no proporcionarán la seguridad y la estabilidad necesarias. Tal vez el defecto no sea muy notorio, pero aun así podría poner en riesgo la estructura de la casa: un viento fuerte bastaría para tirarla abajo.

Los adultos que han sufrido negligencia emocional suelen parecer personas normales pero, por lo general, no son conscientes del daño estructural que hay en sus cimientos. Tampoco tienen la menor idea de que lo que les sucede tiene su origen en su infancia, y tienden a culpabilizarse por las dificultades que atraviesan en su vida. *¿Por qué otras personas parecen ser más felices que yo? ¿Por qué es más* *fácil dar que recibir? ¿Por qué no me siento más cerca de las personas que quiero? ¿Qué es lo que me falta?*

A lo largo de estas páginas conocerás individuos muy inteligentes, simpáticos y amables que se han enfrentado a estas preguntas. Les resulta mucho más fácil dar que recibir. Es muy difícil percibir sus carencias porque tienden a guardar en secreto su sensación de vacío. Únicamente los más allegados pueden llegar a entrever lo que les sucede.

Nuestras experiencias son todas diferentes. Hay ocho mil millones de personas en el mundo, y ninguna historia es igual a otra. Pero cuando se trata de la negligencia emocional, los adultos que la han sufrido tienen ciertos temas en común. En este capítulo nos ocuparemos de algunos de ellos. Son los siguientes:

1. Sensación de vacío
2. Contradependencia
3. Autovaloración no realista
4. Falta de compasión hacia uno mismo, muy compasivo con los demás
5. Culpa y vergüenza: ¿qué es lo que me pasa?
6. Rabia autodirigida, culpa
7. El defecto fatal: si la gente me conociera de verdad, no les gustaría
8. Dificultad para cuidar de uno mismo y de otras personas
9. Falta de autodisciplina
10. Alexitimia: incapacidad para reconocer, comprender y expresar emociones

Los motivos que dan origen a estas sensaciones son singulares en la vida de cada persona, no así sus problemas que tienen vínculos comunes. Te voy a hablar de la historia de Laura, cuyos padres al no manifestar ninguna reacción emocional cuando a lo largo de los años varios amigos de su hija se suicidaron, la hicieron creer que ella tampoco debía reaccionar. También te contaré el caso de Josh, cuya madre estaba tan pendiente de prosperar en su profesión que jamás hizo ningún comentario, ni positivo ni negativo, que lo ayudara a desarrollar su identidad. Al final de cada sección se incluye una lista con algunos signos y señales que te permitirán determinar si perteneces a esa categoría.

Pero antes de que sigas leyendo me gustaría hacer una salvedad. Cuando leas los síntomas e indicios de la lista, es probable que pienses: «Vaya, no conozco a nadie que no tenga alguno de ellos». Y tendrás toda la razón. Cualquier ser humano tiene algunas de estas características y dificultades. Ten en cuenta que estoy hablando de personas que realmente tienen que hacer un *esfuerzo enorme* para que estos problemas no condicionen su vida, y que sienten de manera intuitiva que este libro habla de ellas.

1. Sensación de vacío

Algunas personas deciden hacer terapia porque se sienten interiormente vacías. Esta sensación no constituye un trastorno en sí mismo, como pueden ser la ansiedad o la depresión. Por lo general, la mayoría de la gente no siente que es un síntoma que entorpece su vida. Es más una sensación general de malestar, una sensación de vacío que puede ir y venir. Algunos lo sienten a nivel físico, como un espacio vacío en el vientre o el pecho. Otros lo experimentan como un adormecimiento emocional. Puedes tener una sensación generalizada de que te falta algo que los demás tienen, o de que estás fuera de las situaciones limitándote a observar lo que pasa. Algo no va bien, pero es difícil ponerle nombre. Te hace sentir apartado, desconectado, como si no estuvieras disfrutando de la vida como deberías.

He descubierto que la mayoría de las personas que han tenido una crianza emocionalmente negligente y deciden hacer terapia porque padecen ansiedad, están deprimidas o tienen problemas familiares, terminan por expresar esta sensación de vacío de una u otra manera. Normalmente, suele ser una sensación crónica que ha ido y venido a lo largo de su vida. Puede ser difícil imaginar qué es lo que puede provocar que alguien se sienta de este modo. La clave reside en las respuestas emocionales de los padres durante la infancia.

Vamos a analizar algunos ejemplos de las causas de estas sensaciones y sentimientos, la manera en que se manifiestan y los procesos que los fijan. Para empezar, vamos a abordar un ejemplo general de sensación de vacío cuya causa es la negligencia emocional de los padres.

Simon

Simon era un hombre de treinta y ocho años muy guapo cuando decidió comenzar una terapia debido a su incapacidad para tener una relación amorosa, a pesar de que despertaba el interés de muchas mujeres. Quería descubrir el motivo de su problema, saber qué era lo que impedía que su deseo se hiciera realidad. Era un buen partido en todos los aspectos: era un exitoso analista en la bolsa de valores, y tenía un Porsche y un hermoso apartamento en Boston. Era un apasionado del salto en caída libre, y su pasatiempo favorito era restaurar vehículos Porsche antiguos y hacer carreras con ellos. ¿Tal vez era demasiado exigente a la hora de elegir mujeres? ¿Acaso tenía miedo al compromiso? Llevó algún tiempo que el verdadero Simon saliera de su escondite.

Simon era hijo de padres ricos. Había crecido en una casa enorme con un extenso terreno principalmente poblado de árboles. Sus padres viajaban con frecuencia y dejaban a Simon y a su hermana pequeña con una niñera. Su hermana era discapacitada y necesitaba muchos cuidados. Cuando los padres regresaban de sus viajes dedicaban la mayor parte de su energía a atenderla, dejando a Simon librado a su suerte. Si recuerdas el capítulo dos, tal vez pienses que sus padres podrían ser una combinación de dos tipos de padres: los que tienen un hijo enfermo y los permisivos.

Los padres de Simon estaban patológicamente desconectados de él. No le ponían límites ni le enseñaban reglas, y él gozaba de total libertad. Cuando era pequeño pasaba mucho tiempo deambulando solo por los bosques que rodeaban la casa; y al llegar a la adolescencia se dedicó a consumir alcohol y fumar marihuana. En cierta ocasión en que fue condenado por conducir bajo los efectos de sustancias tóxicas, su padre se mostró ligeramente preocupado, pero no le duró demasiado tiempo.

Simon recordó en terapia que cuando era adolescente solía pasear solo durante horas entre los árboles que había detrás de la casa. En esos paseos se sentía inquieto y preocupado, y no tenía el menor deseo de volver a casa porque allí no había nada para él. A veces fumaba marihuana y regresaba mucho después de que anocheciera con el propósito de retrasar lo máximo posible los terribles sentimientos que experimentaba en cuanto atravesaba el umbral. Sentía una intensa rabia contra sus padres –que no comprendía y a la que no le encontraba sentido– mezclada con una agobiante sensación de soledad. También tenía un deseo desesperado de tener una novia, una compañera constante que lo ayudara a llenar el enorme vacío que había en su vida.

Su padre empezó a prestarle más atención después de que lo condenaran por conducir bajo los efectos de sustancias tóxicas, y esto le ayudó a encarrilarse. Consiguió graduarse en la universidad y obtener un grado en economía. Se trasladó a Los Ángeles y trabajó en una importante empresa durante varios años. Tuvo mucho éxito y ganó mucho dinero. También fue capaz de tener una relación amorosa que funcionó muy bien hasta que su pareja manifestó su deseo de casarse. A partir de ese momento Simon comenzó a sentirse vacío y emocionalmente anestesiado, y también cansado de Los Ángeles. Entonces rompió abruptamente la relación, renunció a su trabajo y se mudó a Boston. Allí se restableció fácilmente porque era muy competente, buen negociador y capaz de exigir que le pagaran un buen sueldo.

No obstante, poco tiempo después de haberse asentado en su nueva vida, Simon descubrió que sus antiguas sensaciones y su desasosiego volvían a atormentarlo. Algo no funcionaba, no conseguía ser feliz. Fue en aquella época cuando comenzó a practicar salto en caída libre y a hacer carreras con los Porsche. Los deportes extremos eran su forma de luchar contra su sensación de vacío. El subidón de adrenalina que experimentaba cada vez que saltaba desde un avión obraba milagros; sin embargo, el efecto era efímero. Ya en el camino de regreso a casa las viejas sensaciones retornaban: la insensibilidad, el vacío. En esos momentos pensaba que habría sido mejor que el paracaídas no se hubiera abierto. Se imaginaba muerto, y se decía que hubiera sido un alivio morir en el intento. De hecho, ese tipo de pensamientos lo habían asaltado una y otra vez durante años.

Y Simon quería morir no porque sintiera demasiado, sino porque no sentía nada. No era capaz de tener una relación amorosa porque se sentía vacío, incapaz de dar *ni* de recibir. Se movía por el mundo en una constante búsqueda de sentido, descartando empleos, casas, coches y personas cuando no le proporcionaban los resultados esperados. Lo único que quería era conseguir algo que a los demás aparentemente les resultaba muy fácil y sin embargo para él era inaprensible: una conexión con otro ser humano.

Durante la terapia de Simon me centré en los sentimientos. Cuando me contaba historias de su vida, solía interrumpirlo y le preguntaba: «¿Y cómo te sentías en ese momento?», o: «¿Cómo te sientes ahora al hablar de esto?». Al principio mis preguntas lo irritaban; las consideraba interrupciones, desvíos irrelevantes que nos llevaban en la dirección equivocada, que nos alejaban de lo que él estaba tratando de comprender con su relato.

No obstante, a lo largo de dos años de terapia su mente comenzó paulatinamente a abrirse al mundo de las emociones. Al intentar responder a mis preguntas poco a poco empezó a dirigir su atención hacia el interior, a centrarse en sus experiencias internas y a ponerles nombre a sus sentimientos. Es interesante destacar que cuando Simon se convirtió en una persona más emotiva, empezó a tener problemas sexuales con la mujer con la que estaba saliendo. A medida que era más capaz de conectar emocionalmente con ella, iba teniendo más dificultades para mantener relaciones sexuales. Su impotencia le produjo mucho sufrimiento. Por este motivo, la segunda parte de su tratamiento se centró en ayudarlo a reconocer que había sido criado literalmente para convertirse en un lobo solitario. En sus relaciones amorosas se había desconectado tanto de sus emociones que la mera idea de unir la proximidad emocional y la intimidad sexual le aterrorizaba y le resultaba amenazante. La mayoría de nosotros sabemos que es fácil tener sexo únicamente para obtener placer. Pero ¿qué pasa cuando el sexo está al servicio de la intimidad emocional? Bueno, eso es todavía un poco más intimidante. Que el sexo comenzara a conectarse con los sentimientos simplemente era más de lo que Simon era capaz de gestionar. Y fue su cuerpo el que se ocupó de gestionarlo bloqueando su capacidad para tener relaciones sexuales.

Pero Simon perseveró, y eso dice mucho en su favor. Después de un duro trabajo en terapia, consiguió finalmente sentirse a gusto consigo mismo. Tres novias más tarde, conoció a una mujer con la que se sintió emocionalmente seguro y fue capaz de disfrutar de una verdadera intimidad.

Tal vez te estés preguntando sobre la conexión que existe entre la sensación de vacío de Simon, su insensibilidad emocional y sus problemas afectivos. Todos ellos son efectos colaterales de un tema central: la negligencia emocional. Simon había estado desatendido durante sus años de desarrollo, y había experimentado una profunda sensación de soledad porque carecía de una relación afectiva con sus padres. Faltaba el vínculo emocional fundamental que permite a un niño conectar con sus padres, con otras personas y con el mundo en general. Simon creció con un vacío emocional que trataba de llenar con amigos, marihuana y fiestas. Tenía una novia tras otra, con la esperanza de poder encontrar un sentido para su vida con alguna de ellas y sentirse conectado con alguien. Pero ninguna de estas estrategias funcionó. Al final recurrió a la terapia, que le permitió buscar la respuesta dentro de sí mismo, y no fuera. Tenía que aprender algo sobre las emociones, aceptar que las tenía y permitirse sentirlas con el fin de experimentar la esencia, la riqueza y el sentido de la vida. Solo entonces fue capaz de encontrar una relación amorosa intensa y plena de sentido.

El combustible de la vida es el amor. Si no nos llenan de amor en la infancia, tenemos que llenarnos nosotros mismos cuando somos adultos. De lo contrario, sentiremos un profundo vacío interior.

Como es evidente, Simon es un ejemplo bastante extremo de alguien que experimenta una sensación de vacío. Muchas personas que han sufrido negligencia emocional la padecen de una forma mucho más leve, y no viven tan atormentadas. He descubierto que esa sensación de vacío en su versión más suave entorpece la capacidad para disfrutar la vida. Pero cuando la sensación es más intensa puede llevar a las personas a considerar la posibilidad de suicidarse, o incluso a intentarlo.

Signos y señales de sensación de vacío:

- **A veces te sientes físicamente vacío en tu interior**
- **Estás emocionalmente insensibilizado**
- **Te cuestionas el sentido o el propósito de la vida**
- **Tienes pensamientos suicidas que parecen surgir de la nada**
- **Estás en una búsqueda constante de emociones**
- **Te sientes diferente de las demás personas, y esto te resulta desconcertante**
- **Sueles sentir que estás fuera de la escena, observándola**

Si crees que varias de las frases anteriores describen lo que te pasa, es importante que consideres la posibilidad de haber crecido en un ambiente emocionalmente negligente. Pero no desesperes. Una vez que descubras qué aspectos de la negligencia emocional pueden aplicarse a ti, podrás corregirlos y combatir sus secuelas.

2. Contradependencia

Todos sabemos qué es la dependencia. Es la situación de una persona que está subordinada a otra, o condicionada por ella; o de una persona que necesita la ayuda y el apoyo de otra. A la inversa, la independencia puede describirse como la situación de una persona que no está subordinada a otra ni condicionada por ella, y que no necesita que nadie la ayude ni apoye. Sin embargo, no hay mucha gente que haya oído hablar de la contradependencia; no es un término de uso habitual, ni tampoco demasiado familiar. De hecho, es utilizado principalmente por los profesionales de la salud mental. Este término se refiere al deseo de no necesitar a nadie, o más específicamente al miedo de depender de alguien. Las personas contradependientes hacen todo lo posible para no tener que pedir ayuda, para no parecer ni sentirse dependientes. Son capaces de hacer cualquier esfuerzo para no depender de nadie, aun a costa de sí mismas. A continuación te presento el ejemplo de un niño que se crio en un ambiente de negligencia emocional y se convirtió en un adulto contradependiente.

David

La primera vez que David vino a verme para iniciar una terapia, era un hombre de negocios de más de cuarenta años, casado y con tres hijos. Tenía una posición económica muy solvente, y sus hijos eran jóvenes adultos que pronto se marcharían de casa. David solicitó mi ayuda para tratar una depresión que sufría desde hacía años. Inicialmente afirmó que había tenido una infancia feliz y que había sido un niño libre. Sin embargo, a medida que me contaba su historia se hizo evidente que había carecido de un ingrediente esencial, y que eso le había afectado profundamente.

David era el menor de siete hijos. Había nacido nueve años después que el último de sus hermanos. Su llegada fue toda una sorpresa, porque su madre tenía cuarenta y siete años y su padre cincuenta y dos. Sus padres eran personas trabajadoras que tenían buenas intenciones, y él siempre supo que lo querían. Pero cuando David nació ya estaban cansados de criar niños, y se podría decir que esencialmente se había criado solo. Sus padres no se interesaban por ver sus notas (siempre sobresalientes) y él no se las mostraba. Si tenía algún problema en el colegio, no se lo comentaba a sus padres; sabía que tenía que arreglárselas solo. David tenía plena libertad para hacer todo lo que quisiera al salir del colegio, porque sus padres rara vez le preguntaban dónde estaba. Sabían que era un buen chico, así que no se preocupaban. Y aunque disfrutaba de aquella libertad en la que no había reglas ni organización, creció con el profundo sentimiento de que estaba solo. El mensaje que interiorizó a partir de esa libertad fue «no preguntes, no digas nada». Ya a una edad muy temprana comprendió que no tenía que compartir sus logros, ni tampoco sus fracasos, dificultades o necesidades. Aunque no podía recordar que sus padres realmente *se lo dijeran*, entendió con cada fibra de su ser que así era la vida. Y esto se convirtió en parte de su identidad.

Como adulto, David era una persona independiente que contenía sus emociones. Los demás con frecuencia lo describían como una persona distante. Después de quince años de matrimonio, su mujer se encontraba al límite. Sentía que David era incapaz de conectarse emocionalmente con ella. A menudo le decía que la amaba, pero rara vez expresaba una emoción, ni positiva ni negativa. Recalcó que era muy servicial y proveedor, pero describió su relación como vacía y falta de sentido. Al hablar de sí mismo, David dijo que sentía un gran vacío interior. Manifestó que la única persona en el mundo con la cual se emocionaba era su hija adolescente, y que a veces *se enfadaba con ella por ser tan importante para él*. Muchas veces deseaba estar muerto, algo que no podía entender porque tenía una vida maravillosa. Su fantasía constante era escapar de su realidad para vivir solo en una isla tropical desierta.

El ingrediente que había faltado en la infancia de David era la conexión emocional. En su familia hacían como si las emociones no existieran. Había muy pocas interacciones positivas entre él y sus padres, pero tampoco había ninguna de esas comunicaciones negativas que son importantes para un niño. Nunca los vio alegrarse al ver su libreta de calificaciones, ni mostrarse preocupados cuando llegaba a casa del colegio mucho después de que hubiera anochecido. La relación de David con sus padres podría resumirse en una sola palabra: cordial.

El mensaje que sus padres le transmitieron sin que ellos ni él tuvieran la menor conciencia fue: «No tengas sentimientos, no expreses tus sentimientos, jamás necesites nada de nadie». Sus fantasías de muerte o de escaparse a una isla tropical representaban la mejor forma imaginable de cumplir aquel mandato. David era un buen chico que aprendió muy bien su lección.

Signos y señales de contradependencia:

- **Has tenido estados anímicos depresivos sin saber por qué**
- **Tienes inexplicables y persistentes deseos de escapar de tu realidad o de morir**
- **Recuerdas que tu infancia fue solitaria, aunque consideras que fue feliz**
- **Los demás te describen como una persona distante**
- **Tus seres queridos se quejan de que eres emocionalmente distante**
- **Prefieres hacer las cosas por ti mismo**
- **Te resulta muy difícil pedir ayuda**
- **No te sientes cómodo en las relaciones íntimas**

Si te reconoces en alguna de estas frases, puedes haber sufrido negligencia emocional. Sigue leyendo.

3. Autovaloración no realista

Si te pidieran que te describieras, ¿qué responderías? ¿Qué adjetivos usarías? ¿Cuál sería el equilibrio entre las palabras y frases positivas frente a las negativas? Y lo más importante, ¿cómo de *exacta* sería tu descripción? En el libro *Autoestima*, de McKay y Fanning,*

* Editorial Sirio, 2018.

hay un ejercicio en el que se pide al lector que haga un inventario del concepto de sí mismo. Debe enumerar sus puntos fuertes y débiles en varios aspectos diferentes, como, por ejemplo, apariencia física, personalidad, relaciones y funcionamiento mental. McKay y Fanning destacan que las personas con baja autoestima suelen tener una percepción negativa de sí mismas. Exageran sus puntos débiles y minimizan los fuertes.

Es verdad que muchas personas que han sufrido negligencia emocional tienen una autoestima baja. Pero también es frecuente que estos adultos se definan a sí mismos de manera *inexacta*, no necesariamente negativa sino simplemente *incorrecta*.

Desarrollamos el concepto de nosotros mismos a lo largo de la infancia y la adolescencia. Cuando vemos el orgullo que reflejan las caras de nuestros padres después de un concierto de piano, sabemos que hemos tocado bien, y eso nos estimula para querer hacerlo cada vez mejor. Cuando después de un partido de las Pequeñas Ligas,* un padre le dice a su hijo: «Hoy has atrapado muy bien la pelota. Ahora tenemos que trabajar el bateo», su comentario es esencial para que el niño conozca sus puntos fuertes y débiles. De niños somos como ordenadores: absorbemos información de nuestro entorno y la almacenamos en nuestra memoria, combinando diversas informaciones y desarrollando una idea consistente de nuestras habilidades, talentos, carencias y defectos. Y esta información la obtenemos de nuestros maestros, entrenadores y amigos. Pero la más importante y la que tiene mayor impacto proviene de nuestros padres. Cuando este proceso se desarrolla correctamente, el resultado es una autovaloración realista y equilibrada que es la base de la autoestima. Dicha autovaloración es el trampolín

* N. de la T.: La Serie Mundial de Pequeñas Ligas (*Little League World Series* en su idioma original) es un torneo anual de béisbol para niños de diez a doce años, que se celebra en el este de Estados Unidos.

para muchas opciones en la vida, como pueden ser qué habilidades desarrollar, por qué luchar, qué carrera elegir, a qué universidad asistir, qué tipo de persona se quiere tener como pareja, etc. Puede ser muy útil para consolidar y preservar la autoestima. Por ejemplo, una persona a la que no han aceptado en una facultad de Medicina puede decirse a sí misma: «No soy tan buena en ciencias como en matemáticas. Si quiero ser médico, tendré que esforzarme más y seguir intentándolo». En la misma situación, otra persona cuya percepción de sí misma no fuera tan sólida podría sentirse desolada e incompetente, y renunciar a sus objetivos.

Josh

Josh vino a verme a la edad de cuarenta y seis años debido a la insistencia de su novia. Estaba divorciado y tenía dos hijos, de doce y diez años. Josh había hecho terapia durante años, pero sentía que no lo había ayudado. Se sentía estancado, tanto en el tratamiento como en la vida. También lo atormentaba una persistente sensación de ser un inadaptado. En muchas ocasiones se describía a sí mismo como «una pieza cuadrada en un agujero redondo». Tenía esa sensación desde que era niño. A medida que empecé a conocerlo mejor, pude comprender las razones de esa sensación.

Josh creció en una pequeña y próspera ciudad de Connecticut. Era hijo único. Su padre había abandonado a su madre cuando él tenía dos años, y desde entonces lo veía muy de vez en cuando. Su madre, decana de una universidad local, no volvió a casarse. Josh la describió inicialmente como una persona cariñosa y tierna, pero al profundizar un poco más quedó claro que le demostraba su cariño a través de cosas materiales. Gastaba mucho dinero en él y le compraba cualquier cosa que se le antojara. En realidad, durante la infancia de Josh estaba muy enfocada en su carrera y dedicaba muchas horas a su trabajo. Él se definió a sí mismo como un niño solitario y soñador. Cuando regresaba del colegio deambulaba por los bosques que rodeaban su casa de campo acompañado por sus perros, que eran sus mejores amigos. Lo entretenían durante su tiempo libre, y gracias a ellos no se sentía solo. En vez de animarlo a que invitara a sus amigos a casa, su madre estaba encantada de que se entretuviera solo y no necesitara demasiadas cosas de ella; y no porque su hijo no le importara, sino porque eso le daba libertad para dedicarse a su trabajo.

En el instituto, Josh empezó a tener problemas de acoso escolar. Por no ser muy estudioso se ganó el apodo de *tonto*, y aunque trató de llevarlo de la mejor manera posible, sus esfuerzos solo consiguieron que se ganara otro apelativo: *débil mental*. En vez de empatizar con su sufrimiento y ayudarlo a gestionar esa situación, su madre resolvió el problema cambiándolo abruptamente a una escuela privada exclusiva de la localidad. No es de extrañar que Josh fuera todavía más infeliz en esa escuela. Después de haber sufrido acoso escolar había perdido la confianza en sí mismo. Los apodos *tonto* y *débil mental* todavía resonaban en su cabeza.

Su madre lo cambió de colegio dos veces más cuando surgieron nuevos problemas con sus compañeros, y de este modo le enseñó a huir de las situaciones difíciles en vez de enseñarle a afrontarlas y gestionarlas. Por lo tanto, Josh no tuvo ninguna oportunidad de aprender a resolver ninguna situación, ni a enfrentarse a los compañeros que lo acosaban en el instituto; tampoco pudo desarrollar una sensación de control ni de fortaleza.

Cuando llegó el momento de ir a la universidad, su madre insistió obstinadamente en que ingresara en la que ella trabajaba. Cuando él se negó, la madre se enfadó y decidió desentenderse del tema, dejándolo librado a su propia suerte. Finalmente, Josh consiguió que lo aceptaran en una buena universidad, aunque se graduó en Lengua Inglesa *basándose únicamente en el hecho de que le gustaba leer*.

Es importante destacar que, a lo largo de la crianza de Josh, su madre no se fijaba en sus fortalezas y debilidades; por ejemplo, su amor por los animales, su habilidad para moverse en el exterior o su tendencia a aislarse de los demás niños. No **tenía una conexión emocional** con su hijo. No le **prestaba atención**, no lo veía como una persona única y singular, ni **respondía de forma eficaz** a sus necesidades emocionales. Él no se veía reflejado en la mirada de sus padres y, por lo tanto, no pudo desarrollar la capacidad de percibir sus propias habilidades, ni tampoco una autovaloración realista o una identidad. Cuando llegó el momento de ir a la universidad, carecía de ese trampolín que podía impulsarlo a tomar decisiones, como, por ejemplo, elegir una facultad, una carrera y una especialidad.

A pesar de su título universitario, cuando conocí a Josh no estaba trabajando en algo relacionado con su capacitación profesional, sino como conductor de camiones de una empresa de suministros para obras de construcción. Lógicamente, no se sentía cómodo con sus compañeros de trabajo, ya que no estaba en su elemento. Además, el trabajo le resultaba muy agotador y aburrido. Había intentado enseñar en institutos durante un tiempo cuando ya tenía casi cuarenta años. Sin embargo, dejó la enseñanza después de que los padres y un administrador del instituto lo criticaran por no ser capaz de controlar a sus alumnos.

Una de sus principales quejas era la de ser incapaz de elegir una carrera y comprometerse con ella. Había tenido muchas dificultades para descubrir qué era lo que le interesaba, cuáles eran sus habilidades o dónde podía encajar. Como es evidente, tenía una baja autoestima y una identidad frágil.

A simple vista, la madre de Josh lo quería, pero no «veía» realmente a su hijo. Tomaba decisiones sobre su educación sin pensar en quién era y qué necesitaba Josh, sino pensando en quien era *ella* y en lo que *ella* necesitaba. Sus padres le ofrecieron pocas oportunidades de percibir sus verdaderas cualidades.

Como adulto, su identidad estaba desequilibrada. Al no haber recibido atención ni motivación por parte de sus padres, no había podido desarrollar su identidad con acierto, puesto que esta se basaba exclusivamente en sus propias observaciones de sí mismo. Se definía como una persona solitaria, soñadora, capaz de sacar buenas notas y sin dirección fija. Su autovaloración estaba representada con amplias pinceladas infantiles. Carecía por completo de la complejidad y los matices con lo que se ven a sí mismos los adultos sanos. La visión de su propia persona estaba profundamente sesgada en una dirección negativa. Carecía de una base firme que le permitiera decidirse por una carrera que fuera adecuada para él. Su autovaloración no lo ayudó a preservar su autoestima cuando se sintió criticado en la carrera que había elegido, la enseñanza. Al recibir comentarios negativos, se derrumbó rápidamente y se rindió.

Signos y señales de autovaloración no realista:

- **Te resulta difícil identificar tus talentos**
- **Percibes que tienes una tendencia a enfatizar tus puntos débiles**
- **Te resulta difícil decir lo que te gusta y lo que no te gusta**
- **No estás seguro de cuáles son tus intereses**
- **Te rindes rápidamente cuando las cosas se ponen difíciles**
- **Eliges una carrera equivocada o cambias de carrera varias veces**
- **A menudo te sientes como una «pieza cuadrada en un agujero redondo», un inadaptado**
- **No estás seguro de lo que tus padres piensan (o pensaban) de ti**

4. Falta de compasión hacia uno mismo, muy compasivo con los demás

La compasión es una de las formas superiores de la emoción humana. Es lo que nos vincula con las demás personas a nivel individual y como sociedad. La compasión es el motivo por el cual hacemos donaciones para obras de caridad; es un estímulo para las conductas de buenos samaritanos, y puede ayudarnos a curar las heridas de la vida. Es la base de las relaciones de amistad y nos ayuda a perdonar a los que nos hacen daño. Hay dos tipos de compasión: la que sentimos por los demás y la que sentimos por nosotros mismos. Las personas que han sufrido negligencia emocional tienden a compadecerse de los demás, pero no de sí mismas. Suelen perdonar con facilidad las debilidades y los defectos ajenos, al menos en apariencia. A los demás les resulta fácil hablar con ellas porque parecen no juzgar y son muy tolerantes. Sin embargo, tienden a ser bastante críticas y perfeccionistas cuando se trata de sí mismas. Pueden enfadarse mucho consigo mismas debido a una debilidad que tolerarían muy fácilmente en otra persona.

Noelle

Noelle tiene treinta y ocho años, está casada y es madre de un niño pequeño. Ha tenido una excelente educación y cuenta con dos títulos de dos universidades de la *Ivy League*.* Antes de ser madre tuvo una trayectoria empresarial vertiginosa. Desde todo punto de vista, se la podría considerar una mujer de éxito. Noelle comenzó su tratamiento debido a un trastorno de ansiedad. Acababa de ser despedida y se sentía hundida. Era evidente que, a pesar del éxito obtenido en sociedad, interiormente sentía algo muy distinto. De

* N. de la T.: La *Ivy League* (Liga *Ivy* o Liga de la Hiedra) está compuesta por ocho universidades privadas del nordeste de Estados Unidos, con connotaciones de excelencia académica, selectividad en las admisiones y elitismo social.

hecho, pensamientos recurrentes rondaban constantemente por su cabeza: «¿Qué pasa contigo? Ni siquiera eres capaz de aparcar bien el coche», «¿Por qué tienes sobrepeso?», «A pesar de ser tan inteligente, eres una madre desastrosa», «Eres torpe», y así sucesivamente. Cualquier mínimo error se convertía en una letanía de juicios internos, juicios que *jamás* haría de ninguno de sus amigos, ni de ningún otro ser humano. ¿Cómo pudo Noelle desarrollar un barómetro de compasión tan distorsionado? El origen de su problema era el ambiente de negligencia emocional en el que se había criado.

Noelle era hija única y sus padres se divorciaron cuando ella tenía seis años. Su padre era alcohólico y maltrataba físicamente a su madre. Noelle recuerda algunas discusiones violentas que la asustaban mucho antes de que se separaran. Su madre era trabajadora social. Quería mucho a su hija. Apreciaba su inteligencia y a menudo le expresaba que estaba orgullosa de ella, y también se lo decía a otras personas. Noelle creció sabiendo que era inteligente, tuvo la suficiente confianza en sí misma como para solicitar el ingreso en universidades de muy buena reputación, y *consiguió sacar adelante una excelente carrera*. Por lo tanto, ¿qué era lo que no funcionaba?

Poco tiempo después de la separación de sus padres, su madre volvió a casarse con un hombre que se mudó a vivir con ellas de inmediato. La infancia de la madre de Noelle había sido muy traumática porque había sufrido abusos, y aunque quería mucho a su hija consideró que había llegado su momento para sanarse y ser ella misma por primera vez en su vida. En consecuencia, se dedicó plenamente a disfrutar de su reciente independencia y de su nueva relación amorosa, y empezó a prestarle cada vez menos atención a Noelle. Esta se vio obligada a gestionar por sus propios medios las emociones difíciles que le generaban las nuevas circunstancias, el nuevo matrimonio de su madre y la pérdida de su padre. La falta de compasión de su madre por la complicada situación que estaba pasando se tornó en la falta de compasión de Noelle por sí misma.

Al no existir *ningún compromiso ni cuidado por parte de sus* padres, tuvo que empezar a cuidar de sí misma. Cada mañana calentaba bocadillos de pollo congelado en el microondas para desayunar. Al regresar a casa por las tardes encontraba una casa vacía, y entonces se sentaba a mirar la televisión.

Noelle sabía que tenía una inteligencia excepcionalmente brillante y se cobijó en ella como si fuera una cálida envoltura que nutría su alma. Por consiguiente, tenía muy baja tolerancia a cualquier error que pudiera cometer, porque eso amenazaba la única seguridad que tenía. Los errores hacían que se sintiera estúpida. Se regañaba a sí misma por sus equivocaciones, creyendo que eso le ayudaría a cometer cada vez menos fallos. Se exigía al máximo para sacar sobresalientes en todas las asignaturas, y se decepcionaba mucho por los escasos notables que sacaba. En su vida no había ningún adulto que situara sus errores en un contexto, que la ayudara a comprender por qué los había cometido o que le mostrara compasión por sus decepciones. Así que no pudo aprender a hacerlo por sí misma. En cambio, su exigente padre interno adoptaba el enfoque más simple y le enseñaba que era mejor hacerlo todo a la perfección o sufrir las consecuencias. Como resultado, se sentía paralizada por la autodecepción y la rabia hacia sí misma.

Mientras Noelle estaba muy ocupada *criándose* a sí misma, otros niños que habían tenido una buena conexión emocional con sus padres estaban aprendiendo a perdonarse a sí mismos. Cuando esos niños traían una mala nota a casa, sus padres trataban de descubrir los motivos, hablaban con ellos para ayudarlos a corregir sus errores y les decían que todas las personas los cometen de vez en cuando. Así es como los niños sanos aprenden a salir adelante, a perdonarse, a entender sus errores y aprender de ellos, y luego dejarlos atrás para poder seguir avanzando. Parte de mi trabajo con Noelle fue ayudarla a que, como adulta, aprendiera a hacerlo por sí misma.

Signos y señales de falta de compasión hacia uno mismo:

- **Los demás suelen recurrir a ti para hablar de sus problemas**
- **Suelen decirte que sabes escuchar**
- **Eres muy poco tolerante con tus propios errores**
- **En tu cabeza hay una voz crítica que te señala todos tus errores y defectos**
- **Eres mucho más duro contigo mismo que con los demás**
- **A menudo te enfadas contigo mismo**

5. Culpa y vergüenza: ¿qué es lo que me pasa?

Como hemos visto en los casos anteriores, los adultos que sufrieron negligencia emocional pueden ser bastante perfeccionistas y duros consigo mismos. Cuando los padres transmiten a sus hijos el mensaje de que sus sentimientos son una carga, excesivos o simplemente *incorrectos*, los niños comienzan a sentirse culpables y avergonzados por tenerlos. Entonces hacen esfuerzos para ocultarlos frente a los demás o incluso para no experimentarlos.

Como muchos adultos emocionalmente desatendidos no sufrieron abusos, suelen afirmar que su infancia fue feliz y sin preocupaciones. No pueden culpar a nada ni a nadie por sus problemas y, por consiguiente, terminan culpándose a sí mismos. Es bastante común que crezcan con mucha libertad, como fue el caso de

David y Josh. Por haber sido responsables de sí mismos cuando eran niños, al llegar a la edad adulta se sienten responsables de sus defectos.

Cuando los padres no reconocen ni valoran las emociones del niño, este puede crecer siendo incapaz de hacerlo por sí mismo. Como adulto, puede tener baja tolerancia a los sentimientos intensos, o incluso a cualquier clase de sentimientos. Podría reprimirlos y culparse por estar enfadado, triste, nervioso, frustrado o incluso feliz. La experiencia humana natural de tener sentimientos se convierte en una fuente de vergüenza secreta. Una pregunta que a menudo se formula es: «¿Qué es lo que me pasa?».

Entre su «infancia feliz» y sus emociones inexplicables, solo le queda la presunción de que le pasa algo grave.

Laura

Cuando Laura tenía catorce años cierto día volvió a casa corriendo, desesperada por hablar con su madre. Había escuchado en el colegio que el hermano de su mejor amiga, Sally, que tenía dieciséis años, se había suicidado la noche anterior. Laura estaba enamorada en secreto de Todd, porque era muy cariñoso con su hermana pequeña y también con ella. A menudo bromeaba con ellas y las llevaba al entrenamiento de fútbol americano. Aquella noticia le produjo a Laura una gran conmoción, confusión y congoja, un torbellino de emociones que nunca antes había sentido.

Cuando llegó a casa, corrió a buscar a su madre, que ya conocía las malas noticias. Su madre la abrazó y le dijo: «No me sorprende que haya sucedido esto, creo que Todd consumía drogas». Y ese fue el fin de la conversación. Nunca más se mencionó el tema. La madre de Laura nunca le preguntó cómo se sentía, de manera que ella tampoco se lo preguntaba a sí misma. Reprimió sus sentimientos e intentó no pensar más en ello. Durante las siguientes semanas (en las cuales asistió al funeral acompañada únicamente por sus amigos, ya que sus padres no asistieron) se centró en sus amistades, en el colegio, y en el fútbol, pero evitó encontrarse con Sally. El mero hecho de verla la hacía sentir fatal. Laura rompía a llorar «sin motivo» en cualquier momento, por ejemplo durante la clase de matemáticas o mientras se duchaba.

Antes de que terminara el instituto, también se suicidaron otras dos jóvenes que ella conocía porque iban a su mismo colegio. Laura gestionó esas pérdidas de la misma forma que había hecho con la primera, excepto que en esa ocasión no habló con su madre. Asistió con sus amigos a los funerales, como era su obligación, y no tomó conciencia de lo alterada, confusa y conmocionada que estaba.

Laura tenía dificultades para concentrarse en el instituto, y con frecuencia perdía los nervios en casa. Como resultado, cada vez le costaba más esfuerzo sacar adelante sus estudios. Sus padres comenzaron a sentirse frustrados con ella y a menudo le preguntaban: «¿Qué es lo que te pasa?». Sin embargo, era una pregunta retórica, pues realmente no querían enterarse. Laura comenzó a considerar que era débil, estúpida y poco colaboradora. Ella también se preguntaba qué le estaba pasando. Esa percepción de sí misma la acompañó hasta la edad adulta. En general, decía que se sentía emocionalmente anestesiada. Esto se debía a que había conseguido desconectarse de sus sentimientos para que no la incordiaran. Pero cada vez que experimentaba sentimientos intensos de cualquier tipo, y por cualquier razón, se sentía frágil y avergonzada. A los treinta y dos años, en una sesión terapéutica afirmó: «He tenido una infancia maravillosa y privilegiada, y a pesar de todo desearía estar muerta. No tengo ninguna excusa para estar tan deprimida. Me está pasando algo muy grave».

Para Laura el mero acto de tener un sentimiento era incorrecto y un motivo para avergonzarse. Al considerar que sus sentimientos eran un problema, sus padres le habían transmitido inadvertidamente el mensaje de que no debía tenerlos, y que si los tenía jamás debía expresarlos, ni siquiera a sí misma. Las emociones de Laura eran su vergüenza secreta.

Signos y señales de culpa y vergüenza:

- **A veces te sientes deprimido, triste o enfadado sin motivo aparente**
- **En ocasiones te sientes emocionalmente anestesiado**
- **Tienes la sensación de que te pasa algo malo**
- **Sientes que de alguna manera eres diferente al resto de la gente**
- **Tiendes a reprimir tus sentimientos o a evitarlos**
- **Intentas esconder tus sentimientos**
- **Tiendes a sentirte inferior a los demás**
- **Sientes que no tienes ninguna excusa para no ser más feliz**

6. Rabia autodirigida, culpa

Es difícil sentirse profundamente avergonzado de algo tan inherente al ser humano como son las emociones, sin enfadarse con uno mismo. La vergüenza termina por convertirse en rabia autodirigida. Vamos a continuar con la historia de Laura.

Laura

Durante la adolescencia y la edad adulta, Laura tenía muchos sentimientos y fantasías autodestructivas. Cuando estaba en la universidad tomó una sobredosis de pastillas después de que su novio la dejara, y tuvo que ser ingresada en el hospital durante algunos días. Más adelante, y a lo largo de toda su vida adulta, solía comprar media docena de cervezas y se las bebía sola en su apartamento. Cuanto más bebía, más se conectaba con sus sentimientos. Comenzaba a sollozar y terminaba llorando. Luego se enfadaba por haber llorado; se ponía furiosa consigo misma y se hacía cortes en el abdomen. Esto la hacía sentir extrañamente reconfortada y le permitía conciliar el sueño. Al día siguiente se encontraba mejor, como si se hubiera limpiado.

Laura transitaba su vida cotidiana un poco anestesiada, desconectada de sus sentimientos y, en consecuencia, sin tener conciencia de ellos. No *sentía* realmente su rabia, su tristeza, ni su dolor. Esto la protegía de su constante sensación de debilidad y vergüenza. No obstante, estas sensaciones estaban dentro de ella, como la lava que se esconde en un volcán. La cerveza favorecía que un poco de lava saliera a la superficie, algo que para ella era muy vergonzoso, pero al mismo tiempo depurativo.

La sobredosis y los cortes que se infligía expresaban la rabia que Laura sentía consigo misma. En lo más profundo de su ser, se odiaba. Y no por sus fracasos, defectos o equivocaciones *reales*, sino por su tristeza y su dolor, y por ser incapaz de entender por qué se sentía de ese modo. Se consideraba «una mercancía dañada».

Signos y señales de rabia autodirigida y culpa:

- **Te enfadas fácil y frecuentemente contigo mismo**
- **Consumes alcohol o drogas como una válvula de escape**
- **A menudo te sientes hastiado de ti mismo**
- **Tienes tendencias o episodios autodestructivos**
- **Te culpas por no ser más feliz y más «normal»**

7. El defecto fatal (si la gente me conociera de verdad, no les gustaría)

Una característica que comparten la mayoría de los adultos que han sufrido negligencia emocional es una sensación muy bien guardada de ser diferente a los demás y tener muchos defectos. Como acabamos de ver, Laura se avergonzaba de tener sentimientos porque eso la hacía sentir débil e imperfecta.

Cuando alguien siente profundamente que algo no va bien, la tendencia natural es intentar encontrar un sentido o una explicación para esa sensación. Cada una de las personas que se han criado en un ambiente en el que no se prestaba atención a sus emociones tiene una explicación propia y única para la pregunta «¿qué es lo que me pasa?», y dicha explicación está relacionada con su infancia y sus circunstancias familiares. En cierta ocasión, reuní a varias de estas personas en un grupo terapéutico. Tenía la esperanza de que se ayudaran mutuamente a identificar los gestos de desatención o negligencia de aquellos que las habían criado. Dichos gestos se recordaban vagamente, y eran la causa de muchas de sus dificultades. En el transcurso de un año consiguieron poner nombre a la característica común que tenían como grupo. Lo llamaron «el defecto fatal».

El defecto fatal no es un defecto real, aunque sí es una *sensación real*. Se trata de una creencia profundamente arraigada y reprimida que tienen las personas que han sufrido negligencia emocional. Es lo que las hace sentirse diferentes, separadas del resto del mundo o inaceptables para los demás. Esta creencia se asienta en el pecho, escondida a toda costa. El defecto fatal es una cápsula que contiene ecos de los intentos del niño para comprender «¿qué es lo que me pasa?».

Las personas que han sufrido negligencia emocional tienden a sentir que deben mantener su verdadero ser oculto ante los demás, y por eso son distantes, evitando que se acerquen demasiado para que ese defecto no salga a la luz. Para alguien el defecto podría ser la convicción de ser inútil. Pero lo que Laura mantenía en secreto era la vergüenza de sentirse débil. Para Noelle, era la creencia de que era estúpida. Cada una de las personas que han sufrido desatención emocional tiene su propia creencia. A continuación, vamos a conocer la historia de Carrie.

Carrie

Carrie era la más pequeña de tres hermanos. Su padre era mecánico de automotores diésel y su madre era ama de casa. Tenía un hermano seis años mayor que ella, y una hermana que le llevaba cuatro. Sus padres solamente tenían estudios secundarios, y ella los describió como muy hogareños. Pretendía decir que no eran aventureros, curiosos, ni se interesaban por lo que pasaba en el mundo. Eran personas simples y de buen corazón que solo querían trabajar duro y criar a sus hijos. No se paraban a pensar en lo que ocurría en el mundo y no prestaban la menor atención a lo que ellos mismos o cualquiera de sus hijos pudieran sentir.

La madre de Carrie aplicaba las mismas normas con ella y con su hermana, a pesar de que tenían una diferencia de edad de cuatro años. Las vestía igual y les hacía el mismo corte de pelo, tenían que irse a la cama a la misma hora, les daba la misma libertad y las obligaba a hacer prácticamente todo juntas. La hermana de Carrie sentía que eso era una terrible injusticia, y se enfadaba con Carrie por inmiscuirse en todos los aspectos de su vida. Ni Carrie ni su hermana eran tratadas como seres humanos individuales e independientes y, como es evidente, tampoco se sentían así. Las trataban como si fueran dos partes de la misma persona. Carrie creció en un mar de confusión, preguntándose por qué su hermana la odiaba tanto y esforzándose por agradarla. No obstante, independientemente de lo que Carrie hiciera, su hermana solo le mostraba su desprecio. La conclusión simple e infantil de Carrie fue: «No soy una persona agradable».

Cuando Carrie (que al llegar a la edad adulta descubrió que tenía un trastorno de déficit de atención y problemas de aprendizaje) comenzó a tener dificultades con los estudios, sus padres no lo advirtieron. Y cuando trajo a casa una libreta de calificaciones llena de suficientes y suspensos, la reacción de su madre fue: «Bueno, no pasa nada, todo lo que tienes que hacer es esforzarte un poco más». Del comentario de su madre Carrie dedujo que no se esperaba demasiado de ella, porque en términos de inteligencia no había mucho que se pudiera mejorar. Al no recibir ninguna otra explicación entendió que sus padres no tenían mayores expectativas y en consecuencia desarrolló dos importantes creencias sobre sí misma. No solamente no era una persona agradable, sino que además era tonta.

Cuando Carrie tuvo los típicos problemas que surgen entre compañeros en el instituto, hizo el mismo tipo de análisis simple de causa/efecto. Su explicación para cada dificultad que debía afrontar era: «Cuando los demás me conocen de verdad, no les gusto». Y también recurría a la misma explicación cada vez que una relación amorosa se acababa o ante cualquier percance en su vida social.

Cuando la conocí, Carrie tenía alrededor de treinta y cinco años. Había adoptado un estilo evitativo y rara vez iniciaba relaciones sociales porque veía el rechazo a cada vuelta de la esquina. Durante el transcurso de su terapia me hizo trabajar mucho, porque ponía muy poco de su parte. Se le daba muy bien mantener conversaciones triviales, pero resultaba muy difícil que hablara espontánea y profundamente de sí misma y de su vida. Al evitar las conversaciones que no fueran banales, lo único que conseguía era que los demás la consideraran una persona carente de interés.

Carrie se sentía sola y no tenía amigos, y esto se debía a que no se comprometía lo suficiente en sus relaciones de amistad o amorosas como para que estas fueran duraderas. Decía querer casarse y tener hijos; sin embargo, renunciaba a cualquier relación romántica en cuanto el hombre elegido tenía algún problema con ella, pues asumía que se había decepcionado al conocerla mejor, tal como ocurría con el resto de las personas. Carrie escondía una creencia secreta en lo más profundo de su ser que no compartía con nadie, y aunque se empeñaba en mantenerla oculta, esa creencia gobernaba su vida. «Si las personas llegan a conocerme de verdad, no les gustaré». Ese era su defecto fatal.

Signos y señales del defecto fatal:

- **Tienes miedo de tener relaciones cercanas**
- **Te resulta difícil abrirte, incluso con tus mejores amigos**
- **Tiendes a esperar el rechazo a cada vuelta de la esquina**
- **Evitas iniciar relaciones de amistad**
- **Puede resultarte difícil mantener una conversación**
- **Sientes que cuando las personas se acercan demasiado a ti, no les gusta lo que ven**

8. Dificultad para cuidar de uno mismo y de otras personas

La mejor forma de describir el cuidado de los niños es como una combinación de amor, apoyo y ayuda. Los niños que no reciben cuidados *emocionales* pueden crecer con grandes dificultades para cuidar emocionalmente a otras personas. ¿Recuerdas a David, el más pequeño de siete hermanos que fue ignorado en su infancia y luego se convirtió en un adulto incapaz de conectarse emocionalmente con otras personas? Vamos a hablar un poco más de él.

David

Como ya he mencionado, los padres de David eran personas decentes y muy trabajadoras que tenían buenas intenciones. Le ofrecieron un hermoso hogar, ropa bonita y abundante comida. Todas sus necesidades materiales fueron satisfechas. Su madre era ama de casa y casi siempre estaba físicamente presente. David creció *sabiendo* que sus padres lo querían, pero sin *sentir* que sus padres lo querían. Y esto no se debió a que ellos deliberadamente no lo quisieran, sino a que en su casa no estaba permitido mostrar ningún tipo de sentimientos, fueran positivos o negativos. A David lo cuidaron físicamente, pero no cuidaron sus emociones.

Siendo adulto formó parte de un grupo terapéutico; se estremecía y sentía vergüenza ajena cuando cualquier miembro del grupo expresaba sentimientos intensos. Era un maestro a la hora de ofrecer consejos prácticos y sensatos a cualquiera de sus compañeros que estuviera sufriendo, pero lo hacía sin el menor atisbo de emoción. Sus consejos eran bienintencionados, pero los transmitía sin sentimiento. Su estilo de comunicación no pasó desapercibido entre los miembros del grupo, que a menudo se ponían a la defensiva y tenían dificultades para aceptar sus consejos.

La mayoría de nosotros sabemos que cualquier consejo personal se recibe mejor si está acompañado por una *sensación* de cariño. Los miembros del grupo apreciaban los consejos prácticos de David, pero no la frialdad con que los comunicaba. David no era capaz de conectarse emocionalmente con los demás integrantes del grupo por miedo a que ellos pudieran conectarse emocionalmente con él. Luego quizás empezarían a necesitarlo e incluso podrían llegar a depender de él. David expresaba con frecuencia que se sentía incómodo cuando alguien lo necesitaba o lo cuidaba. ¿Recuerdas lo que sentía en relación con su hija? Se enfadaba con ella *por hacer que él se preocupara por ella*.

Igual que la compasión, el *cuidado* es un pegamento emocional que nos vincula como personas. Es el combustible que llena nuestros depósitos emocionales. Se trata de un requisito para criar sanamente a los niños, y debería ser abundante y mutuo entre los cónyuges de un buen matrimonio. Cuando a lo largo de la niñez recibimos cuidados de nuestros padres, los interiorizamos y se convierten en una parte de nosotros mismos. Entonces, cuando somos adultos somos capaces de cuidar a otras personas cuando lo necesitan, sean nuestros padres, nuestros amigos, nuestra esposa o nuestro marido, o nuestros hijos. Los niños son como esponjas, absorben el amor, el cuidado y la ayuda de sus padres. Una esponja que está mucho tiempo fuera del agua se seca y finalmente se endurece. Un niño que no recibe amor, cuidados ni ayuda también se endurece, y termina por aislarse, y además tiene grandes dificultades para cuidar y dejar que lo cuiden. Esto es lo que le pasó a David; no podía sentir ni expresar amor.

Signos y señales de dificultades para cuidar de uno mismo y de otras personas:

- **A veces las personas te dicen que eres distante o incluso frío**
- **A veces las personas piensan que eres arrogante**
- **Sueles pensar que los demás son demasiados emocionales**
- **Los demás te buscan para pedirte consejos prácticos, pero no apoyo emocional**
- **Te sientes incómodo cuando alguien llora en tu presencia**

- **Te sientes incómodo cuando lloras, especialmente delante de otra persona**
- **No te gusta sentir que alguien realmente te necesita**
- **No te gusta sentir que necesitas a alguien**

9. Falta de autodisciplina

Todos necesitamos la autodisciplina diariamente y en muchos aspectos. Nos levantamos a una hora determinada, nos duchamos, comemos bien, hacemos ejercicio físico, nos concentramos, realizamos las tareas necesarias, ahorramos dinero... Hemos aprendido a realizar las actividades necesarias gracias a la organización, al amor y a las expectativas de las personas que nos criaron.

Es increíble la cantidad de gente que ha sufrido negligencia emocional que tiene tremendas dificultades con todas las actividades que conforman lo que llamamos autodisciplina. He descubierto que este tipo de personas a menudo luchan por evitar hacer lo que no deberían; por ejemplo, comer comida basura, gastar en exceso y otro tipo de autocomplacencias. Y a la inversa, también tienen problemas para obligarse a hacer lo que no les apetece; por ejemplo, tareas del hogar, cumplir con obligaciones, trabajar o hacer ejercicio. No es infrecuente que digan: «Me siento muy frustrado conmigo mismo, al parecer no consigo ponerme en marcha». Es verdad que todos luchamos en cierta medida con este tipo de cosas, pero las dificultades de las personas que han sido desatendidas emocionalmente en la infancia son más intensas y crónicas. Se convierten en un problema permanente. Quienes han sufrido negligencia emocional llegan al tratamiento describiéndose como dispersos, perezosos, desmotivados y con tendencia a postergar. Cuando hablan de su infancia descubres que si bien sus padres eran cariñosos y generosos, no les ofrecieron una organización que les permitiera aprender a ser autodisciplinados. Por ejemplo, no enseñaron a sus hijos a hacer algunas cosas importantes, como pueden ser terminar la tarea escolar antes de salir a jugar, realizar ciertas labores y obligaciones en casa, o hacer ejercicio para ganarse el permiso para ver la televisión.

Cada vez que los padres establecen este tipo de reglas y expectativas y obligan a sus hijos a cumplirlas, consiguen que las asimilen y formen parte de su conducta. Los niños aprenden así la lección de que es positivo obligarse a hacer una determinada tarea aunque resulte tediosa. Por otra parte, los padres que no se ocupan de las emociones de sus hijos tampoco suelen impedirles que consuman demasiada comida basura o gasten imprudentemente todo su dinero. Cuando un niño es abandonado a su propia suerte, él o ella aprenderá a autocomplacerse. La desatención emocional suele causar problemas de autoindulgencia.

Muchos niños que han sufrido negligencia emocional tienen padres que los quieren mucho y satisfacen todas sus necesidades físicas. Sin embargo, una parte del cuidado de los hijos consiste en ver al niño tal cual es, es decir, no ver solamente sus habilidades sino también sus dificultades, y esforzarse para ayudarlo a superar sus problemas. Muchos padres que no se ocupan de las emociones de sus hijos son muy cariñosos, pero simplemente *no se implican emocionalmente con ellos*.

William

William llegó a terapia cuando tenía casi cuarenta años. Le atormentaba la sensación de que debería conseguir logros más tangibles. Había hecho un Máster en Administración de Empresas en una facultad muy prestigiosa de Ciencias Económicas y Empresariales. Alrededor de los veinte años le habían hecho un test psicológico que había revelado que su cociente intelectual era muy alto.

Aun así, había tenido varios trabajos fáciles, para los que no era necesario tener su capacitación, y en los que no tenía el sueldo que podía haber percibido de acuerdo con su formación. Hacía poco tiempo que lo habían despedido, y le preocupaba que su jefe no hubiera estado plenamente satisfecho con su rendimiento.

William comentó que tenía muchos problemas con la autodisciplina, tanto en su vida profesional como en la privada. En ocasiones pasaba toda la noche trabajando y luego se quedaba dormido por la mañana. Su mujer se quejaba de que a veces se olvidaba de comer y de que prácticamente no hacía ejercicio físico. A pesar de sus mejores intenciones y esfuerzos, era muy lento a la hora de realizar tareas difíciles, aburridas o desagradables. Y una vez que comenzaba a hacerlas, de inmediato pensaba que tenía algo mejor que hacer y cambiaba rápidamente de actividad. Los distintos jefes que había tenido le habían dicho que se tomaba demasiado tiempo para terminar su trabajo. William se sentía muy frustrado consigo mismo debido a su baja productividad y solía decir las siguientes frases: «No dejo de postergar todo lo que tengo que hacer» o «Soy perezoso». Y no dejaba de preguntarse: «¿Qué es lo que me pasa?».

Sus padres se habían divorciado poco después de su nacimiento, y su padre no formó parte de su vida. Al quedarse sola con él, su madre lo colmó de amor. William era su ojito derecho. En realidad, era un gran chico. Era inteligente, popular y nunca se metía en problemas. Sus maestros lo apreciaban mucho y sus notas eran muy buenas. Su madre solía decirle que era maravilloso y, por lo general, le dejaba hacer las cosas por sí mismo. Ella tenía un trabajo a jornada completa que le permitía mantener el hogar, y confiaba en que su hijo podía arreglarse solo sin que ella lo supervisara. De manera que William creció con mucha libertad, mucho amor, escasa supervisión y muy poca organización. Recuerda que hacía los trabajos semestrales en el último momento, se presentaba a los exámenes sin estudiar y, mientras estaba en el instituto y en la universidad, pasaba mucho tiempo con sus amigos durante el día, y salía con ellos hasta muy tarde por la noche. No tenía muchas tareas ni responsabilidades en casa, y las pocas que tenía eran muy flexibles. Su madre minimizaba rápidamente la importancia de las normas o lo dejaba a su aire. Asimismo, cuando su rendimiento en los estudios era menor de lo esperado, los profesores solían otorgarle el beneficio de la duda porque era un chico brillante y respetuoso, y tenía muy buenas intenciones. Salir de su zona de confort y cumplir con la obligación de realizar tareas aburridas eran desafíos que William afrontaba en muy raras ocasiones.

Probablemente estés pensando que esto parece una infancia feliz. Y, de hecho, lo fue de diversas maneras. Sin embargo, el problema fue que William no tuvo la oportunidad de prepararse para las exigencias del mundo de los adultos. El último empleo que tuvo consistía en trabajar con los clientes para completar sus proyectos. Tenía que descubrir lo que el cliente quería, diseñar planes para crear esos proyectos y entregarlos en los plazos acordados. Además, en muchos de esos proyectos tenía que coordinar las contribuciones de los miembros de su equipo, para cerciorarse de que todo funcionaba correctamente. A William le encantaba ese trabajo porque le permitía desarrollar su creatividad. No obstante, los aspectos relacionados con la planificación y la coordinación le aburrían. Cuando tenía que redactar el informe final, no hacía más que postergarlo. No cumplía con las fechas de entrega, y la frustración de su jefe iba en aumento. Este era un patrón muy familiar para William, y comenzó a sentirse inseguro. Era lo suficientemente inteligente y afable como para realizar ese trabajo que, por otra parte, necesitaba y disfrutaba. Entonces, ¿qué era lo que le faltaba?

El hecho de no haber tenido que esforzarse en su infancia lo había preparado muy bien para la vida, siempre y cuando no surgieran exigencias desagradables. Como adulto, William funciona muy bien cuando va a su aire, pero cuando un jefe le exige resultados, o él mismo necesita esforzarse para alcanzar una meta, no tiene la autodisciplina necesaria para conseguirlo.

William tomó el camino de menor resistencia y se rendía fácilmente si surgía cualquier problema. Eso era lo que le había enseñado su madre a lo largo de su infancia al no motivarlo para que se esforzara ni ayudarlo a organizarse. Se habría beneficiado mucho si, por ejemplo, hubiera tenido que ocuparse de algunas tareas de la cocina de forma regular. Si su madre hubiera advertido que se aburría en el instituto porque todo le resultaba demasiado fácil, quizás podría haber encontrado una clase de lengua o de matemáticas más avanzada para estimularlo a estudiar. Si le hubiera impuesto más orden y algunas reglas, lo habría ayudado a interiorizarlas y a desarrollar su capacidad de organización. Y seguramente las discusiones con su madre por su forma de limpiar la encimera de la cocina le hubieran enseñado la importancia de ser meticuloso, incluso con las tareas rutinarias e ingratas. William no tuvo oportunidad de aprender a organizarse, ni de obligarse a hacer cosas que no le gustaban. Como era un chico inteligente y amable, su falta de autorregulación pasó desapercibida hasta que llegó al mundo laboral adulto. En ese momento quedó claro que no tenía capacidad para tolerar el aburrimiento, ordenarse a sí mismo ni perseverar, todas ellas habilidades necesarias para tener éxito en la vida.

Signos y señales de falta de autodisciplina:

- **Sientes que eres perezoso**
- **Tiendes a postergar**
- **Tienes grandes dificultades para cumplir con los plazos de entrega**

- **Tiendes a comer demasiado, beber en exceso, dormir muchas horas o gastar mucho dinero**
- **La vida te resulta tediosa, te aburres**
- **Tiendes a evitar las tareas rutinarias o banales**
- **Te enfadas contigo mismo por lo poco que has conseguido en la vida**
- **Tu rendimiento es inferior a tu potencial**
- **Tienes dificultades con la autodisciplina**
- **A menudo eres desorganizado, a pesar de saber que tienes capacidad para hacerlo mejor**

10. Alexitimia: incapacidad para reconocer, comprender y expresar emociones

Si hay un síntoma que podría considerarse el denominador común de la negligencia emocional, probablemente sea la alexitimia. Está presente en diversos grados en todos y cada uno de los adultos que la han sufrido. La palabra *alexitimia* no se encuentra en la mayoría de los diccionarios. No es un término utilizado por el público general. Es una palabra empleada principalmente por psicólogos y otros profesionales de la salud mental, y en especial en contextos de investigación.

La alexitimia denota escaso conocimiento y falta de conciencia de las emociones. En su forma extrema, el alexitímico se caracteriza por ser una persona para la que los sentimientos son indescifrables, tanto los propios como los ajenos. Vive su vida sin disposición ni capacidad para tolerar, o incluso experimentar, emociones. He observado que muchas personas que sufren alexitimia tienen una predisposición a la irritabilidad. Tienden a gritar a los demás sin razón aparente, lo que evidentemente interfiere en sus relaciones. Esto les permite mantener a los demás a distancia, a pesar de que los hace sentir terriblemente solos.

Las emociones que no son reconocidas ni expresadas suelen mezclarse y manifestarse como ira. Finalmente, los sentimientos suprimidos se niegan a mantenerse ocultos, y entonces estallan provocando crisis de irritabilidad que hacen daño a otras personas. A continuación, veremos un ejemplo de un hombre que sufrió negligencia emocional y que padecía una alexitimia importante.

Cal

En 1999 Cal, un hombre de alrededor de cincuenta y cinco años, alto, delgado y con un aspecto casi demacrado, decidió iniciar una terapia. Fue derivado a mi consulta por su médico de familia, después de que Cal le comentara que había planeado suicidarse al finalizar el milenio. En la primera sesión me explicó muy claramente cuál era su plan. Su conducta displicente y su irritación eran llamativas. Esas emociones hostiles eran las únicas que era capaz o estaba dispuesto a expresar. A medida que empecé a conocerlo me di cuenta de que era alcohólico y que se sentía un fracasado. Aunque había estudiado ingeniería, trabajaba como reparador de electrodomésticos, y por las noches se dedicaba a beber cerveza en su apartamento. Nunca se había casado, no tenía hijos y vivía solo.

Durante muchos años Cal había fantaseado con desaparecer. Después de varios meses de terapia fue capaz de compartir conmigo su fantasía secreta: huir a un bosque bucólico y vivir como un ermitaño, sin decir nada a su familia, amigos ni ninguna otra persona que lo conociera. Sentía un enorme placer al imaginar las reacciones de tristeza y sorpresa de todos los que lo conocían cuando se enteraran de que había desaparecido, cuánto se preocuparían y disgustarían, y cuánto desearían que regresara.

Cal tenía dos hermanos mayores y sus padres todavía vivían. En el curso de la terapia expresó un intenso resentimiento, rayano en el odio, hacia toda su familia. No era capaz de explicar por qué tenía esos sentimientos, pero me contó que alrededor de un año antes de empezar su tratamiento, había buscado y destruido todas las fotos familiares que tenía, incluyendo sus propias fotos de cuando era niño. Tampoco encontró ninguna explicación para lo que había hecho, y cuando le pregunté con curiosidad cuál creía que podría ser el motivo, no demostró ninguna curiosidad por conocerlo. Por otra parte, Cal había recibido varias llamadas de atención en su trabajo por reaccionar bruscamente con sus compañeros y clientes.

Como él mismo dijo en terapia, todo empezaba a tener sentido. Había crecido en una localidad de clase obrera al norte de Nueva York. Sus padres eran la segunda generación de inmigrantes alemanes. Su padre trabajaba en una fábrica, y su madre era un ama de casa que se había dedicado a criar a Cal y sus dos hermanos mayores. En su familia nunca había habido maltrato ni violencia. Cal estaba bien protegido, bien alimentado y bien vestido. Cuando le pregunté sobre la relación con sus hermanos, se limitó a decir que lo pasaba muy bien cuando jugaban juntos al béisbol, pero cuando empezaron el instituto dejaron de jugar con él. De hecho, este fue el único ejemplo que pudo dar de una relación familiar importante. Al preguntarle cómo eran las relaciones entre los miembros de la familia, Cal manifestó no recordar que ninguno de ellos hubiera gritado, llorado, abrazado, besado, tocado o expresado alguna vez sus emociones. En realidad, parecía sorprendido de que le preguntara sobre las emociones; era evidente que no manejaba el lenguaje emocional. Sencillamente, el concepto de sentimientos no aparecía en la pantalla de su radar.

No obstante, había una emoción que sí le resultaba familiar: la ira. La sentía con mucha frecuencia, todos los días y a lo largo del día. Intentaba controlarla en su trabajo (para no tener problemas con su jefe), y bebía por las noches para aplacarla y poder dormir. A pesar de la omnipresencia de la ira en su vida, Cal no era consciente de que la sentía. No la reconocía; no la cuestionaba. De alguna manera, se encontraba a gusto con ella porque formaba parte de él, como un brazo o un latido de su corazón.

La naturaleza de sus carencias emocionales lo había afectado gravemente. No era capaz de comprender lo que sentía ni de percibir lo que sentían los demás. Tampoco era capaz de saber qué podía pedir a otra persona ni qué tenía para ofrecer y, en consecuencia, se encontraba emocionalmente anestesiado en todas sus relaciones y se sentía solo. No es de extrañar que bebiera. No es de extrañar que fantaseara con desaparecer de la vida de los demás, para que lo echaran de menos y se lamentaran por no haber estado más cerca de él. Y tampoco es de extrañar que tuviera pensamientos de suicidio cuando emociones que eran indescifrables para él se fugaban de la caja de seguridad que era la historia de su vida. Después de todo, únicamente la emoción y la conexión otorgan sentido a eso tan extraño que llamamos existencia.

La primera etapa de la terapia de Cal se centró en ayudarlo a tomar conciencia de su ira. La segunda, un poco más difícil, consistió en ayudarlo a que dejara de beber para ocultar sus emociones y enseñarle a conectarse con ellas. La tercera etapa, la más complicada de todas, fue ayudarlo a abrir la caja de seguridad llamada ira y a experimentar todas las emociones que estaban allí guardadas y ponerles nombre.

A medida que se fue creando una relación de confianza en la terapia, Cal pudo percibir que el hecho de que sus hermanos dejaran de jugar al béisbol con él no había sido un mero incidente. Desde aquel momento se había sentido abandonado, herido, excluido, no querido y poco importante, y todavía lo sentía. Nunca había identificado, reconocido ni nombrado esos sentimientos. Los había interiorizado y los había añadido a la caja de seguridad.

Como un tributo para Cal, y corriendo el riesgo de provocar tristeza, me gustaría completar su historia. Cuando aprendió a reconocer y nombrar sus sentimientos, se relajó visiblemente. Tras varios años de terapia consiguió ser más abierto con sus amigos, que empezaron a llamarlo con más asiduidad. Por ser su terapeuta me enteré de que había recuperado antiguas amistades. Dejó de beber y aprendió a cocinar. En lugar de beber en soledad por las noches, salía con sus amigos; a veces los invitaba a cenar en su casa y preparaba un potaje con guindillas o un estofado de carne. Empezó a ganar peso, y se lo veía más fuerte físicamente y más sano. Sus fantasías de suicidio desaparecieron.

Cal fue capaz de disfrutar muy poco tiempo de su nueva forma de relacionarse con el mundo. Hacía dos años que había dejado de beber cuando los médicos descubrieron una mancha en sus pulmones. Poco tiempo después tuvo una metástasis en el cerebro. Le pronosticaron nueve meses de vida, durante los cuales siguió viniendo a terapia mientras su cuerpo se lo permitió. Sus amigos se turnaban para estar con él, lo visitaban en el hospital y le llevaban comida. Cal no murió solo, sino en compañía de sus amigos. Su médico de familia me llamó por teléfono para anunciarme su muerte. Lloramos juntos, porque ambos habíamos llegado a quererlo.

Cal me dejó una lección muy valiosa, un regalo de despedida: las cicatrices de la negligencia emocional no tienen por qué ser permanentes. Y nunca es demasiado tarde.

Signos y señales de alexitimia:

- **Tienes tendencia a irritarte**
- **Rara vez eres consciente de tener un sentimiento**
- **A menudo te sientes desconcertado por la conducta de otra persona**

- **A menudo te sientes desconcertado por tu propia conducta**
- **Tus enfados tienden a ser exagerados o explosivos**
- **A veces tu comportamiento puede resultar precipitado o imprudente, no solamente para ti sino también para otras personas**
- **Sientes que eres esencialmente diferente a los demás**
- **Sientes que algo falta en tu interior**
- **Tus relaciones de amistad son superficiales**

Henry David Thoreau afirmó: «La mayoría de los hombres llevan vidas de silenciosa desesperación». Estoy convencida de que se refería a las legiones de personas que han recibido heridas en su infancia, y no han sido capaces de reconocerlas, definirlas y superarlas. Tengo la sincera esperanza de que este libro te permita percibir las huellas que han dejado en tu propia vida, y que reúnas el valor para superarlas.

Capítulo 4

SECRETOS COGNITIVOS: EL PROBLEMA ESPECIAL DE LOS SENTIMIENTOS SUICIDAS

En este capítulo hablaremos de un tema del que a nadie le gusta hablar y en el que muchas personas ni siquiera quieren pensar.

Si alguna vez te has sentido afectado por algún tipo de pensamiento o conducta suicida propio o de alguien que conoces, sigue leyendo.

El tema del suicidio es desagradable y da miedo. Para la mayoría de nosotros es algo inimaginable e impensable. Algunas personas piensan en el suicidio como un acto egoísta. Otras lo consideran un gesto de cobardía. Muchos de nosotros pasamos nuestra vida haciendo todo lo que está a nuestro alcance para evitar la muerte. Es muy difícil comprender qué es lo que puede motivar a alguien a quitarse la vida. Tendemos a pensar que se necesita algo muy dramático, como puede ser un *acontecimiento* terriblemente negativo, para tomar una decisión semejante, ¿verdad?

A pesar de que hacemos todo lo posible para evitar este tema, muchas personas conocen a alguien que ha considerado la posibilidad de suicidarse, lo ha intentado o lo ha consumado. De acuerdo con el Instituto Nacional de Salud Mental, en 2007 hubo 34.598 suicidios en Estados Unidos. Esto significa 95 suicidios por día. Ese mismo año, el suicidio fue la séptima causa de muerte para los hombres y la decimoquinta para las mujeres. Estas estadísticas no incluyen los intentos de suicidio que tienen lugar cada día en el país. Y, ciertamente, tampoco incluyen la cantidad desconocida de personas que han contemplado en silencio la posibilidad de quitarse la vida durante largos periodos de su existencia. La decisión de acabar con la propia vida puede basarse en un número infinito de diferentes razones. A veces es algo realmente dramático, como ya he mencionado; una reacción frente a un acontecimiento extremadamente negativo, como puede ser un fracaso o una humillación públicos. En otras ocasiones, se trata de un intento de evitar las consecuencias de las propias acciones, por ejemplo, una condena a prisión. Pero hay otras personas que se suicidan debido a un trastorno bipolar, o a una depresión crónica o grave. Aunque siempre es impactante e incomprensible para la sociedad –y, sobre todo, para los seres queridos– al menos es posible tener más claro el motivo de la decisión cuando ha existido un acontecimiento suficientemente trágico o una enfermedad que pueden ser identificados como catalizadores. Sin embargo, no siempre este es el caso.

Robyn

Robyn tiene treinta y dos años y vive en el centro de Seattle. Tiene un atractivo natural que hace que las personas se fijen en ella. Normalmente lleva su cabello de color caoba recogido con un pasador o en una cola de caballo. Cuando las personas la conocen, no pueden dejar de admirar la inusual combinación de su pelo cobrizo y sus ojos de color azul cristal, y le hacen muchos comentarios al respecto. La mayoría siente que la están elogiando al mencionarlo, y se asombran al ver que ella se avergüenza. En realidad, Robyn se siente muy incómoda por tener una apariencia inusual que provoca esas reacciones. Todavía a sus treinta y dos años intenta restar importancia a su imagen, pues se encuentra mucho más a gusto cuando es capaz de mantenerse en un segundo plano.

Robyn nunca se ha casado. Se licenció en Psicología a los veintiún años, pero después de pasar un par de años en distintos trabajos decidió que no era posible ganarse la vida con su profesión. Entonces volvió a estudiar y acabó un curso de posgrado de Administración y Dirección de Empresas de la UCLA. * *Tiene un buen trabajo y un buen sueldo, y además un apartamento muy bonito en un agradable barrio del centro de la ciudad. Vive a un kilómetro y medio de su gimnasio, y los fines de semana se la puede ver allí entrenando y combinando perfectamente los ejercicios aeróbicos y los de resistencia. Los amigos de Robin se burlan de sus hábitos de salud. Presta mucha atención a su alimentación y tiene fobia a comer alimentos asados porque en algún sitio leyó que las partes carbonizadas causan cáncer de estómago. Los amigos más considerados suelen tener atún en conserva en casa cuando la invitan a una barbacoa. Nunca hay problemas cuando bromean sobre sus excéntricas manías, porque ella no se ofende.*

Sus amigos la definen como una persona contradictoria. Sienten que pueden hablar con ella de cualquier tema porque sabe escuchar y dar consejos, y sus comentarios siempre son sensatos

* N. de la T.: Universidad de California, Los Ángeles.

y fiables. Sin embargo, es muy raro que hable de sí misma. Es muy buena para dar consejos y apoyo, pero no es capaz de pedirlos a sus amigos. Y por si esto fuera poco, a veces puede ser imposible localizarla. En algunas ocasiones puede pasar semanas sin responder al teléfono. Los amigos bromean diciendo que en esos momentos «Robyn está en modo ermitaño». Aunque suele aceptar invitaciones para asistir a eventos sociales, casi nunca toma la iniciativa. De hecho, la mayoría de sus amigos no conocen su apartamento. Su conducta habitual es permanecer en silencio y en segundo plano, pero si ha bebido algunas copas es la alegría de la fiesta. En esos momentos emerge su sentido del humor irónico, y es muy divertida e incluso atrevida. Sus amigos perciben que es una persona profunda, pero a veces se sienten frustrados por no poder conocerla mejor. Al parecer Robyn es una excelente amiga, pero cuando está en «modo ermitaño» es completamente inaccesible.

Un sábado por la noche del mes de junio, Robyn fue a una barbacoa en casa de su amiga Trish, que tenía una nueva receta para los martini con limón, que demostraron ser extraordinariamente deliciosos. Todos tomaron chuletones a la parrilla, y Robyn su indispensable bocadillo de atún y tres martini con limón. Como solía suceder, estuvo muy graciosa aquella noche. Jugaron al póker hasta altas horas de la madrugada y finalmente decidieron que ya era hora de marcharse a casa.

Dos días más tarde Trish recibió una llamada telefónica de la hermana de Robyn, que le contó una terrible noticia. El domingo –es decir, al día siguiente de la cena– había ido a visitar a Robyn y la había encontrado inconsciente porque había tomado una sobredosis de pastillas.

Ni los amigos de Robyn, ni su familia, ni sus compañeros de trabajo encontraban ningún sentido a su conducta autodestructiva. ¿Cómo podía hacer algo así una persona tan inteligente, exitosa y querida? Lo tenía todo en la vida. ¿Por qué podría querer quitarse la vida? ¿Y por qué no había habido ninguna señal que permitiera anticiparlo? ¿Por qué nadie había tenido ningún indicio de que Robyn podría estar planeando suicidarse? Todos los que la querían se devanaron los sesos buscando alguna pista que se les hubiera pasado por alto. Analizaron cada segundo de cada minuto de cada momento que habían pasado con ella la semana anterior. Ninguno de ellos, ni siquiera los amigos que habían estado en la barbacoa, pudieron encontrar ni la más mínima señal.

Hay muchos suicidios que no pueden atribuirse a un determinado acontecimiento o enfermedad. Las personas que los cometen parecen estar en la cumbre de su éxito: estudiantes de Harvard, exitosos hombres y mujeres de negocios, atletas universitarios, a los que todo les va bien. O también puede ser simplemente un amigo, un vecino, un colega o un hermano del que todos pensaban que se sentía a gusto con su vida. A veces es posible identificar un factor desencadenante, que no parece ser lo suficientemente significativo como para llevar a alguien a quitarse la vida. Las personas más allegadas no solamente se sienten conmocionadas, sino también desconcertadas, y terminan atormentándose con preguntas que no tienen respuesta, del tipo: *¿cómo puede haber hecho esto?* y también *¿por qué lo habrá hecho?*

Para intentar responder estas preguntas volvamos al caso de Robyn. Hasta el momento, la has visto de la misma forma que su familia y sus amigos. Desde fuera. Ahora vamos a entrar en el mundo interno de Robyn para comprender de dentro hacia fuera por qué ella a cometer un acto tan extremo y qué es lo que realmente le estaba pasando.

Robyn

Robyn creció en una ciudad pequeña y tranquila del estado de Washington. Era la tercera de cinco hijos y sus padres eran cariñosos y estaban muy pendientes de los niños. El padre trabajaba como ingeniero mecánico y la madre se encargó de cuidar a sus hijos hasta que todos llegaron a la adolescencia. Entonces volvió a trabajar como asistente de los maestros en el colegio local. La infancia de Robyn fue muy buena en muchos sentidos. Ella y sus hermanos se llevaban pocos años. Vivían en un vecindario arbolado donde había muchas familias con niños, de manera que a Robyn nunca le faltaba con quien jugar. Estaba muy unida a sus hermanas. Aunque su familia no era rica, tenían dinero suficiente como para llevar una vida desahogada sin apuros económicos. Todos los años la familia volaba a Disney World en abril para pasar allí una semana, y en diciembre pasaba las vacaciones de Navidad en Portland, Oregón, con los abuelos.

Los padres de Robyn rara vez discutían, y eran muy poco tolerantes con la negatividad en cualquiera de sus formas. Cuando surgía algún conflicto entre los niños, como es habitual que suceda entre hermanos, lo zanjaban enviando inmediatamente a su habitación a los que se peleaban. El motivo de la disputa era absolutamente indiferente, y tampoco importaba si era evidente que uno de ellos tenía razón o era la víctima de la situación. El lema de los padres era «tolerancia cero». También aplicaban esta norma a las quejas y a cualquier expresión de descontento, tristeza o frustración. El resultado era un hogar tranquilo y silencioso. Los niños aprendieron tempranamente que si algo negativo rondaba por su cabeza era mejor no compartirlo. Mamá y papá se negaban a ser agobiados por esas tonterías. Querían tener un hogar feliz y colaborador en el que todos se llevaran bien y nadie estuviera insatisfecho. Además, con cinco niños a su cargo sentían que no tenían tiempo ni energía para resolver crisis, enjugar lágrimas ni calmar frustraciones. La política de «tolerancia cero» les permitía mantener el control de la casa, y ellos sentían que contribuía a crear una visión positiva de la vida.

Robyn y sus hermanos rara vez estaban en casa. Desde muy temprana edad prefirieron estar con sus amigos del barrio. Fuera de casa se sentían libres para protestar, pelearse y expresar sus pensamientos y sentimientos positivos y negativos. Los hermanos de Robyn sentían que eso era reconfortante y liberador y, por lo tanto, tuvieron la oportunidad de descubrir que los sentimientos que sus padres no toleraban eran aceptables en otros lugares. No obstante, Robyn era diferente.

*Fue una niña sensible desde que nació. Era la tercera hija, y muy pronto sus padres notaron que su personalidad era muy diferente a la de sus hermanos mayores. Lloraba mucho. Se quejaba cuando su madre intentaba ponerle calcetines o le daba un chupete nuevo. Sus padres le pusieron el mote de «llorona frecuente» inspirándose en la frase «pasajero frecuente».**

A lo largo de su primera infancia, cuando comenzó el preescolar, y más tarde en la escuela primaria, los miembros de su familia se burlaban de ella por su facilidad para llorar. Las lágrimas silenciosas solían provocar bromas tontas, pero si la oían llorar ya era otra cuestión. En este caso, sus padres aplicaban la política de «tolerancia cero» y la enviaban de inmediato a su habitación.

De todo esto, Robyn aprendió una lección decisiva. Aprendió que las emociones negativas eran malas y nunca serían

* N. de la T.: Esta analogía tiene sentido en inglés porque ambas frases suenan de manera muy parecida (*Frequent Crier, Frequent Flyer*).

toleradas. Aprendió que tenía que mantener en secreto cualquier sentimiento que no fuera optimista, divertido o positivo. Se sentía avergonzada por tener ese tipo de sentimientos, y se prometió a sí misma que nunca permitiría que nadie los conociera. Con el paso del tiempo, aprendió tan bien la lección que llegó a esconder sus emociones negativas incluso ante sí misma. Se aseguró de mantener siempre un ánimo positivo y optimista. Cuando periódicamente llegaba a un punto en el que no era capaz de parecer optimista, se retraía completamente refugiándose en su apartamento. En esas ocasiones se dedicaba exclusivamente a su trabajo o se encerraba en su apartamento y pasaba las horas mirando la televisión. Eso la ayudaba a mantener bajo control sus pensamientos y sentimientos, hasta que volvía a recuperar la energía necesaria para combatir la negatividad y ser «feliz» otra vez.

Robyn no se limitaba a librar esa batalla, la sufría diariamente. Su vida estaba organizada de una manera que garantizaba que no percibiera, conociera, sintiera ni manifestara nada negativo que pudiera sentir. Esto requería una cantidad enorme de energía. Estaba tan inclinada a ocultar la parte negativa y bochornosa de sí misma (la versión de Robyn del defecto fatal) del resto del mundo, que no podía dejar que nadie llegara a conocerla demasiado. Por este motivo no invitaba a sus amigos a su casa. Tenía miedo de que pudieran percibir alguna parte de sí misma que no quería que conocieran.

Es importante destacar que el resultado de todo esto era que Robyn se sentía extremadamente sola. Sabía que sus padres, el resto de su familia y sus amigos la querían. Pero no se sentía querida. Es duro sentirse querido por personas que realmente no te conocen. Y eso era lo que le pasaba a Robyn: nadie la conocía de verdad. Ni siquiera ella misma. Se sentía completamente aislada del resto de la humanidad. Las demás personas parecían sentirse felices y completas; parecían conocerse mutuamente, cuidarse y ser libres. Las demás personas no parecían ocultar partes de sí mismas ni tener esas dificultades. Robyn sentía que estaba fuera de la vida mirando hacia dentro, observándose como si estuviera en una película, desconectada, sola y completamente desconocida. Muchas veces se preguntaba cuál era el sentido de estar viva. Si la vida es tan vacía, implica tanto sufrimiento y da tan pocas recompensas, ¿para qué vivir?

Robyn tenía esa sensación de «estar fuera mirando hacia dentro» desde la adolescencia. A los trece años había empezado a preguntarse qué era lo que le pasaba. Consideraba que había tenido una infancia maravillosa, así que no encontraba ninguna explicación para lo que sentía. Algo le faltaba, había algo malo dentro de ella, un vacío secreto. La única forma que encontraba para relajarse era pensar en morir. Estar muerta le parecía un gran alivio. No tenía ninguna intención de suicidarse, pero se reservaba esa posibilidad como una red de seguridad. Y si en algún momento llegaba a sentir que ya no podía tolerar más su sufrimiento, siempre podría poner fin a su vida. Entonces no habría más luchas, no habría más vacío, no habría más soledad, no habría más dolor. Desde los trece años utilizaba sus fantasías de muerte y su red de seguridad secreta como un método para calmarse, pero nunca lo había hablado con nadie.

Ahora volvamos al día después de la barbacoa, cuando Robyn decidió utilizar su red de seguridad. Esto es lo que sucedió aquel día: se despertó con un poco de resaca y recordando lo bien que se lo había pasado la noche anterior. Se sirvió un bol de cereales para desayunar y se sentó frente al televisor. Entonces sintió una nube oscura sobre su cabeza; hacía un par de semanas que *estaba luchando para no caer en el «modo ermitaño». Se sentía agotada, aletargada y vacía, pero, sobre todo, adormecida. Trató de disolver la sensación de vacío y adormecimiento mirando un viejo episodio del programa de Andy Griffith* pero no lo consiguió, así que se tumbó en el sofá y comenzó a imaginar su muerte, pues eso normalmente le ayudaba a relajarse. Sin embargo, en esa ocasión no solo no logró calmarse, sino que, por el contrario, la sensación de vacío y el dolor emocional se intensificaron. Se puso de pie y comenzó a recorrer el salón de un lado a otro, una y otra vez. Y mientras iba y venía, la nube se oscurecía cada vez más y la sensación de vacío era cada vez mayor. Una parte de su mente atormentada se dio cuenta de que el programa de Andy Griffith se había acabado, y ahora estaban echando Los Walton. Eso le trajo un recuerdo de su infancia en el que su familia la regañaba implacablemente por llorar durante un episodio de esa serie. De pronto sintió que a su sensación de vacío se sumaban una intensa vergüenza y autodesprecio. Desesperada por detener ese sufrimiento que no hacía más que ir a peor, se dirigió impulsivamente al cuarto de baño y tragó todas las pastillas que encontró en el botiquín, muchas de las cuales había guardado para una ocasión en la que se sintiera tan desesperada como en ese momento.*

Como puedes ver, la Robyn que todos conocían y querían no era la Robyn real. Era básicamente una bomba de tiempo, preparada para explotar periódicamente. ¿Qué había de diferente en esa situación particular para que Robyn decidiera materializar su fantasía? No se trataba de una situación dramática. Un programa de

* N. de la T.: Andrew Samuel «Andy» Griffith fue un actor, humorista y productor estadounidense.

televisión había despertado en ella una intensa irrupción de vergüenza y culpa en el peor momento posible. Robyn ya estaba en peligro antes de que empezara el programa. Sin embargo, el recuerdo de aquella cena familiar en la que había sido criticada y humillada fue la gota que colmó el vaso, y comenzó a hundirse cada vez más profundamente en su propio pozo de soledad y aislamiento. En última instancia, todo lo que hizo falta fue la reposición de un episodio de esa serie de televisión.

Robyn tuvo mucha suerte de que su hermana pasara a visitarla. Muchas personas como Robyn no son halladas hasta que ya es demasiado tarde. Son personas que no reciben ayuda. No consiguen comprender ni compartir su dolor, y no dejan ninguna explicación para sus momentos finales. Creo que con frecuencia dejan a sus seres queridos confundidos y conmocionados, sin poder comprender jamás qué es lo que les ha sucedido.

Ahora vamos a volver a ocuparnos de algunas de las personas que conocimos en el capítulo tres, pues nos ayudarán a analizar este tema desde diferentes ángulos. Pero primero vamos a hacer una pausa para considerar la posible relación que existe entre las fantasías suicidas y la desatención emocional. Aquí me gustaría recordarte que los seres humanos han sido diseñados para sentir emociones. Cuando ese diseño sufre un cortocircuito –en principio debido a padres negligentes en el cuidado emocional, y más adelante por el mismo niño ya convertido en adulto– todo el sistema resulta afectado. Imagina un helado hecho sin azúcar o un programa informático en el que se han eliminado los comandos más básicos. Del mismo modo, la psique humana funciona incorrectamente cuando se excluyen las emociones.

De diversas maneras, la sensación de vacío o de adormecimiento es peor que el dolor emocional. Muchas personas me han dicho que preferirían sentir *algo* antes que no sentir *nada*. Es muy difícil reconocer, otorgar sentido o expresar con palabras algo que está *ausente*. Si consigues expresar la sensación de vacío para explicársela a otra persona, comprobarás que es muy difícil que los demás la entiendan. La sensación de vacío para la mayoría de la gente es como *la nada*. Y nada es nada, ni bueno ni malo. Pero cuando se trata del funcionamiento interno de un ser humano, nada definitivamente es algo. El vacío es una sensación en y por sí misma. Y he descubierto que es una sensación que puede ser muy intensa y potente. De hecho, tiene el poder de hacer que las personas recurran a actos extremos para escapar de ella.

¿Recuerdas a **Simon**, el hombre guapo y exitoso de treinta y ocho años que practicaba salto en caída libre? Tal vez recuerdes que tenía pensamientos suicidas porque se sentía vacío y anestesiado. Para él la vida carecía de conexión, sentido y pasión. La emoción y la excitación que le producía su afición no eran suficientes para encontrar una razón para vivir.

Por su parte, **David** había interiorizado el mensaje: «No sientas, no muestres tus sentimientos, jamás necesites nada de nadie». Sus pensamientos suicidas estaban motivados por su deseo de cumplir con este mandato que había asimilado inconscientemente de los mensajes de sus padres. Como David era un ser humano que respiraba y tenía sentimientos y necesidades, la única forma de cumplir con ese mandato era estar muerto. De hecho, en la época en que lo conocí ya no tenía ganas de vivir.

Posiblemente recuerdes a **Laura**, que vivía su vida completamente desconectada de sus sentimientos. Recurría a la cerveza y a los cortes que se infligía en el cuerpo para liberarse de ellos, pero lo pagaba con una intensa sensación de vergüenza. Laura vivía en la cárcel de sus propios defectos. Se sentía como una mercancía dañada, indigna de ser amada y desconectada de todas las personas.

Sus pensamientos suicidas surgían de la rabia que sentía consigo misma por tener sentimientos y necesidades que era incapaz de aceptar, reconocer o abolir. En este sentido, se parecía a **Robyn**.

Cal tenía el plan de quitarse la vida al final del milenio. La idea de morir le reconfortaba porque sentía que finalmente las personas de su entorno iban a conocer el sufrimiento que nunca había sido capaz de expresar con palabras. Cuando sentía que sus emociones lo superaban, utilizaba esta fantasía grandiosa de huida para tranquilizarse.

Estas cuatro personas que sufrieron negligencia emocional corrían un alto riesgo de materializar sus fantasías suicidas. Si no hubieran iniciado un tratamiento en el momento oportuno, cada una de ellas habría podido infligirse un verdadero daño. He aquí algunos de los factores que todas ellas, y también Robyn, tenían en común:

- Experimentaban una sensación de vacío y adormecimiento emocional
- Sufrían en silencio
- Se cuestionaban el sentido y el valor de su vida (¿Cuál es el sentido de vivir?)
- Tenían fantasías de huida

Es importante destacar que los padres de David, Laura, Robyn, y Cal eran cariñosos y bienintencionados. Todos ellos nacieron en cómodos hogares de clase media y fueron bien cuidados. Ninguno de ellos sufrió ningún tipo de abuso, y todos tenían el recuerdo de una infancia maravillosa. En realidad, para todas estas personas solo había algo extremadamente negativo. Y lo que era negativo también era invisible. Era algo imperceptible, algo *que faltaba* y que nadie, ni dentro ni fuera de la familia, era capaz de ver.

Las personas que han sufrido negligencia emocional mantienen en secreto su adormecimiento emocional y su sufrimiento. No los comparten con nadie, como tampoco sus emociones. Ya puedes imaginar el coste que tiene esto para cualquier ser humano con el paso del tiempo. Tal como sucede con los efectos de una inundación en una cuenca hidrográfica, erosionan gradualmente la existencia de una persona: su energía, motivación, autoestima y compromiso con la vida.

TERCERA PARTE

LLENAR EL DEPÓSITO

Capítulo 5

CÓMO SE PRODUCE EL CAMBIO

Antes de iniciar el proceso de intentar corregir lo que falta, es importante dedicar un poco de tiempo a pensar en el cambio: cómo se produce y cómo no se produce, qué es lo que se interpone y qué debes hacer si las cosas no salen como te gustaría (como pocas veces sucede).

En los próximos capítulos verás que he incluido una serie de «hojas de cambios». Las he creado para que las utilices cuando intentes rellenar los espacios vacíos y ocuparte de los hábitos que pueden haberse desarrollado debido a la negligencia emocional que has sufrido. Estas hojas de cambios de ninguna manera pretenden insinuar que el cambio es unidimensional como una hoja. Me preocupa que mientras leas el capítulo, puedas considerarlas como un enfoque universalista para las profundas y complejas luchas individuales a las que te enfrentas.

No es mi intención aplicar un enfoque general que sirva para todos. Un enfoque semejante implicaría no hacer nada más que prolongar las secuelas, y eso es lo último que desearía hacer. Quiero que al leer los capítulos de esta parte del libro comprendas que lo que pretendo es que también tú utilices un enfoque personalizado. Elige las hojas de práctica, las técnicas y las sugerencias que mejor se apliquen *a ti*, y personaliza las hojas de práctica según creas que será más útil *para ti*.

Mientras tanto, vamos a hablar de algunos de los factores más poderosos que pueden interponerse en el camino de un cambio exitoso. Conocerlos y tenerlos en cuenta a medida que comiences a introducir cambios en tu vida, te ayudará a percibirlos rápidamente cuando aparezcan. También te ayudará a trabajar con ellos si notas que empiezan a frenar tu proceso.

Factores que pueden interponerse en el camino de un cambio exitoso

1. Falsas expectativas

- **El cambio es lineal:** en cuanto comienzas a trabajar para producir un cambio, es natural que esperes que el progreso se produzca de forma gradual y mejore cada vez más con el paso del tiempo. Imagina que estás subiendo unas escaleras, un escalón cada vez, con un movimiento ascendente continuo. La mayoría de los cambios reales no funcionan de este modo en absoluto; por el contrario, son intermitentes. Dos pasos adelante, un paso atrás. La clave real es limitarse a seguir resolviendo esos pasos que das hacia atrás con perseverancia y de un modo sistemático, hasta que des un nuevo paso hacia delante.
- **Los contratiempos son fracasos:** el peligro de sentir que has fracasado cuando tienes un contratiempo es que esa sensación de fracaso puede tornarse rápidamente en ira

dirigida contra ti mismo. Y esta ira es enemiga del progreso. Puede hacerte retroceder o incluso abandonar el camino fácilmente.

- **Si te desvías de tu objetivo, también puedes rendirte:** los desvíos forman parte del proceso de hacer un cambio. Si estás intentando alimentarte mejor, hacer ejercicio o modificar una conducta o hábito muy arraigados, hay grandes probabilidades de que más de una vez te desvíes de tu objetivo. Pero eso no representa ningún problema y es absolutamente irrelevante para tu éxito final, siempre que no te rindas.

2. Evitación

El cambio es difícil en muchos niveles diferentes. Primero, tienes que obligarte a hacer algo que no te resulta familiar. Segundo, tienes que ser capaz de hacer algo que te parece difícil. Tercero, tienes que ser perseverante, tal como acabo de decir. Y cuarto, hacer un cambio requiere mucho trabajo.

Una reacción natural frente a los cuatro desafíos mencionados es la evitación. ¿Acaso no es muy complicado asumir esos desafíos? ¿No sería más fácil olvidarte de todo esto y no preocuparte más por librar esas batallas? ¡Claro que sí! Sin embargo, igual que la ira dirigida contra ti mismo, la evitación es enemiga del progreso. La evitación puede parecer un oasis en medio del desierto, pero te dejará sediento.

La única forma de gestionar la tendencia natural a la evitación es plantarle cara. Toma nota de esos momentos en los que empieza a tentarte la evitación, entonces gírate y desafíala. De lo contrario, te llevará por una calle de un solo sentido hacia ningún lugar. Recuérdate que todas las cosas que valen la pena requieren esfuerzo. Luego toma una de las hojas de cambios y ponte a trabajar.

3. Malestar

El cambio puede dar miedo. Cuando empiezas a sentirte diferente a como eras antes, o cuando la gente comienza a reaccionar de una manera distinta contigo debido a los cambios que has realizado, es posible que sientas que estás viviendo en un mundo extraño. Quizás te resulte difícil saber cómo comportarte, o incluso cómo deberías reaccionar. De repente, las cosas no parecen tan seguras como lo fueron alguna vez.

Según mi experiencia, la mayoría de las personas no son conscientes de su malestar. Aun así, lo sienten, y entonces prefieren abandonar sus cambios y volver al sitio donde estaban antes. Esta es una sensación completamente natural y una reacción muy normal. Pero es tan peligrosa como cualquiera de los factores de los que ya hemos hablado. Te envía directamente al punto de partida. Por ejemplo, muchas personas que acaban de perder sus primeros kilos se sienten repentinamente diferentes. Se encuentran bien, pero al mismo tiempo se sienten raras, y eso les resulta incómodo. De manera que su fuerza de voluntad empieza a flaquear y los esfuerzos realizados se desvanecen. Debes saber que existen grandes posibilidades de que esto pueda ocurrirte también a ti. Presta atención. Acepta que es algo normal, pero de cualquier manera destructivo. No permitas que esto te desanime, sigue adelante.

Capítulo 6

POR QUÉ LOS SENTIMIENTOS IMPORTAN Y QUÉ HACER CON ELLOS

«Aunque muchos de nosotros pensamos que los seres humanos somos criaturas pensantes que sienten, biológicamente somos criaturas sensibles que piensan».

Dr. Jill Bolte Taylor, neurocientífico

1. Comprende el propósito y el valor de tus emociones

En nuestra sociedad subestimamos las emociones. A menudo se las considera como un estorbo. Las palabras que frecuentemente se aplican a las personas emotivas son *sensibleras*, *cursis* o *melosas*. Se suele pensar que las emociones son infantiles, afeminadas o un signo de debilidad. Se considera que son la antítesis del pensamiento. Tendemos a suponer que las personas inteligentes no son emocionales, y que las personas emocionales no son inteligentes.

La realidad es que los más inteligentes son los que usan sus emociones como una ayuda para pensar, y utilizan sus pensamientos para gestionar sus emociones. La clave es usar las emociones de una manera equilibrada y sana. Presta atención a lo que pretende decirte un sentimiento y luego intenta descubrir una forma de actuar que mejore tu situación, tu vida o el mundo que te rodea. Muchos de los descubrimientos científicos más valiosos se deben a que un científico se apasionó por un tema determinado. Por ejemplo, esa pasión puede estar motivada por la pena o por el deseo de descubrir una forma de ayudar a un ser querido que está sufriendo. Las personas que más éxito tienen en la vida son las que se dejan guiar por sus sentimientos.

Los neurocientíficos han estudiado profundamente el desarrollo evolutivo del cerebro humano. La capacidad de sentir emociones de los seres humanos ha evolucionado millones de años antes que la capacidad de pensar. Las emociones humanas se originan en el sistema límbico, que se encuentra situado por debajo de la corteza cerebral, la sección del cerebro donde se originan los pensamientos. De este modo, nuestros sentimientos son una parte más básica de quienes somos que nuestros pensamientos. Son una parte fisiológica de nuestro cuerpo, como las uñas o las rodillas. Nuestras emociones no pueden ser eliminadas ni negadas, así como tampoco podemos negar el hambre o la sed, los codos o los lóbulos de las orejas.

¿Por qué evolucionaron primero las emociones? Algunas veces, en especial para las personas que han sufrido este tipo de negligencia en su crianza, las emociones parecen ser una carga. ¿No sería mejor que no tuviéramos que sentirnos tristes cuando tenemos un conflicto con un amigo, que no nos enfadáramos cuando estamos en un atasco, o que no sintiéramos ansiedad antes de una entrevista de trabajo? A simple vista, tal vez podría parecer más fácil no tener que sentir nada de eso. No obstante, yo creo que *si no tuviéramos emociones la vida no sería mejor. De hecho, no sería sostenible*.

Las emociones son necesarias para sobrevivir. Nos avisan de cuándo estamos en peligro, cuándo es el momento de echar a correr o cuándo debemos luchar, y nos indican por qué cosas merece la pena luchar. Las emociones son la forma que tiene nuestro cuerpo de comunicarse con nosotros y guiarnos para hacer lo que tenemos que hacer. He aquí algunos ejemplos de los propósitos de algunas emociones:

Emoción	***Función***
Miedo	Nos indica que debemos escapar/autopreservarnos
Ira/rabia	Nos impulsa a contraatacar y autoprotegernos
Amor	Nos impulsa a cuidar a nuestras parejas, nuestros hijos y otras personas
Pasión	Nos impulsa a procrear, crear e inventar
Dolor	Nos empuja a corregir una situación
Tristeza	Nos dice que estamos perdiendo algo importante
Compasión	Nos motiva a ayudar a los demás
Disgusto	Nos avisa que evitemos algo
Curiosidad	Nos impulsa a explorar y aprender

Con toda seguridad, ya has captado la idea. Hay un propósito para cada emoción. Las emociones son herramientas increíblemente útiles que nos ayudan a adaptarnos, sobrevivir y prosperar. Las personas desatendidas emocionalmente en la infancia fueron entrenadas para intentar eliminar, negar, reprimir y, en algunos casos, incluso avergonzarse de este sistema de información incorporado que posee un valor incalculable. Por el hecho de no prestar atención a sus emociones, estas personas funcionan con desventaja en relación con el resto de nosotros. Intentar desconocer esta fuente vital de información nos hace vulnerables y potencialmente menos productivos. Y también dificulta que experimentemos la vida al máximo.

Pero las emociones hacen algo más que impulsarnos a actuar. También alimentan las relaciones humanas que otorgan a la vida la profundidad y la riqueza que hacen que merezca la pena vivirla. Y precisamente son esa profundidad y esa riqueza lo que creo que nos ofrece la mejor respuesta a la pregunta: «¿Cuál es el sentido de la vida?». Las conexiones emocionales con las demás personas nos ayudan a evitar las sensaciones de vacío, y también la angustia existencial.

2. Identifica tus sentimientos y ponles nombre

¿Recuerdas a Cal, nuestro ejemplo de alexitimia del capítulo dos? Un aspecto importante del problema de Cal era que no tenía ninguna conciencia de que sus propias emociones existían. Hasta cierto punto (aunque no siempre de manera tan grave) esto es lo que les ocurre a todas las personas que sufren las secuelas de la negligencia emocional. Quizás recuerdes que las sensaciones indiferenciadas que Cal había interiorizado se recrudecían dentro de él y emergían exclusivamente como ira e irritación.

Las emociones pueden provocar una amplia variedad de efectos interesantes cuando se ocultan o se ignoran. Pueden:

- convertirse en síntomas físicos como malestar gastrointestinal, jaquecas o dolor de espalda
- generar una depresión, provocar trastornos alimentarios, perturbar el sueño, afectar a la memoria y a la concentración, o causar aislamiento social
- minar tu energía

- causar que explotes de vez en cuando o te irrites «por nada»
- acrecentar la ansiedad y/o los ataques de pánico
- mantener tus relaciones amorosas y de amistad en un plano meramente superficial
- hacerte sentir vacío e insatisfecho
- hacer que te cuestiones el valor y el propósito de tu vida

El primer paso para impedir (o prevenir) que se produzca cualquiera de las situaciones anteriores es aprender a reconocer tus sentimientos y a expresarlos con palabras. Sucede algo casi mágico cuando se dice: «Estoy triste», «Me siento frustrada» o «Me hiciste daño cuando hiciste aquello». Cuando identificas y expresas tus sentimientos ante ti mismo u otra persona, te pones al volante y aprietas el acelerador. Tomas algo del interior y lo colocas en el exterior. Haces que lo desconocido sea conocido. Tomas el control. Y aprovechas al máximo un recurso muy valioso: tus emociones, tu combustible para la vida.

3. Aprende a controlar tus sentimientos

Identificar los sentimientos y ponerles nombre es una habilidad. Tal como sucede con todas las habilidades, es preciso trabajar para desarrollarla, y esto requiere un gran esfuerzo. Ahora aprenderás un ejercicio que te ayudará a hacerlo. Cuando lo hagas por primera vez es importante que estés solo en una habitación para que nada ni nadie te distraiga.

Ejercicio para identificar los sentimientos y ponerles nombre

Paso 1. Cierra los ojos. Imagina una pantalla en blanco que toma las riendas de tu mente y hace desaparecer todos los pensamientos. Concentra toda tu atención en la pantalla y dirígela completamente hacia el interior.

Paso 2. Pregúntate lo siguiente:

¿Qué estoy sintiendo en este momento?

Paso 3. Concéntrate en tu experiencia interna. Presta atención a cualquier pensamiento que surja en tu mente y elimínalo de inmediato. Sigue concentrado en la pregunta:

¿Qué estoy sintiendo en este momento?

Paso 4. Intenta identificar las palabras idóneas para expresarlo. Tal vez necesites más de una palabra.

Paso 5. Si tienes dificultades para identificar cualquier sentimiento, consulta la «Lista de palabras para los sentimientos» (página 297 y siguientes), y comprueba si te suenan una o más palabras.

Paso 6. Cuando consideras que una palabra podría ser adecuada para definir tu sentimiento, ya estás preparado para dar el siguiente paso, que es intentar descubrir **por qué** lo estás sintiendo.

De manera que ahora pregúntate:

¿Por qué debería sentirme __________ en este momento?

Determinar las razones que ocasionan un sentimiento puede resultar muy difícil para muchas personas, pero muy especialmente para quienes han sufrido carencias emocionales en su infancia. Preguntarte la razón de este sentimiento te ayudará a entender por qué lo estás experimentando. De modo que vamos a utilizar un ejemplo para ilustrar qué es lo que podrías hacer. Vamos a suponer que el sentimiento que has identificado es tristeza.

Una vez más, cierra los ojos y dirige tu atención hacia el interior. Luego mira las siguientes preguntas y utiliza todas las que creas necesarias para llegar a comprender el sentimiento:

¿En este momento qué está pasando en mi vida que podría hacerme sentir triste?

¿Ha sucedido algo recientemente que me ha afectado?

¿Algunos acontecimientos recientes me han hecho recordar algo triste o preocupante que sucedió en el pasado?

¿Esta tristeza me resulta familiar?

¿He sentido esta tristeza con frecuencia anteriormente?

En ese caso, ¿cuándo y por qué?

¿Es un sentimiento latente que me acompaña con frecuencia?

En ese caso, ¿qué ha ocurrido en el pasado que pueda haberlo causado la primera vez?

Este ejercicio puede parecer simple; sin embargo, no es nada fácil. Las personas que se han criado en un ambiente negligente en lo referente a las emociones a menudo tienen una gran dificultad para sentarse a reflexionar sobre sí mismas, y eso es un requisito indispensable para que este ejercicio sea efectivo. Aunque la primera vez que lo hagas te parezca muy complicado, o incluso imposible, no dejes de seguir intentándolo. A algunas personas les han resultado muy útiles las clases de yoga o meditación para desarrollar la capacidad de concentración interna, tan importante para esta tarea. Estás obligando a tu cerebro a realizar varias actividades que son novedosas. Esencialmente, estás creando nuevas redes neuronales que serán más fuertes y funcionarán mejor cada vez que lo hagas, incluso en las ocasiones en que no lo consigas.

Utiliza las **hoja de sentimientos** de la página 185 como una plantilla donde registrar tus sentimientos al menos tres veces al día. El objetivo es aumentar gradualmente tu capacidad de dirigir la atención hacia el interior, para conectarte de forma natural con tus emociones cuando las experimentes. Cuando esta conciencia comience a despertar, finalmente podrás acceder a todo el poder que te ofrecen tus emociones. Y te liberarás de la pesada y destructiva tarea de suprimirlas.

Recuerda que debes personalizar la hoja de sentimientos de acuerdo con tus propias necesidades. Como ya he mencionado, esto no pretende ser un enfoque universalista. Si te resulta difícil realizar esta tarea, o temes no estar haciéndola lo suficientemente bien, siempre puedes volver atrás y leer el capítulo cinco.

Ahora que has entrado en contacto con tus emociones, estás preparado para aprender qué hacer con ellas.

4. Acepta tus propios sentimientos y confía en ellos

Si sufres secuelas, lo más probable es que tengas dificultades para aceptar tus sentimientos y confiar en ellos. Algunas personas que han sido descuidadas emocionalmente son totalmente inconscientes de sus emociones (como le sucedía a Cal). Otras las reprimen porque tienen una creencia muy arraigada de que los sentimientos son malos, que expresarlos puede agobiar a los demás o que pueden convertirte en una mala persona. Recuerda las tres reglas siguientes:

1) No existen emociones malas

Las emociones en sí mismas no son buenas ni malas, correctas ni incorrectas, morales ni inmorales. Todos los seres humanos han sentido rabia, envidia, odio, destructividad y superioridad en un momento u otro. La mayoría de la gente incluso ha tenido sentimientos homicidas. Estos sentimientos no son malos en sí mismos y no nos convierten en malas personas. Lo que importa es lo que hacemos con ellos. No te juzgues por tus sentimientos. Júzgate por tus acciones.

Hoja de sentimientos

*Apunta tus sentimientos tres veces al día. Utiliza la lista de palabras para los sentimientos (página 297) según lo necesites

LUNES	Mañana	
	Tarde	
	Noche	
MARTES	Mañana	
	Tarde	
	Noche	
MIÉRCOLES	Mañana	
	Tarde	
	Noche	
JUEVES	Mañana	
	Tarde	
	Noche	
VIERNES	Mañana	
	Tarde	
	Noche	
SÁBADO	Mañana	
	Tarde	
	Noche	
DOMINGO	Mañana	
	Tarde	
	Noche	

2) Los sentimientos no siempre son racionales, pero siempre existen por una buena razón

Las emociones no siguen los principios de la lógica. Pueden parecer inexplicables e impredecibles, pero *cada* emoción tiene una explicación, y la conocerás si te esfuerzas lo suficiente. Con cada emoción nuestro cuerpo está intentando enviarnos un mensaje, independientemente de lo extraño que pueda parecer. Como ejemplo, volvamos a ocuparnos de David, el hombre de negocios de cuarenta y tantos años cuya conducta sus padres nunca se ocuparon de supervisar. En una ocasión David me comentó que a veces sentía un disgusto y una repulsión insoportables cuando veía a una persona cualquiera comiendo en un restaurante. Esa sensación le desconcertaba, y le preocupaba que pudiera indicar que estaba loco. Finalmente, después de analizar mucho el tema de sus secuelas conseguimos descubrir el motivo de esa sensación: sin que él lo supiera, su sistema límbico equiparaba el acto de comer, el consumo de alimentos, con el cuidado afectivo. David no sentía ningún placer con la comida. Tenía muchas dificultades para permitirse disfrutar de los cuidados nutricionales y también de los cuidados emocionales. Inconscientemente le molestaba ver que alguien bajaba la guardia y se permitía deleitarse con la comida. Este es un ejemplo de un sentimiento que aparentemente era irracional y carente de sentido, pero que en realidad era muy significativo y existía por una muy buena razón.

3) Las emociones pueden ser muy poderosas, pero es posible gestionarlas

Las emociones que se ocultan suelen tener un gran poder sobre nosotros. Cuando somos conscientes de una emoción podemos hacernos cargo de ella. David estaba a merced de esa intensa sensación de disgusto, y algunas veces renunciaba a ir a comer a un restaurante para evitarlo. Cuando comprendió cuál era el origen de lo que le sucedía y dejó de juzgarse a sí mismo, llegó a un punto de plena conciencia y aceptación. A partir de ese momento pudo empezar a luchar contra lo que sentía, y su tormento comenzó a perder intensidad hasta que finalmente desapareció por completo.

Los pasos IAAA

IAAA puede sonar como un fondo de pensiones, pero no lo es. Son las siglas de **identificar, aceptar, atribuir** y **actuar**. Estos pasos son la culminación de las tres reglas que acabo de mencionar. Son cuatro pasos necesarios para aumentar al máximo el valor de nuestras emociones, beneficiarnos de la energía que nos proporcionan y dejarnos guiar por ellas. En primer lugar, **identificar** el sentimiento. En segundo lugar, **aceptarlo**. No juzgar si es bueno o malo. En tercer lugar, tratar de descubrir el motivo de ese sentimiento o **atribuirlo** a una causa. En cuarto lugar, **identificar** si esa emoción requiere una acción y, si ese fuera el caso, asumirla de la forma adecuada.

¿Cómo te sientes en este momento? Cierra los ojos y reflexiona. Si la respuesta es «desbordado», no desesperes. El proceso de hacerte amigo de tus emociones puede parecer complicado o incluso irrealizable, pero tú eres capaz de hacerlo. Sí, llevará tiempo, pero si perseveras comenzarás a notar que empiezan a producirse pequeños cambios. Al principio pueden parecer sutiles y poco importantes. Pero cada vez que tomas conciencia de una emoción, estás creciendo y aprendiendo. Si sientes que te estás esforzando demasiado, o por el contrario que estás a punto de rendirte, te animo a que acudas a un terapeuta en busca de ayuda. Un profesional experimentado puede enseñarte a desarrollar estas habilidades para que estés plenamente conectado con tus sentimientos, presente y vivo.

5. Aprende a expresar tus sentimientos con eficacia

Recuerda que las emociones no son malas por sí mismas; lo que cuenta es lo que hacemos con ellas. Una forma muy efectiva de utilizar tus emociones y sacarles partido es expresarlas adecuadamente. Eso significa no pronunciarlas de manera pasiva ni agresiva, sino con asertividad y compasión. La palabra *asertivo* se emplea mucho en las formaciones y los seminarios empresariales. Sin embargo, tiene un significado específico. Cuando expresas algo de manera asertiva, lo haces de un modo que invita a la otra persona a escucharte. Para ser verdaderamente asertivo debes tener compasión y empatía, lo que significa ser consciente de cómo puede afectar a la otra persona lo que estás a punto de decir.

Digamos que estás trabajando con ahínco en todos los pasos del ejercicio para identificar tus emociones y ponerles nombre, y cada vez eres más consciente de los momentos en que te enfadas. Cierto día, mientras estás en la cola del cine, un tío con aspecto desaliñado se mete en la cola justo delante de ti. Para gestionar esta situación asertivamente, no deberías sofocar tu rabia; no susurrarías tu enfado al oído de tu amigo, pero tampoco le gritarías a ese individuo ni lo llamarías imbécil (aunque te apetecería mucho hacerlo). Le darías un golpecito en el hombro, consciente (con compasión) de que puedes hacerle pasar un mal rato, y en voz baja pero firme le dirías: «Disculpe, el final de la cola está allí atrás». Con un poco de suerte, el hombre se sentiría avergonzado y se dirigiría al lugar que le corresponde. Aunque, por supuesto, también existe la posibilidad de que se negara a abandonar su sitio. La cuestión aquí es que expreses tus emociones, en lugar de reprimirlas, para que luego no te corroan desde el interior. No puedes controlar las reacciones de otra persona, pero si eres asertivo lo más probable es que te sientas mejor por haber actuado de la manera más apropiada, independientemente de lo que esa persona haga o deje de hacer. Y, por otra parte, habrás expresado tu rabia en vez de reprimirla y habrás evitado que más tarde te cause un dolor de cabeza o de espalda.

Vamos a considerar otros ejemplos. Digamos que es viernes y estás deseando salir con tu amiga Betsy esta noche. Justo antes de salir del trabajo, tu jefa te pide que vayas a su despacho y te dice que está decepcionada por el trabajo que has hecho con la cuenta de Chris P. Bacon. Te advierte que debes redoblar tus esfuerzos; de lo contrario, tendrá que encontrar a alguien que te reemplace. Después de todos estos comentarios negativos, se despide de ti y te dice que «disfrutes» de tu fin de semana. Tú sales del trabajo totalmente agobiada por la paliza verbal que has recibido y vas al encuentro de tu amiga Betsy de muy mal humor.

En esta situación, tienes que tomar una decisión. Decisión 1: no le comentas absolutamente nada a Betsy sobre lo que ha ocurrido porque te da vergüenza o porque simplemente deseas dejarlo atrás y disfrutar de la noche. Decisión 2: puedes contarle a Betsy lo que ha pasado.

Si te inclinas por la primera decisión, es muy probable que resulte contraproducente, ya que no serás capaz de ocultar tu disgusto y Betsy probablemente pasará gran parte de la noche preguntándose por qué no estás tan divertida como siempre. Tal vez termines bebiendo demasiado, estés malhumorada o te desquites con ella de alguna forma.

Si eliges la segunda decisión, esto es lo que podría ocurrir:

> *«Betsy, estoy muy contenta de que salgamos esta noche porque realmente necesito distraerme. Estoy muy disgustada. No vas a creer lo que me ha pasado hoy en el trabajo. Me siento incomprendida y menospreciada, y estoy enfadada». Le cuentas a Betsy la historia y le dices cómo te sientes. Dejas que te*

ofrezca algunas interpretaciones posibles, que te consuele, o que simplemente te escuche. Después de haber conversado con ella, Betsy se sentirá más cerca de ti y tú te sentirás más cerca de ella. Te habrás desahogado y tendrás muchas más posibilidades de dejar el problema a un lado y pasarlo bien esa noche.

En este relato hay un factor muy importante. Betsy no te ayudó a *resolver* el problema. Ella se limitó a escuchar. La magia de sentirte mejor y gestionar mejor el conflicto reside en ponerles palabras a tus sentimientos y compartirlos. Si nunca has experimentado esta magia, es muy importante que lo pruebes. Si te resulta muy complicado hacerlo con un amigo o un familiar, puedes ponerte en contacto con un terapeuta profesional, o un *coach*, quienes gracias a su experiencia podrán ayudarte a aprender este proceso.

Todos los principios descritos anteriormente se pueden aplicar a todas las emociones, como pueden ser la falta de confianza en uno mismo, el descontento o la traición. Una vez que hayas **identificado**, **aceptado** y **atribuido**, entonces puedes **actuar**. Puedes poner nombre a los sentimientos y expresarlos de la manera adecuada. Sin embargo, en ciertas situaciones es suficiente, o incluso mejor, reconocerlos sin compartirlos; en otras ocasiones será mejor que hables con alguien que no esté directamente involucrado en el asunto, y finalmente habrá circunstancias en las que necesitarás expresar tus sentimientos directamente a la persona en cuestión. Aquí es donde entra en juego la asertividad.

En el mercado editorial hay muchos libros sobre asertividad. Consulta la sección «Recursos para la recuperación» (página 297), donde encontrarás sugerencias de libros que pueden ayudarte a aprender a expresar tus sentimientos de una forma asertiva y compasiva.

6. Reconoce, entiende y valora las emociones en las relaciones

Las personas que sufrieron desatención emocional a lo largo de su desarrollo suelen tener algunas falsas creencias sobre las emociones en el contexto de las relaciones afectivas. A continuación, encontrarás algunos buenos ejemplos, aunque de ningún modo son exhaustivos:

1. Si compartes tus sentimientos o tus problemas con otras personas, solo conseguirás agobiarlas.
2. Si compartes tus sentimientos o tus problemas con otras personas, solo conseguirás que se alejen.
3. Si permites que otras personas vean cómo te sientes, luego lo usarán en tu contra.
4. Si compartes tus sentimientos o tus problemas con otras personas, parecerás débil.
5. Dejar que los demás vean tus debilidades te coloca en una situación desventajosa.
6. Si quieres tener una buena relación, es mejor no discutir.
7. Hablar de un problema no ayuda, solo la acción puede resolverlo.

Afortunadamente, ninguna de estas creencias es verdad. De hecho, cada una de ellas es absolutamente errónea. (La única excepción es compartir tus sentimientos con otra persona que haya sufrido estas carencias emocionales, y que quizás no tenga la menor idea de cómo responder). Cuando creces oyendo constantemente mensajes directos o indirectos de que no debes comunicar tus sentimientos, es natural asumir que dichos sentimientos son agobiantes y desagradables para otras personas. Esta sección trata de cómo superar estas suposiciones. No expresar tus sentimientos te impedirá avanzar en cualquier ámbito de tu vida, pero muy en especial en las relaciones con los demás.

En primer lugar, vamos a hablar de las amistades.

Amistades

Mientras leías la historia de la jefa criticando a su empleada, y la salida nocturna con su amiga Betsy, ¿te resultó difícil aceptar la premisa de que hablar con Betsy podría ser positivo? Si hubieras estado tú en esa situación, ¿habrías evitado hablar del tema debido a alguna de las siete creencias previamente citadas (o por alguna creencia propia que no aparece en la lista)? Si ese es el caso, hay una sola manera de aprender la auténtica verdad, y es intentar lo que yo denomino «el experimento de George Costanza».

El experimento de George Costanza

En la década de los noventa, *Seinfeld* fue posiblemente la comedia más popular en televisión. En uno de sus episodios, el personaje de George Costanza, que era el perdedor por excelencia, decidió que durante una semana haría justamente lo opuesto de lo que hacía normalmente. Cuando una atractiva muchacha le preguntó dónde vivía, en vez de responderle con sus acostumbradas medias verdades y sus enrevesados esfuerzos para demostrar que era un hombre de éxito, le contestó: «Estoy en el paro y vivo con mis padres en Queens». Esto resultó muy divertido, pero además le abrió un nuevo mundo a George. Comenzó a tener un montón de citas y a conseguir otros logros positivos.

Para nuestros objetivos, el experimento de George Costanza significaría que a la hora de compartir tus sentimientos hagas lo contrario de lo que haces normalmente. Por ejemplo, significaría contarle tu problema a Betsy para ver si puede ayudarte a gestionar tus sentimientos, para comprobar si luego lo utiliza en tu contra, para ver si se aleja de ti, para saber si la ha agobiado tanto lo que le has contado que le has arruinado la noche o para comprobar si empieza a considerarte «una persona débil». Significaría dejar que los demás vean y escuchen lo que estás sintiendo, y analizar si eso es dañino para ti o, por el contrario, recibes ayuda. Significaría animarte a resolver un problema con la ayuda de un amigo o amiga (en lugar de dejarlo de lado) para descubrir si esto es perjudicial para la relación.

Nada es cien por cien infalible en ninguna situación. Es verdad que algunas amistades pueden no ser capaces de superar el desafío de tener una conexión emocional más profunda, pero se podría argumentar que dichas amistades probablemente no sean de la mejor calidad. Por lo general, si te atienes al experimento de George Constanza, estoy segura de que tus relaciones serán más fuertes y más profundas, te sentirás más tranquilo y seguro, y los demás te verán como una persona más fuerte y de ninguna manera más débil.

Quienes han crecido en un ambiente emocionalmente negligente suelen saber escuchar. Sin embargo, no son buenos a la hora de hablar, especialmente sobre sí mismos. Eso los mantiene desconectados de una fuente esencial de sustento para la vida. Después de todo, las conexiones emocionales son la materia de la vida, lo que hace que valga la pena vivirla. Son el azúcar de una deliciosa tarta, el latido cardíaco de la humanidad.

Ahora vamos a hablar de matrimonio.

Matrimonio

En mi consulta he visto a muchas parejas en las cuales uno de los miembros expresa que está profundamente insatisfecho con la relación, pero es incapaz de explicar las razones. Volvamos al caso de Trish y Tim, los padres centrados en los logros y la perfección del capítulo dos. Trish dijo: «Cuando intento hablar con él, me rechaza. Sé que se siente desdichado y quiero ayudarlo, pero no sé cómo hacerlo». A menudo una esposa infeliz diría: «No me maltrata, no consume alcohol y tiene un buen sueldo. Pero, sencillamente, no soy feliz a su lado. Siento que algo falta en nuestra relación». Algunas personas son capaces de decir que necesitan más intimidad de lo que sus parejas les están brindando, pero cuando les preguntas qué quieren decir con eso, por lo general no saben qué responder.

Lo que en realidad piden es tener la sensación de que hay una conexión emocional entre ambos, la sensación de que cada uno puede ver lo que le pasa al otro, y que ambos son capaces de percibir lo que el otro está sintiendo. La conexión emocional es la materia misma de la vida, es a la vez el pegamento que ensambla las relaciones y el combustible que las mantiene en marcha. Una relación en la que no hay enfrentamientos está destinada a extinguirse. Las parejas que están realmente conectadas en un nivel emocional se hacen saber cuándo se sienten dolidas o están enfadadas, y discuten cuando es necesario. Esta disposición a ser vulnerable mantiene viva la pasión, y evita las visitas a la consulta del terapeuta, y los juicios de divorcio.

Todo lo que has leído sobre las amistades se aplica también a las relaciones amorosas, salvo algunas cosas. Los amigos pueden mantenerse únicamente por intereses comunes, al menos por un tiempo. Una relación romántica no solamente requiere conexión emocional, sino que se basa en ella. Los sentimientos son los cimientos de los romances, del amor y de las relaciones duraderas.

A continuación, te daré algunas sugerencias para desarrollar la conexión emocional en tu matrimonio:

1. Practica diariamente el ejercicio de identificar tus emociones y ponerles nombre.

2. Sigue los pasos IAAA.
3. Trabaja para utilizar la asertividad compasiva con tu pareja.
4. ¡Haz preguntas! Haz preguntas a tu pareja, escucha sus respuestas y sigue preguntando. Puedes ver ejemplos a continuación.

Preguntas horizontales y verticales*

No todas las preguntas son iguales. Algunas son más potentes que otras. Aquellos que están sintonizados con sus emociones saben de forma natural cómo hacer preguntas eficaces. Saben lo que tienen que preguntar para llegar al corazón de una persona o al meollo de un problema. Por motivos de los que ya hemos hablado, quienes sufren las secuelas de la negligencia emocional carecen de esta habilidad a menos que se dediquen a desarrollarla por sí mismos.

Una forma de llegar al núcleo real de un determinado problema, o persona, es hacer preguntas verticales combinadas con preguntas horizontales. Estas últimas están dirigidas a conseguir *información*. Las preguntas verticales están destinadas a *comprender*. Por ejemplo, digamos que tu marido vuelve a casa después de haber visitado a su anciana madre y lo encuentras decaído. Tu primera pregunta naturalmente sería: «¿Qué tal te ha ido?». Por toda respuesta, él dice: «Bien».

Ejemplos de **preguntas horizontales** en esta situación serían:

Pregunta: ¿Cómo está tu madre?
Respuesta: Está bien.
Pregunta: ¿Ha salido hoy de casa?
Respuesta: Fue hasta la tienda de comestibles.

* N. de la A.: Doctora Sharon Jacques, Asociados de Cuidados Psicológicos, Seminario de formación en terapia de parejas, 2002.

Pregunta: ¿Le gustó la sopa que le mandé la semana pasada?
Respuesta: Sí.
Pregunta: ¿La has encontrado bien?
Respuesta: Como de costumbre.
Pregunta: ¿Todavía parece estar deprimida?
Respuesta: Siempre ha estado un poco deprimida.
Pregunta: ¿Le has dicho algo sobre la función de danza de Susy mañana por la noche?
Respuesta: Sí.

Observa que en esta conversación tus preguntas horizontales te han ofrecido gran parte de la información que te interesaba conocer. Te has enterado de que tu suegra se encuentra bien, que le gustó la sopa que le hiciste la semana pasada, que no está más deprimida de lo habitual, y que sabe que Susy tiene mañana una función de danza. Las preguntas horizontales son muy útiles para recoger e intercambiar información. Estimo que representan más del noventa por ciento de todas las comunicaciones.

Pero hay algunas situaciones en las que las preguntas horizontales no son suficientes. Este podría ser el caso si estás tratando de comprender mejor lo que siente una persona o quieres profundizar en un tema específico. En el siguiente ejemplo, volveremos a considerar el caso de tu marido que vuelve a casa después de visitar a su madre. Pero en esta ocasión lo que pretendes averiguar es algo más complejo. Quieres saber por qué tu marido parece estar afligido, y para descubrirlo necesitas hacer preguntas verticales.

A continuación, veremos un ejemplo de cómo podrías utilizar **preguntas verticales** en esta situación:

Pregunta: Pareces afligido. ¿Ha ido todo bien con tu madre?
Respuesta: ¿En serio? Sí, ella está muy bien.

Pregunta: Cuando vuelves de su casa últimamente pareces un poco desanimado. ¿Qué te pasa?
Respuesta: (Hace una pausa, como si estuviera reflexionando). ¿Eso parece? No me había dado cuenta.
Pregunta: ¿Acaso te ha dicho algo que te disgustó?
Respuesta: No creo.
Pregunta: ¿Y por qué crees que después de ir a visitarla estás un poco desanimado?
Respuesta: (Hace otra pausa, como si estuviera reflexionando otra vez). No lo sé, tal vez sea porque la veo muy mayor.

¡Bien! Las preguntas verticales han ayudado a tu marido a verse a través de tus ojos, a reflexionar sobre sí mismo y sus sentimientos, y a ponerles palabras y compartirlos contigo. Ahora que ha puesto sus sentimientos sobre la mesa, puedes ayudarlo a procesarlos y utilizarlos. Tal vez sus emociones le estén indicando que ha llegado el momento de tomar otras decisiones con respecto al cuidado de su madre. O acaso le estén diciendo que debería empezar a prepararse para perderla.

Cuando se hacen preguntas verticales, es esencial escuchar la respuesta de la otra persona. Tu siguiente pregunta debería tener como objetivo ayudarla a dirigir su atención hacia el interior y conectar con sus emociones. Esto siempre debe hacerse con cuidado y compasión. Si lo haces de la manera correcta, te ayudará a llegar al meollo del problema y al corazón de la persona.

Los pasos que he indicado en esta sección podrían hacerte creer que reconocer, comprender y valorar las emociones en las relaciones es una tarea fácil. Pero no lo es. Es muy complicado, incluso para las personas que no han sufrido este tipo de carencias. Si tú o tu pareja lo habéis padecido, tendréis que esforzaros mucho más, y probablemente necesitéis ayuda para dar algunos de los pasos indicados. En la sección «Recursos para la recuperación» encontrarás mi recomendación de un libro excelente de Terrence Real, que permite comprender a las parejas la importancia de la conexión emocional y les ofrece ayuda para desarrollarla.

Soy consciente de que probablemente te cueste buscar ayuda. Pero espero que consideres la posibilidad de recibirla de un profesional si tienes dificultades, o sientes que estás estancado, durante el proceso de desarrollar estas habilidades, así como también las que mencionaré en el capítulo siguiente.

Capítulo 7

AUTOCUIDADO

Hay cuatro formas principales en las que quienes han sufrido negligencia emocional tienden a fallar cuando se trata de cuidarse a sí mismos y ocuparse de sus propias necesidades, y esto por una buena razón. Los adultos que fueron descuidados emocionalmente cuando eran niños a menudo ignoran cuáles son sus necesidades. Sus propios deseos, necesidades y sentimientos no solamente son irrelevantes para ellos, sino también invisibles. Los cuatro temas principales de los que nos ocuparemos aquí son:

Primera parte. Aprender a cuidarte
Segunda parte. Mejorar la autodisciplina
Tercera parte. Calmarte a ti mismo
Cuarta parte. Ser compasivo contigo mismo

Estas cuatro habilidades tienden a ser naturales en las personas cuyos padres les han proporcionado los cuidados *necesarios* en la infancia y les han enseñado la importancia de la disciplina. Si tus padres sentían *suficiente* compasión y empatía por lo que tú sentías cuando eras niño, lo más probable es que seas perfectamente capaz de tener relaciones íntimas como adulto.

Cuando creces sin el debido cuidado emocional, estas habilidades que parecen naturales para otras personas se convierten en aptitudes que tienes que desarrollar por ti mismo cuando eres adulto. Y esto requiere trabajo, tiempo y un esfuerzo consciente. En este capítulo te hablaré de estas habilidades y te explicaré qué son, qué significan y cómo cultivarlas. Al principio, cada una de ellas puede parecer extraña y difícil de adquirir. La clave es perseverar en tu intento, independientemente de cómo te sientas. ¡Esta es una de las pocas ocasiones en las que te pediré que ignores tus sentimientos! Trabajar para conseguir determinadas habilidades requiere constancia y perseverancia, pero te garantizo que el resultado compensará el esfuerzo. A medida que te familiarices con las habilidades de este capítulo, comprobarás que he creado una hoja de seguimiento especial denominada «hoja de cambios», para todas las habilidades que debes desarrollar menos una. Al trabajar en ellas y utilizar las hojas de cambios, te ruego que seas consciente de que la tarea te resultará abrumadora si pretendes trabajar con todas las habilidades al mismo tiempo. Te recomiendo que te dediques a una de ellas cada vez hasta que llegues a dominarla, y preferiblemente en el orden que las presento. Como mucho, puedes intentar ocuparte de dos de ellas simultáneamente. No empieces a trabajar con una nueva habilidad hasta que hayas dominado la precedente. Y si una de ellas no parece aplicarse a ti, no dudes en omitirla y seguir con otra que sí necesites adquirir. Asegúrate de mantener un ritmo que te resulte adecuado, ya que es preferible dedicar todos tus esfuerzos a una habilidad en vez de dispersarte tratando de abarcar demasiado.

Todas las habilidades de las que te hablaré en este capítulo son difíciles de dominar. Muchas personas pasan años de su vida intentando adquirirlas. Es importante que te tomes todo el tiempo que necesites, que entiendas lo que haces y que te *cuides* mientras utilizas las hojas de cambios. Siéntete orgulloso por tus logros. Cuando te apartes del camino no te enfades contigo mismo, simplemente regresa a él.

Es muy probable que necesites un poco de ayuda mientras utilizas las hojas de cambios en este capítulo. A lo largo del proceso no dudes en utilizar mi página web www.drjonicewebb.com siempre que lo necesites para obtener soporte, sugerencias y ayudas constantes.

Primera parte. Aprender a cuidarte

Debes estar preguntándote qué significa esto exactamente. La palabra *cuidado* podría tener muchos significados diferentes. Al hablar de autocuidado me refiero a realizar los pasos necesarios para ayudarte a ti mismo a tener una vida sana y placentera. Si ya tienes buena salud y disfrutas de tu vida, el autocuidado supondrá una repercusión positiva en las personas que te rodean. Tu salud y tu felicidad tendrán un efecto dominó, que llegará a tu pareja, tus hijos, tus amigos y un círculo más amplio de *otras personas*. Por el hecho de haber sufrido negligencia emocional es posible que ya seas un excelente cuidador *de otras personas*. Ahora ha llegado el momento de comenzar a prestar atención a tus propias necesidades y cuidarte. Hay cuatro pasos indispensables para aprender a cuidar de ti mismo:

Paso A: ponerte en primer lugar
Paso B: alimentarte bien
Paso C: hacer ejercicio
Paso D: descansar y relajarte

Paso A del autocuidado. Ponerte en primer lugar

Vamos a empezar por ponerte en primer lugar. ¿Qué? ¿Te he escuchado decir que eso es egoísmo? ¡No lo es en absoluto! Cuando eres una persona sana y fuerte eres capaz de relacionarte con los demás de una forma más rica, más profunda, más sana y más fuerte. Me gusta pensarlo del siguiente modo: durante las advertencias de seguridad en un avión, a las que rara vez prestamos atención, la auxiliar de vuelo nos dice que si las máscaras de oxígeno caen frente a cada asiento los adultos deben ponerse su propia máscara antes de ayudar a nadie. Esto tiene mucho sentido. No serías capaz de ponerle la máscara a tu hijo si estás luchando por respirar. Esta regla se aplica a la vida en general. Solo cuando te sientes seguro y sólido, puedes ayudar más efectivamente a los demás.

Cuando empieces a aprender a ponerte en primer lugar, es muy probable que encuentres algún tipo de resistencia. Sorprendentemente, dicha resistencia provendrá de los más cercanos a ti. Piénsalo de esta forma: todas las personas que mejor te conocen esperan que te comportes de una determinada manera. Por ejemplo, saben que nunca te negarás a hacerles un favor. La primera vez que lo hagas, se llevarán una sorpresa. Pueden sentirse molestas y transmitírtelo de uno u otro modo. Por favor, ten en cuenta que este es el proceso normal del cambio. Un cambio no es fácilmente aceptado por la persona que lo ha realizado ni tampoco por sus seres queridos, ni siquiera cuando se trata de un cambio sano y positivo. Algunas veces puede ser útil explicar a los más allegados que estás trabajando contigo mismo para cuidarte mejor, y que a partir de ahora es posible que algunas de tus conductas sean diferentes. Este proceso quizás requiera un tiempo de adaptación, pero cualquier persona que te quiera de verdad terminará por adaptarse a tu cambio, e incluso te respetará todavía más por tus esfuerzos para lograrlo.

Para aprender la mejor forma de ponerte en primer lugar, pueden ser de gran ayuda algunas de las pautas que enumero a continuación. Mientras trabajas para desarrollar esta habilidad, podrías considerar que algunas de esas pautas son más fáciles de aplicar que otras. A medida que las leas, asegúrate de identificar cuáles son las que más necesitas. He incluido una hoja de cambios para ayudarte a trabajar con cada una de ellas por separado.

Aprende a decir no. Sin duda, las personas de tu vida te conocen muy bien. Saben que pueden contar contigo, porque quienes sufren estas secuelas siempre están disponibles para los demás. Tu enorme compasión *por los demás* te hace sentir en la obligación de aceptar todo lo que te piden tus amigos, tus familiares, tus hijos o tu jefe. Evidentemente, no hay nada malo en decir sí. De hecho, es fundamental para tener relaciones positivas y progresar en la vida. El problema surge cuando sientes que no puedes negarte a lo que te piden los demás a menos que tengas una buena excusa. Como resultado, puedes terminar sacrificándote demasiado por ofrecerte a realizar ciertas cosas para las que en realidad no tienes tiempo ni energía. Es muy importante que te liberes de este dilema, y cuando lo consigas podrás tomar mejores decisiones para ti mismo sin dejar de tener en cuenta las necesidades de los demás.

Una regla esencial de la asertividad es que cualquiera tiene el derecho de pedirte algo; y tú tienes el mismo derecho de negarte sin tener que dar ninguna explicación. Si todos actuáramos de esta forma, sintiéndonos libres para pedir ayuda cuando la necesitamos y para decir no cuando lo deseamos, el mundo sería un lugar mejor. Los límites estarían más claros y existiría mucha menos culpa innecesaria e inútil flotando a nuestro alrededor. Si te sientes culpable por decir no, o te das cuenta de que dices sí porque te sientes incómodo diciendo no, te sugiero que busques un buen libro de asertividad (hay muchos en el mercado; encontrarás mis recomendaciones en la sección «Recursos para la recuperación» al final del libro) y empieces a intentar superarlo. Decir no cuando lo necesitas, sin sentir culpa ni malestar, es un elemento fundamental del autocuidado.

Leer un libro sobre asertividad te ayudará a entender y poner en práctica este concepto, para que puedas cambiar luego tu propia filosofía. Pero después de haberla cambiado, también debes cambiar tu conducta. Utiliza la hoja de cambios «Decir no» de la página siguiente para detectar el número de veces al día que te niegas a hacerte cargo de peticiones que te parecen desmedidas.

Como ya he dicho en otra parte del libro, cuantas más veces haces algo que no te resulta familiar poco a poco comienza a ser cada vez menos extraño. Con el paso del tiempo se convertirá en un proceso normal y parecerá ocurrir por sí mismo con muy poco esfuerzo por tu parte. El objetivo de esta hoja de cambios no es necesariamente aumentar las cantidades, ya que cada día ofrecerá un número diferente de situaciones en las que en realidad es correcto decir no. Más bien, está destinada a ayudarte a hacer un seguimiento de todos los cambios que observas en tu conducta. También te recordará diariamente que debes seguir trabajando en ello. Es más difícil olvidarse de que estás trabajando para decir no cuando sabes que por la noche tienes que apuntarlo.

Hoja de cambios «Decir no»

Registra el número de veces que dices «no» al día

	Ene	Feb	Mar	Abr	May	Jun	Jul	Ago	Sep	Oct	Nov	Dic
1												
2												
3												
4												
5												
6												
7												
8												
9												
10												
11												
12												
13												
14												
15												
16												
17												
18												
19												
20												
21												
22												
23												
24												
25												
26												
27												
28												
29												
30												
31												

Pide ayuda. Pedir ayuda tiene que ver con el tema de la contradependencia, que puede estar profundamente arraigada en una persona que ha crecido en un ambiente de negligencia emocional. Recordemos a David, nuestro ejemplo de contradependencia del capítulo tres. Había interiorizado el mensaje de sus padres: «No tengas sentimientos, no los expreses, jamás necesites nada de nadie», y como adulto vivía de acuerdo con ese mensaje. Cuando has pasado toda tu vida ignorando que confiar en los demás no es solamente una opción sino una necesidad, es muy difícil considerarlo de otra forma.

En cuanto al tema de pedir ayuda, hay otro aspecto que representa una dificultad para quienes han tenido padres negligentes en el cuidado de las emociones. Si te resulta difícil decir no, lo más probable es que también te cueste pedir ayuda. La asertividad trabaja en ambos sentidos. Las personas que han sufrido carencias emocionales en la infancia suelen vivir sus vidas atrapadas en un círculo vicioso. Dado que sientes que debes decir sí cada vez que alguien te pide ayuda o un favor, o te invita a un evento social, asumes naturalmente que a los demás les pasa lo mismo. Y como no quieres poner a los otros en un compromiso, no te sientes cómodo pidiendo un favor o ayuda. En un mundo donde crees que nadie puede decir no a nadie, seguramente vas a perder. Esta manera de pensar hace que estés siempre disponible para ayudar a los demás, pero que no seas capaz de pedir ayuda cuando la necesitas. ¿Te das cuenta ahora de que este es un sistema que no es beneficioso para ti?

Para liberarte de esta forma de relacionarte con los demás, todo lo que tienes que hacer es aceptar que los demás no se sienten culpables ni incómodos cuando dicen no. Hay quienes tienen una comprensión intrínseca de esta regla de asertividad. A la gran mayoría de las personas no les produce prácticamente ninguna

Hoja de cambios «Pedir ayuda»

Registra el número de veces que pides ayuda al día

	Ene	Feb	Mar	Abr	May	Jun	Jul	Ago	Sep	Oct	Nov	Dic
1												
2												
3												
4												
5												
6												
7												
8												
9												
10												
11												
12												
13												
14												
15												
16												
17												
18												
19												
20												
21												
22												
23												
24												
25												
26												
27												
28												
29												
30												
31												

preocupación ni malestar pedir ayuda o decir no. Tan pronto como decidas unirte a ellas, un nuevo mundo se abrirá para ti.

Utiliza la hoja de cambios «Pedir ayuda» para identificar los esfuerzos que haces para pedir ayuda con más frecuencia y tomar conciencia de ellos.

Descubre lo que te gusta y lo que no te gusta. Es posible que en muchas ocasiones a lo largo de tu infancia y adolescencia tus padres no tuvieran en cuenta tus preferencias. Por ejemplo, que no te preguntaran: «¿Qué te apetece hacer hoy?», «¿Preferirías ir a comer *pizza* o una hamburguesa?», «¿Quieres comprarte la camisa verde o la rosa?», «¿Qué es lo que sientes en relación con eso?». Los adultos cuyas emociones no han sido debidamente atendidas pueden tener grandes dificultades para conocerse a sí mismos. ¿Recuerdas a Josh, del capítulo tres, que hacía una valoración muy poco realista de sí mismo? En su infancia le habían hecho tan pocas veces este tipo de preguntas, que al terminar el instituto no tenía la menor idea de qué era lo que le interesaba o le gustaba, ni tampoco qué carrera sería adecuada para él. Dependiendo del interés que tus padres te hayan demostrado durante tu desarrollo, puede haber ciertos aspectos de tu vida en los que te conoces muy bien y otros en los que estás completamente confundido. A continuación, encontrarás algunas preguntas que te ayudarán a descubrir en qué contextos no eres capaz de decir lo que te gusta y lo que no te gusta:

- ¿Qué tipo de comida prefieres?
- ¿Qué deporte prefieres practicar?
- ¿Qué deporte prefieres mirar?
- ¿Te gustan los deportes?
- ¿Te gusta la moda? ¿Cuál es tu estilo?
- ¿Cuál es tu forma favorita de pasar un sábado?

- ¿Tienes un trabajo o profesión que es adecuado para ti?
- ¿Qué género cinematográfico prefieres?
- ¿Qué tipo de libros te gusta leer?
- ¿Puedes nombrar un talento que creas tener y que te apetecería desarrollar más?
- Si pudieras viajar a cualquier lugar del mundo, ¿a dónde irías?
- ¿Tienes suficientes amigos?
- ¿Disfrutas de los amigos que tienes?
- ¿Con cuáles de tus amigos lo pasas mejor?
- ¿Qué es lo que se te da naturalmente bien?
- ¿Cuál es la actividad que menos te gusta?
- ¿Cuál es la tarea del hogar que menos te gusta?
- ¿Qué cosas tardas mucho tiempo en conseguir?

Podría seguir dando ejemplos de este tipo de preguntas, pero es mejor detenernos aquí. Si has sido capaz de responder sin problema a la mayoría de estas preguntas, eso es una buena señal. Si, por el contrario, has tenido dificultades, esto definitivamente indica que gran parte de tu vida has estado demasiado centrado en lo exterior (tal como te enseñaron cuando eras niño) y no has estado conectado contigo mismo. Una parte importante del autocuidado es saber qué es lo que te gusta. Entonces, cuando tu pareja o un amigo te pregunte: «¿Dónde vamos a cenar, en un italiano o en un griego?», serás capaz de responderle. Y al hacerlo, independientemente de que la otra persona esté de acuerdo contigo o no, tú habrás dado un paso importante para cuidarte.

Utiliza la siguiente hoja de cambios, «Lo que te gusta y lo que no te gusta», para apuntar todo lo que te parezca que merece la pena clasificar como algo que te gusta o que te desagrada. Eso puede incluir lugares, colores, alimentos, actividades, estilos de muebles, personas, conductas de personas o tus propios estados de ánimo. Y luego dedica un tiempo cada día a apuntar todo lo que se te vaya ocurriendo. Apuntar las cosas que te gustan y te desagradan a medida que las descubras no solamente te ayudará a ser consciente de tus propias sensaciones relacionadas con diferentes asuntos o situaciones, también te ayudará a hacerte cargo de esas sensaciones. No hay nada bueno ni malo en lo que te gusta y lo que te disgusta. Simplemente es lo que hay, y todo vale y es importante.

Hoja de cambios
«Lo que te gusta y lo que no te gusta»

Lo que te gusta	Lo que no te gusta

Da más prioridad a tu propio placer. Si has sufrido negligencia emocional durante tu infancia, lo más probable es que no te hayas permitido procurarte placeres. Seguramente, los deseos de los demás eran más importantes que los tuyos. O tal vez tu familia no tenía demasiados recursos económicos y, en consecuencia, el dinero no alcanzaba para hacer cosas divertidas. Si tus padres fueron negligentes en el cuidado de tus emociones (independientemente del tipo al que pertenecieran), lo más seguro es que como adulto otorgues muy poco valor a tus propias experiencias de placer y diversión. Para cambiar esto hay una única opción, e implica ponerte en primer lugar.

De alguna manera, esta última pauta incorpora las tres primeras. Con el fin de dar mayor prioridad a *tu propio* disfrute, debes aprender a decir no a las peticiones que te obligan a apartarte mucho de lo que te da placer. Algunas veces tienes que ser capaz de pedir ayuda para poder sentir que estás conectado con las demás personas y que cuentas con su apoyo. Esto te permitirá estar disponible para las oportunidades que están aguardándote. Y para poder ir en busca de dichas oportunidades es preciso que sepas qué es lo que te gusta.

Una vez más, es posible que estés preguntándote: «¿No sería egoísta si me antepusiera a las demás personas para dedicarme a lo que me gusta?». Ten en cuenta que todos necesitamos y merecemos disfrutar del placer. Y tú lo mereces tanto como cualquier otra persona. En ocasiones tendrás que decir no a alguien para estar disponible para pasarlo bien con otra persona. Y esto no es egoísmo; es buscar el equilibrio, un equilibrio entre dar y recibir, un equilibrio entre tú y los otros. No tengas miedo de tomar decisiones que hagan prevalecer tu disfrute. Quienes han sido descuidados emocionalmente corren un riesgo muy inferior de ser egoístas que la mayoría de la gente. Por haber sido entrenado para poner a un lado tus propias necesidades y deseos, distas mucho de ser una persona egoísta.

Cuando el hábito de poner tu propio placer en último lugar está tan profundamente arraigado, tomar la decisión de cambiar no será suficiente. Esa decisión es un primer paso muy importante, sin embargo, debe estar acompañada por una acción. ¿Entiendes a dónde quiero llegar? Hay una nueva hoja de cambios denominada «Priorizar el placer» en la siguiente página. Te ayudará a identificar y tomar conciencia de tu necesidad de trabajar para aprender a tomar nuevas decisiones. Si te dedicas a ello durante un tiempo, cada vez te parecerá menos extraño. Tu cerebro comenzará a tomar decisiones por sí mismo, y esto se convertirá en una segunda naturaleza para ti. En algún momento a lo largo del camino te sorprenderás al ver que la vida está empezando a ser menos rutinaria y tediosa.

Hoja de cambios «Priorizar el placer»

Registra el número de veces por día que das prioridad a tu propio placer

	Ene	Feb	Mar	Abr	May	Jun	Jul	Ago	Sep	Oct	Nov	Dic
1												
2												
3												
4												
5												
6												
7												
8												
9												
10												
11												
12												
13												
14												
15												
16												
17												
18												
19												
20												
21												
22												
23												
24												
25												
26												
27												
28												
29												
30												
31												

¡Es fantástico que te hayas decidido a aprender a ponerte en primer lugar! Necesitarás perfeccionar este hábito para poder hacer progresos con la alimentación, el ejercicio, el descanso y la relajación. Todos estos cuidados físicos se refieren a lo que metes en tu cuerpo y a cómo utilizas tu energía.

Paso B del autocuidado. Alimentación

No todos los padres que han sido negligentes en el cuidado emocional de sus hijos han descuidado su alimentación. Aun así, como ya he mencionado, es muy posible que los padres proporcionen a sus hijos grandes cantidades de alimentos, pero no presten atención a la relación que existe entre sus emociones y la forma de alimentarse. Muchos padres que no son negligentes fracasan en este aspecto sencillamente porque ellos mismos no tienen una relación sana con la comida y son incapaces de enseñar lo que ignoran. Sin embargo, los padres que no se ocupan de las necesidades emocionales de sus hijos fracasan en el tema de la alimentación por las mismas razones que les fallan en otros aspectos.

Antes de seguir hablando de la alimentación, responde las siguientes preguntas sobre tus hábitos alimentarios **adultos**:

1. Si estás casado y tienes hijos, ¿la familia suele compartir las comidas con frecuencia?
2. ¿Prestas atención a la nutrición e intentas asegurarte de que tienes una dieta equilibrada?
3. ¿Tienes mucha comida basura en casa?
4. ¿Consumes más comida basura de lo que deberías?
5. ¿Aún sigues prefiriendo los alimentos infantiles, como los perritos calientes, los *nuggets* de pollo o la *pizza*?
6. ¿Intentas tomar una buena cantidad de verduras y frutas diariamente, por ejemplo, en cada comida?

7. ¿Eres buen cocinero?
8. ¿Hay ocasiones en que no hay absolutamente nada para comer en casa?
9. ¿Consumes muchos alimentos congelados o precocinados?
10. ¿A veces te olvidas de comer?
11. ¿Tiendes a comer en exceso?

No sigas leyendo hasta que hayas terminado de responder afirmativa o negativamente cada una de las preguntas anteriores. Una vez que hayas terminado, contesta las siguientes preguntas referidas a las experiencias alimentarias de tu **infancia:**

1. Durante tu infancia, ¿tu familia solía compartir las comidas a menudo?
2. Durante tu infancia, ¿se preocupaban tus padres de que tuvieras una dieta equilibrada?
3. Durante tu infancia, ¿había mucha comida basura en casa, por ejemplo, galletas, patatas fritas de bolsa, helados, caramelos u otro tipo de dulces?
4. En ese caso, ¿tus padres controlaban cuánta comida basura consumías y en qué momentos?
5. Durante tu infancia, ¿te alimentabas a base de perritos calientes, *nuggets* de pollo y *pizza*?
6. ¿Solías tomar verduras o frutas en cada comida?
7. ¿Era buen cocinero al menos uno de tus padres?
8. ¿Había momentos en los que no había absolutamente nada para comer en casa?
9. ¿Tu familia consumía muchos alimentos congelados o precocinados?
10. ¿Te saltabas comidas cuando eras niño?
11. ¿Tendías a comer demasiado cuando eras niño?

Probablemente te habrás dado cuenta de que las preguntas de la sección de los adultos concuerdan con las preguntas de la sección infantil. Vuelve atrás y comprueba tus respuestas. Lo que estamos intentando conocer es en qué medida tus hábitos alimentarios de adulto se corresponden con las experiencias alimentarias de tu infancia. Considera la infancia como la fase de programación de tu vida.

Cuando somos adultos, la mayoría tendemos a seguir los programas que nuestros padres instalaron en nosotros cuando éramos niños. Por ejemplo, piensa en Zeke, el niño que asistía a tercer curso y cuya madre era permisiva y lo animaba a jugar con la pelota de fútbol, y le ofrecía un helado para ayudarlo a que se sintiera mejor después de haber recibido una reprimenda de su maestra. Cualquier padre, o madre, podría utilizar la comida para hacer que su hijo se sienta mejor en una u otra situación. Sin embargo, si la madre de Zeke emplea este recurso con frecuencia, o incluso en los momentos inadecuados, sin darse cuenta le enseñará a utilizar la comida para gestionar sus emociones. Cuando llegue a ser adulto, Zeke podría mantener este patrón, y eso significaría que tomaría alimentos dañinos por motivos equivocados, lo que evidentemente no es nada saludable.

La mayoría de los adultos subestiman en gran medida hasta qué punto están influenciados por la programación que recibieron de sus padres en la infancia. Los adultos consideramos que tomamos decisiones libremente. La realidad es que el programa instalado por nuestros padres cuando éramos niños es increíblemente potente. No es fácil anular esos programas; sin embargo, es posible hacerlo. Tal vez hayas descubierto que algunas de las respuestas sobre los hábitos alimentarios de tu infancia no concuerdan con las respuestas sobre los de tu vida adulta. Estos son los programas de tu niñez que has conseguido superar por tus propios medios o que han sido alterados por otras experiencias de la vida.

Por ser una persona que ha sufrido desatención emocional en la infancia, puede haber algunos aspectos sobre la alimentación que tus padres nunca te hayan explicado. En esos ámbitos no hay otra opción más que rellenar los espacios que tus padres dejaron vacíos y programarte a ti mismo. Para ilustrarlo, volvamos a ocuparnos de Noelle, una mujer a la que nombré en la sección «Falta de compasión por uno mismo, muy compasivo con los demás» del capítulo dos. Mientras estaba en el colegio primario y también cuando asistía al instituto, Noelle solía calentarse un sándwich de pollo congelado en el microondas cada mañana para desayunar. Sus padres no se ocupaban de que consumiera alimentos sanos y frescos, y se vio obligada a descubrirlos por sí misma. Más tarde, su solución infantil fue lo que imperó en su vida adulta. Cuando la conocí, ella, su marido y sus hijos subsistían casi exclusivamente a base de una combinación de alimentos congelados y comida para llevar. Esto nos muestra que la auto-programación de una niña cuyas emociones han sido desatendidas puede ser tan persistente y poderosa como un programa instalado por sus padres.

Al responder las preguntas relativas a la infancia y al estado adulto, ¿has sido capaz de identificar algunos aspectos de tu relación con la comida que no sean saludables? ¿Has estado esforzándote para modificar esos hábitos y te ha resultado difícil? Si así fuera, es totalmente comprensible. Los programas de nuestra infancia no son nada fáciles de cambiar. Cuando llegamos a ser adultos ya no son meros hábitos, se han convertido en un modo de vivir. Y si bien es cierto que cambiar una forma de vida es complicado, a pesar de todo es posible hacerlo. Solo que requiere trabajo. Espero que el hecho de reconocer que tus problemas con la alimentación tienen su origen en tu crianza te permita dejar de culparte y sentirte menos frustrado. Es importante no malgastar energía de esa manera y, en cambio, invertirla en sentir compasión por ti mismo y decidirte a hacer cambios.

Para superar tu programación nociva, deberías utilizar muchas de las habilidades emocionales que has aprendido en el capítulo seis, y muchas de las habilidades de autocuidado que ya has aprendido en este capítulo. Sé consciente de tus sentimientos, acéptalos y compártelos con los demás. Esto te ayudará a no comer por motivos emocionales. Atrévete a decir no cuando lo necesites. Pide ayuda y utilízala. Prioriza tu disfrute para no recurrir a la comida en busca de recompensas y placer. Utiliza la hoja de cambios «Alimentación» para modificar los hábitos que has identificado como perjudiciales. Y, una vez más, recuerda que debes estar muy atento para no intentar modificar demasiados hábitos al mismo tiempo.

Hoja de cambios «Alimentación»

Registra el número de veces por día que logras superar un hábito perjudicial

	Ene	Feb	Mar	Abr	May	Jun	Jul	Ago	Sep	Oct	Nov	Dic
1												
2												
3												
4												
5												
6												
7												
8												
9												
10												
11												
12												
13												
14												
15												
16												
17												
18												
19												
20												
21												
22												
23												
24												
25												
26												
27												
28												
29												
30												
31												

Paso C del autocuidado. Hacer ejercicio

A pesar de los hallazgos claros y constantes de las investigaciones que demuestran que el ejercicio físico es un aspecto fundamental para mejorar la salud, la mayoría de los norteamericanos no lo practican. De acuerdo con los Centros para el Control y la Prevención de Enfermedades en Atlanta, solo el treinta y cinco por ciento de los adultos practican actividad física regularmente en su tiempo de ocio (2009). Hay todo tipo de razones por las cuales las personas no siguen los buenos consejos de los médicos e investigadores de la salud. Es muy beneficioso adquirir el hábito de hacer ejercicio durante toda la vida, pues te ayuda a desarrollar tres recursos fundamentales: tomar conciencia del valor y de la importancia del ejercicio, encontrar una forma de actividad física que te resulte placentera y desarrollar la autodisciplina.

Ahora que ya conoces mejor lo que significan la negligencia emocional y la programación que tienen lugar en la infancia, puedes percibir que las personas cuyas emociones no han sido debidamente atendidas durante la niñez pueden causar dificultades en alguna de estas tres áreas o en todas.

Dependiendo de tu edad, puedes o no haber tenido la oportunidad de conocer el *valor* del ejercicio físico. Es posible que tus padres no lo conocieran porque gran parte de las investigaciones sobre este tema se ha realizado aproximadamente durante los últimos veinte años. En general, cualquier persona que supere los treinta años conoce los beneficios del ejercicio, pero no porque se lo hayan enseñado sus padres. El hecho de que no nos hayan enseñado la importancia del ejercicio no es en sí mismo un signo de negligencia emocional. Sin embargo, si no adviertes la importancia que tiene la actividad física, es muy improbable que la practiques.

Si tus padres se ocuparon de motivarte a lo largo de tu infancia, tienes muchas más posibilidades de haber practicado y disfrutado de un deporte o de una actividad física que tal vez sigues practicando ahora que eres adulto. Por ejemplo, si tu familia salía los fines de semana para esquiar o hacer senderismo, o si te animaba a que practicaras un deporte y lo *disfrutaras* –como el béisbol, el fútbol o el tenis–, lo más probable es que hayas crecido apreciando el bienestar y el placer que puede reportar el ejercicio físico. Si cuando eres adulto disfrutas al hacer ejercicio, es mucho más fácil que sea una prioridad en tu vida.

La *autodisciplina* probablemente sea uno de los mayores obstáculos para que las personas que sufren las secuelas de este tipo de negligencia puedan desarrollar hábitos relacionados con el ejercicio físico. En el capítulo tres te hablé de William, que fue criado por su madre después de que sus padres se separaran. A lo largo de su infancia, ella no le enseñó a organizarse por no obligarlo a hacer algo que no le apeteciera. Cuando creces con una disciplina demasiado estricta o demasiado laxa, no tienes posibilidades de interiorizar la capacidad de disciplinarte a ti mismo de una manera saludable. No aprendes a hacer cosas que no quieres hacer, en este caso ejercicio. En la siguiente sección de este mismo capítulo aprenderás mucho más sobre la autodisciplina.

Para evaluar tu relación con estos tres aspectos del ejercicio físico, vamos a empezar por responder algunas preguntas sobre tu vida **adulta**:

1. ¿Crees que el ejercicio físico es importante?
2. ¿Te describirías como una persona activa?
3. ¿Te gusta practicar uno o más deportes?
4. ¿Eres capaz de obligarte a hacer ejercicio cuando no te apetece demasiado?

5. ¿Has descubierto uno o más tipos de actividad física que te guste practicar, por ejemplo aeróbic, senderismo, correr, nadar, levantar peso, montar en bicicleta?
6. ¿Te gustaría hacer más ejercicio del que practicas actualmente?
7. En general, ¿tienes dificultades con la autodisciplina?

No sigas leyendo hasta que hayas respondido afirmativa o negativamente cada una de estas siete preguntas. Una vez que hayas terminado, puedes seguir con las siguientes preguntas sobre tu **infancia**:

1. ¿Dirías que durante tu infancia y adolescencia tus padres consideraban que era importante hacer ejercicio?
2. ¿Dirías que has sido un niño activo?
3. Cuando eras niño, ¿disfrutabas practicando uno o más deportes?
4. Cuando eras niño, ¿tus padres te animaban a salir a jugar, o a hacer otro tipo de actividad, aunque no te apeteciera?
5. Cuando eras niño, ¿disfrutabas de los juegos activos?
6. ¿Crees que cuando eras niño deberías haber hecho más ejercicio?
7. Durante tu desarrollo, ¿eran tus padres demasiado laxos (permisivos) o demasiado estrictos (por ejemplo, autoritarios) con la disciplina en general?

En esta ocasión te resultará más fácil percibir la importancia de la correspondencia entre las respuestas sobre tus hábitos infantiles y adultos, dado que ya lo has hecho en la sección de la alimentación. Si a partir de tus respuestas, observas que eres suficientemente activo y no tienes problemas con el ejercicio, entonces tengo que darte la enhorabuena porque formas parte del treinta y cinco por ciento. Quizás este es uno de los aspectos en los que tus padres te cuidaron debidamente, o tal vez te hayas arreglado solo para organizar tus hábitos saludables. En cualquier caso, estás en buena forma.

Si has sido capaz de identificar algunos aspectos específicos relacionados con el ejercicio en los que deberías trabajar, lee la segunda parte del autocuidado, «Mejorar la autodisciplina». Utiliza también la hoja de cambios «Hacer ejercicio» para modificar tus conductas con el propósito de cuidarte a ti mismo.

Hoja de cambios «Hacer ejercicio»

Marca los días que haces ejercicio

	Ene	Feb	Mar	Abr	May	Jun	Jul	Ago	Sep	Oct	Nov	Dic
1												
2												
3												
4												
5												
6												
7												
8												
9												
10												
11												
12												
13												
14												
15												
16												
17												
18												
19												
20												
21												
22												
23												
24												
25												
26												
27												
28												
29												
30												
31												

Paso D del autocuidado. Descanso y relajación

Ahora que ya hemos hablado de ponerte en primer lugar, de la alimentación y del ejercicio físico, es de vital importancia prestar atención a tu capacidad para relajarte. He observado que la mayoría de las personas que han sufrido negligencia emocional pueden incluirse en una de dos categorías: o bien descansan y se relajan muy poco, o bien se relajan y descansan excesivamente. Algunas pasan de una a otra de una manera muy poco equilibrada. Vamos a tomarnos un momento para analizar cómo la negligencia emocional en la infancia puede causar esta especie de desequilibrio.

Los padres que están atentos a sus hijos pueden decir cuándo tienen hambre, y dedican todo su esfuerzo a asegurarse de que el niño se alimente bien. Este tipo de padres también perciben cuándo el niño está cansado y se ocupan de que descanse, *independientemente de que quiera o no quiera hacerlo*. Más aún, los padres atentos y observadores no hacen que el niño descanse cuando es conveniente para ellos. Lo acostumbran a irse a dormir en horarios fijos, enseñándole así a cuidarse a sí mismo de manera disciplinada, o se ocupan de que se vaya a la cama cuando es evidente que está cansado. De este modo, el niño aprende a detectar sus propios signos de cansancio y a descansar cuando lo necesita. A través de este proceso de observación parental y sintonía emocional siempre acompañado por una acción, el niño tiene la oportunidad de interiorizar todas estas habilidades para utilizarlas por sí mismo. Cuando sea adulto sabrá escuchar su cuerpo y conocerá sus propios signos de cansancio, independientemente de que se manifiesten como irritabilidad, quietud, confusión mental, falta de atención o de cualquier otra forma. Y cuando los detecte, algo hará clic en su cabeza y entenderá que necesita descansar y relajarse. Y entonces se obligará a reposar, aunque no le apetezca, tal como hicieron sus padres con él cuando era niño. Observa que esto implica que probablemente tenga que hacer algo que en realidad no le apetece hacer, y aunque esta es una habilidad distinta está relacionada con este tema.

Todos los niños pueden ser perezosos en algunas ocasiones. El trabajo de los padres que sintonizan con lo que les sucede a sus hijos es observar cuándo esa tendencia va en aumento y entonces motivarlos para que realicen una actividad, *independientemente de que el niño lo desee o no*. No se debería permitir a un niño de seis años mirar la televisión durante horas, como tampoco se debería permitir a un adolescente quedarse todo el día en la cama escuchando su iPod. Ninguna de estas dos opciones es buena. Los padres que son demasiado permisivos con estos temas, probablemente lo hacen en beneficio propio. Ojos que no ven, corazón que no siente. Si el niño no causa ningún problema, los padres están libres. Es evidente que no hay padres ni madres perfectos, de lo que se trata es de si lo hacen *lo suficientemente bien*. Si no lo hacen *lo suficientemente bien*, puede suceder que cuando el niño sea adulto tenga dificultades para obligarse, por ejemplo, a levantarse de la cama *independientemente de que le apetezca o no*.

Tomemos como ejemplo a los tipos de padres narcisistas y sociópatas. Estos padres, como ya comenté en el capítulo dos, tienden a poner sus propias necesidades por encima de las de sus hijos. En estas situaciones, los padres hacen que el niño descanse a una hora determinada porque ellos mismos necesitan un descanso. O a la inversa, no permiten que el niño se vaya a dormir cuando lo necesita porque no les resulta conveniente. Un padre o una madre autoritarios podrían interpretar equivocadamente el cansancio de un niño como falta de respeto y sentirse ofendidos o heridos; los padres divorciados, los viudos, los drogodependientes, los deprimidos, los adictos al trabajo, los que deben cuidar a un miembro de la familia que está enfermo y los bienintencionados podrían dejar que el niño se caiga de cansancio por pura falta de atención;

los padres permisivos simplemente evitan involucrarse en las necesidades de descanso de sus hijos porque sencillamente evitan los conflictos. Los padres centrados en los logros y la perfección pueden anteponer su propia necesidad de que el niño estudie o practique violín a cualquier necesidad física real que manifieste.

En todos estos casos, el niño no obtiene lo que necesita. No aprende a escuchar sus propias señales físicas; no recibe el mensaje de que el descanso es importante cuando está agotado, o que dormir demasiado no le hace bien. Tampoco aprende a dominar sus propios impulsos, un aspecto vital de la autodisciplina.

Si eres una persona cuyas emociones no han sido debidamente atendidas en la infancia, es importante que determines en qué te han fallado tus padres –con buenas intenciones o sin ellas– y lo corrijas por tus propios medios. ¿Tal vez te permites dormir demasiado? ¿O, por el contrario, no descansas lo suficiente? ¿Puedes oscilar entre ambos extremos? Si este es el caso, utiliza la hoja de cambios «Descanso y relajación» para aprender a ocuparte de tus necesidades de descanso y regularlas. Además, continúa leyendo, pues la siguiente sección, sobre autodisciplina, es una parte importante de la autorregulación.

Hoja de cambios «Descanso y relajación»

Marca los días en los que descansas y te relajas

	Ene	Feb	Mar	Abr	May	Jun	Jul	Ago	Sep	Oct	Nov	Dic
1												
2												
3												
4												
5												
6												
7												
8												
9												
10												
11												
12												
13												
14												
15												
16												
17												
18												
19												
20												
21												
22												
23												
24												
25												
26												
27												
28												
29												
30												
31												

Segunda parte. Mejorar la autodisciplina

Sin duda ya has observado que el término *autodisciplina* aparece con frecuencia a lo largo del libro. Esto se debe a que es un problema muy común entre las personas que han crecido en un entorno de carencia emocional. Aunque hay varias posibles causas latentes para las dificultades con la autodisciplina –como pueden ser la depresión o el trastorno de déficit de atención (TDA)–, he descubierto que con frecuencia se debe a la negligencia emocional. Muchas personas que la han sufrido se definen a sí mismas como procrastinadoras. Otras se consideran perezosas. No son infrecuentes los problemas con la alimentación –comer en exceso o no comer lo suficiente–, con los gastos desmedidos o con el consumo excesivo de alcohol. Como ya he mencionado, muchas personas cuyas emociones han sido descuidadas en su infancia también tienen dificultades para obligarse a hacer ejercicio, tareas domésticas o cualquier otra actividad que no sea divertida ni gratificante.

Esto puede parecerte una larga lista de elementos que no tienen relación entre sí. Sin embargo, en realidad todos se refieren a lo mismo: *obligarte a hacer cosas que no te apetece hacer, y dejar de hacer cosas que no deberías hacer*. Este es uno de los dilemas clásicos de las personas que han sufrido negligencia emocional.

Después de haber leído las dificultades de William con la autodisciplina en el capítulo tres, y las secciones sobre *alimentación*, *ejercicio* y *descanso y relajación* de este capítulo, probablemente ya tienes una idea general de los motivos que provocan estas dificultades. Los seres humanos no hemos nacido con la habilidad innata de controlarnos y regularnos. Estas son dos habilidades esenciales que las personas afortunadas aprenden en su infancia. Y lo hacen del siguiente modo: cuando tu madre te llama para que vayas a cenar cuando estás jugando en la calle con tus amigos del vecindario, te está enseñando una importante habilidad. Te está enseñando que hay cosas que es preciso hacer, aunque no te apetezca. Cuando tu padre te encomienda la tarea semanal de cortar la hierba, y luego te vigila afectuosamente pero también con firmeza para asegurarse de que cumples con tu obligación, te está enseñando que tú mismo debes obligarte a hacer cosas que no te apetece hacer y, además, que eso te reportará recompensas. Cuando tus padres se aseguran de que te lavas los dientes dos veces al día, cuando no te dejan comer un postre, cuando te obligan a dedicar una hora diaria a tu tarea escolar al volver del colegio, cuando te imponen un toque de queda más temprano porque has incumplido el horario acordado, pero siguen demostrándote que te quieren, puedes interiorizar todas estas acciones y respuestas parentales. Y no solamente interiorizas la capacidad de obligarte a hacer algo o dejar de hacerlo, sino también las voces de tus padres que se convierten en tu propia voz cuando llegas a la edad adulta.

La voz parental interiorizada es extremadamente importante, y a menudo puede no funcionar bien cuando la crianza ha sido negligente en el ámbito emocional. Tomemos el ejemplo de William, de la sección «Falta de autodisciplina» del capítulo tres. Su madre lo había criado sola y lo quería con locura, pero estaba muy ocupada. A lo largo de su niñez lo dejó relativamente libre, sin darle prácticamente ninguna responsabilidad en casa ni prestar demasiada atención a lo que sucedía en el colegio. William era un chico inteligente, simpático e incluso encantador, y todos querían lo mejor para él. Sus maestros y profesores eran muy flexibles porque lo consideraban un chaval brillante y competente. Al recordar su infancia, William decía que había sido divertida y que había gozado de mucha libertad, por eso se sorprendía de las dificultades que tenía como adulto con la productividad y la confianza. Su mujer no entendía su incapacidad para regular su alimentación, sus horas de descanso y su trabajo. Estaba desconcertada por sus tendencias erráticas como, por ejemplo, trabajar hasta altas horas de la madrugada, dormir pocas horas, saltarse comidas y luego irse a la cama a las siete de la tarde al día siguiente. Pero la productividad de William no se veía afectada únicamente por esta desorganización. También estaba influenciada por una voz severa que había en su mente cuando trabajaba, y que solía decirle que su rendimiento no era tan bueno como debería ser, que no era lo suficientemente rápido y que decepcionaría a su jefe. William invertía mucho tiempo y energía en luchar contra esa voz crítica y rígida que sonaba en su cabeza, y que no le permitía concentrarse en lo que tenía que hacer.

Acaso te estés preguntando de dónde había salido esa voz interior inflexible de William. Después de todo, su madre nunca había sido estricta con él. Jamás lo había juzgado, ni le había hecho ningún comentario negativo, ni tampoco había demostrado tener demasiadas expectativas con él. El problema fue que William tuvo que generar su propia voz debido a la *ausencia* de una voz parental. No solamente carecía de las habilidades necesarias para organizarse y conseguir ser productivo, sino que no tenía la menor idea de lo que podía esperar de sí mismo, ni cómo juzgar la calidad de lo que producía. La voz que se había inventado no era una voz equilibrada, moderada ni afectuosa. Su voz interior oscilaba entre los juicios estrictos y una gran complacencia. Este es el motivo por el cual su mujer se sorprendía por sus erráticos hábitos alimentarios, horas de sueño y agenda laboral.

La voz interior que William utilizaba para autorregularse era errática, tan pronto estricta como indulgente. Algunas personas cuyas emociones han sido descuidadas en la infancia, se las arreglan para crear voces más predecibles, lo que significa que son una cosa o la otra, pero no ambas a la vez. Y otras con este mismo patrón llegan a aprender a autorregularse creando una voz propia que es madura, medida, afectuosa y firme. Si este es tu caso, deberías reconocer el mérito que tienes por haber hecho un buen trabajo. Pero no te desanimes si perteneces a alguna de las otras categorías anteriores, porque puedes cambiar esa voz que te ayuda a disciplinarte. Como adulto, puedes reeducarte en este campo reorganizando tu propio cerebro. Y puedes hacerlo utilizando un programa simple pero eficaz, al que denominaré **Programa de las tres cosas.**

Con este ejercicio dedicado a desarrollar habilidades, estarás programando tu cerebro con un *hardware* que es esencial para conseguir obligarte a hacer lo que no te apetece y dejar de hacer algo que te gusta pero te hace daño. Y esto funciona del siguiente modo: **cada día debes hacer tres cosas que no te apetezca hacer, o dejar de hacer tres cosas que te gustan pero que no deberías hacer.** Cada día, debes apuntar las tres cosas en tu... –sí, lo has adivinado– hoja de cambios «Autodisciplina».

Hoja de cambios «Autodisciplina»

Apunta tus tres cosas cada día

LUNES	Mañana	
	Tarde	
	Noche	
MARTES	Mañana	
	Tarde	
	Noche	
MIÉRCOLES	Mañana	
	Tarde	
	Noche	
JUEVES	Mañana	
	Tarde	
	Noche	
VIERNES	Mañana	
	Tarde	
	Noche	
SÁBADO	Mañana	
	Tarde	
	Noche	
DOMINGO	Mañana	
	Tarde	
	Noche	

Para que tengas una idea de cómo funciona esto, te daré algunos ejemplos de tres cosas que mis pacientes han hecho y han compartido conmigo. Lo que hay que hacer es: lavarse la cara, pagar facturas, hacer ejercicio, barrer el suelo, atarse los cordones de los zapatos, llamar por teléfono, fregar los platos y empezar tareas. Y del lado de «cosas que dejarás de hacer»: no comer una porción de tarta de chocolate, no comprar un collar precioso por Internet, no tomar más de una copa al salir con los amigos o no saltarse clases. Ten en cuenta que el objetivo aquí no es privarte de placeres. Si la tarta de chocolate no supone un problema para ti, entonces ese no será el impulso que debes evitar. Intenta elegir cosas que realmente sean perjudiciales para ti en algún sentido.

Como puedes ver, en este ejercicio lo que realmente cuenta no es lo que se hace o se deja de hacer. Ni tampoco si lo que se hace, o no se hace, es muy importante o poco importante. Lo que cuenta es la acción de desactivar un hábito. Es un poco como el experimento de George Costanza, en el cual creas nuevas conexiones neuronales en tu cerebro obligándote a hacer algo que no responde a las conexiones neuronales actuales. Intenta hacer el programa de las tres cosas de manera regular. Si fallas, comienza otra vez desde el principio sin ser demasiado autocrítico, pero tampoco lo suficientemente complaciente contigo mismo como para abandonar. Si perseveras, advertirás que cada vez te resulta más fácil autorregularte, dominar tus impulsos y realizar tareas que no son gratificantes, pero sí necesarias. Si eres constante, conseguirás que esto se convierta en una parte activa y bien organizada de tu propia persona.

Tercera parte. Calmarte a ti mismo

Independientemente de lo eficaz que seas con los pasos IAAA (identificar, aceptar, atribuir, actuar) a la hora de gestionar tus emociones, es indudable que habrá épocas en las que sentirás malestar emocional. Como bien sabes por todo lo que has vivido hasta ahora, la vida nos ofrece todo tipo de experiencias. Y en respuesta a dichas experiencias tenemos todo tipo de emociones, unas son maravillosas, otras neutras y algunas desagradables. Con toda certeza, los pasos IAAA te ayudarán en esas épocas que no son gratas. Pero ¿qué es lo que haces cuando el sentimiento o la sensación es persistente o difícil de gestionar? Aquí es donde entra en juego la capacidad de calmarte a ti mismo.

Por el hecho de haber sufrido una crianza negligente en lo referente a las emociones, lo más probable es que no estés reflexionando mucho sobre el concepto de autoconsuelo. Se trata de otra habilidad esencial que los niños aprenden de sus padres cuando estos prestan atención a sus emociones. Cuando un padre acaricia la espalda de su hijo para ayudarlo a volver a conciliar el sueño después de haber tenido una pesadilla, cuando una madre abraza a su hija que está llorando y le acaricia la frente, cuando un padre escucha atentamente lo que le está contando su hija sobre una injusticia que sufrió en el colegio, cuando una madre permanece junto a su hijo que tiene una rabieta con amor y empatía, estos padres que están presentes enseñan a sus hijos esta habilidad fundamental para la vida. Los niños cuyas emociones han sido aceptadas y toleradas, y calmadas de la forma adecuada, adquieren esta habilidad de sus padres. Son capaces de absorber la capacidad de calmarse a sí mismos porque son como esponjas, y esta es una aptitud que necesitarán a lo largo de toda su vida.

Lo más probable es que no hayas crecido sin haber sido nunca consolado por tus padres. Insisto una vez más, de lo que se trata es de si has recibido *suficiente* consuelo. Muchas personas que han sufrido negligencia emocional tienen que improvisar en este campo cuando llegan a la edad adulta.

"¿Un cuento? Cariño, ¿no preferirías un calmante suave?».

Así como ninguna persona es igual a otra, no es posible calmar a dos personas de la misma manera. Todos tenemos necesidades diferentes. A lo largo de mi trabajo como psicóloga, he ayudado a mis pacientes a identificar un número infinito de diversas técnicas de autoconsuelo.

El peor momento para intentar descubrir qué es lo que mejor funciona para ti es cuando más lo necesitas. Será mucho más ventajoso que te ocupes de descubrir estrategias posibles con anticipación y las aprendas bien para cuando las necesites. Puede suceder que una estrategia de autoconsuelo funcione en una situación y no sea efectiva en otras, y al revés. Por lo tanto, es mejor tener más de una estrategia; de ese modo, en el momento que lo necesites puedes probar una y si no funciona echar mano de otra.

Con el fin de identificar qué es lo que te calma puede ser útil volver a pensar en tu infancia. ¿Cuáles eran las cosas que te consolaban cuando eras niño? Además, recuerda las épocas más complicadas de tu vida adulta en lo que a emociones se refiere. ¿Has utilizado algunas estrategias de autoconsuelo que te han resultado útiles en el pasado sin darte cuenta? Una advertencia sería que prestes atención al tipo de estrategias que usas. Tienes que asegurarte de que son saludables para ti. El alcohol, salir de compras y comer pueden ser una ayuda cuando se utilizan con moderación; en caso contrario pueden agravar tu problema o terminar siendo otro problema con el que tengas que lidiar.

A continuación, presento algunos ejemplos de estrategias sanas de autoconsuelo que han sido identificadas y utilizadas eficazmente por otras personas. Puedes probarlas y emplearlas como un primer paso para identificar lo que es efectivo para ti; después confecciona tu propia lista.

- Un baño de burbujas
- Una larga ducha caliente
- Escuchar música, tal vez una canción en particular
- Lavar el coche
- Hacer ejercicio, correr, levantar peso, dar un paseo en bicicleta
- Tocar la guitarra u otro instrumento
- Cocinar o hacer un pastel (me estoy refiriendo al proceso; ten cuidado de no utilizar exageradamente la comida para autoconsolarte)
- Pasar un poco de tiempo con tu mascota
- Jugar con un niño
- Salir a dar un paseo
- Disfrutar de un olor que te resultaba reconfortante en la infancia
- Llamar a un amigo o amiga

- Tumbarte sobre la tierra y mirar las nubes o las estrellas
- Limpiar la casa
- Ir al cine
- Sentarte en silencio y mirar a través de la ventana
- Ir a la iglesia y meditar
- **Hablar contigo mismo:** esta es probablemente la estrategia de autoconsuelo más útil y versátil. Significa literalmente hablar contigo mismo desde ese estado de malestar emocional. Si lo haces en silencio, mentalmente, puedes hacerlo en público, en una reunión o mientras viajas en tren. Recuerda que hay verdades simples y sinceras que te ayudan a poner las cosas en perspectiva. He aquí algunos ejemplos de lo que podrías decirte:

  «Solo se trata de un sentimiento, y los sentimientos no son eternos»
  «Sabes que eres una buena persona»
  «Sabes que tenías las mejores intenciones»
  «Has hecho todo lo que has podido, y no ha funcionado»
  «Solo tienes que esperar»
  «Esto pasará»
  «Necesito entender qué es lo que puedo aprender de esto y luego dejarlo atrás»

Las posibilidades son infinitas y deben estar determinadas por la situación y por lo que estás sintiendo. Esta estrategia de autoconsuelo funciona para la mayoría de las personas. Definitivamente, vale la pena agregarla a tu repertorio.

Utiliza la hoja de cambios «Calmarte a ti mismo» que se muestra a continuación para confeccionar tu lista. Asegúrate de que tu lista sea flexible. Tacha las opciones que han dejado de servirte y añade otras nuevas según lo consideres necesario. Haz que el autoconsuelo sea un intento con propósito y sentido, que crece y cambia contigo. Necesitarás la habilidad de calmarte a ti mismo durante toda tu vida. A medida que empieces a dominar esta aptitud, comprobarás que te sientes más tranquilo y más controlado, y te encuentras más a gusto en general.

Hoja de cambios «Calmarte a ti mismo»

1.

2.

3.

4.

5.

6.

7.

8.

9.

10.

Cuarta parte. Ser compasivo contigo mismo

Es probable que cuando te enteres de que no habrá ninguna hoja de cambios para ayudarte a desarrollar tu autocompasión te sientas decepcionado o, por el contrario, aliviado. Esto se debe a que este aspecto del autocuidado en realidad es más una sensación y una filosofía que una habilidad. Sería mucho más difícil desarrollarla mediante un cambio de tu conducta o, en otras palabras, desde fuera hacia dentro. Es mejor desarrollarla de dentro hacia fuera.

Dicho esto, he dejado la autocompasión para el final por una razón. Es un aspecto superior del autocuidado. Si todos los componentes del autocuidado se colocaran en forma de pirámide, la autocompasión estaría en la parte más alta. Descansa sobre todas las demás habilidades de autocuidado en las que ya has estado trabajando. Requiere un nivel de amor y amabilidad con uno mismo que únicamente se puede conseguir cuando te cuidas lo suficiente como para tratarte bien.

¿Por qué es tan importante la autocompasión? Si no te compadeces de ti mismo, es más probable que una voz interna muy severa te castigue por tus errores. Eso es lo que les sucedía a Noelle y William, como vimos en el capítulo tres. También puedes llegar más lejos y culparte y enfadarte contigo mismo por tener sentimientos y problemas que en realidad son normales, como vimos que le pasaba a Laura en el capítulo tres; o incluso puedes sentirte inútil y vacío, hasta el punto de llegar a considerar la posibilidad del suicidio, como Robyn en el capítulo cuatro.

Independientemente de que lo hagas juzgándote, ocultándote, no gustándote, insultándote o pensando en suicidarte, todas estas soluciones son lo contrario del autocuidado. Lo más probable es que no serías capaz de tratar a nadie de este modo, de manera que ¿por qué te tratas así a ti mismo? Todas estas conductas son autodestructivas y agotan tus reservas de energía, haciéndote sentir cada vez peor.

Recuerda que la compasión, junto con la empatía, es una de las formas superiores de las emociones humanas. Es sanadora, relajante y unificadora. Une a las personas y las mantiene unidas de una forma positiva e irrefutable. La compasión que sientes por los demás es una parte del efecto positivo que tienes sobre las personas y el mundo que te rodean. A continuación, presento cinco principios que te ayudarán a aumentar tu autocompasión.

Primer principio de la autocompasión: la regla de oro al revés

La regla de oro es: «Haz a los demás lo que te gustaría que hicieran contigo». La regla de oro para las personas que han sufrido desatención emocional es la misma, pero al revés: «Haz contigo mismo lo que harías por los demás». En otras palabras, no dejes que tu voz crítica te diga nada que tú nunca dirías a una persona que quieres. No te castigues de un modo con el que no castigarías a nadie que aprecias. Si no castigarías a un amigo por hacer algo en particular, tampoco te castigues a ti mismo. ¿Crees que si una amiga se sube al bordillo mientras intenta aparcar le dirías: «Eres idiota y una pésima conductora. ¡Es una vergüenza!»? Como es evidente, no lo harías. Por lo tanto, tampoco deberías hablarte a ti mismo de ese modo. Si no te sientes capaz de hacer callar a tu severa voz crítica, te recomiendo muy especialmente el libro *Autoestima*, de McKay y Fanning.

Segundo principio de la autocompasión: toma conciencia del daño que produce la rabia autodirigida

La rabia hacia ti mismo es lo opuesto a la compasión. Intenta observar con qué frecuencia e intensidad sientes ira y la diriges contra tu propia persona. Esto es importante porque la rabia autodirigida es muy poco útil. Esa actitud provoca que no te gustes como persona, y esto es autodestructivo. Si cometes un error, solo puedes hacer una cosa al respecto, y es aprender de él. Cualquier otra conducta implica una pérdida de energía. Cuando te enfades contigo mismo, considéralo una señal para convertir la compasión que sientes por los demás en autocompasión.

Tercer principio de la autocompasión: otórgate el beneficio de tu propia sabiduría y compasión

Como persona cuyas emociones fueron desatendidas en su infancia, lo más probable es que sepas escuchar. Y al igual que Robyn, del capítulo cuatro, tus amigos quieren hablar contigo porque les das consejos útiles. No juzgas, y eres afectuoso y compasivo *con los demás*. Eso se te da muy bien. Ahora tu trabajo es ser capaz de utilizar tu propia voz, esa sabiduría que no juzga, para ayudarte a ti mismo de la misma forma que ayudas a los demás. Esto significa ser capaz de *aplicar tu sabiduría a tu propia persona*, y también ser capaz de *escuchar y asimilar tu propia voz*. ¿Por qué los demás se benefician de tu cariño y tu ayuda, pero tú no?

Cuarto principio de la autocompasión: desarrolla una voz interior amorosa pero firme

Por haber sufrido negligencia emocional no has tenido la oportunidad de interiorizar una voz amorosa pero firme de tus padres. Mientras los padres de otros niños decían: «No pasa nada, vamos a pensar cómo puedes hacerlo mejor la próxima vez», tú tenías que autogestionarte. Cuando fallabas en algo y no recibías ningún comentario útil de tus padres, o bien te acusabas de ser un idiota, o bien te desentendías del tema: «No voy a pensar más en esto». Con la primera opción, alimentas la ira contra ti mismo y mermas tu energía; con la segunda, preparas el terreno para volver a cometer el mismo error. En ambos casos pierdes.

Una voz útil, amorosa y firme a la vez, se asemejaría a un diálogo en el que te haces preguntas para reflexionar sobre lo que salió mal *sin juzgarte* y entender cómo podrías impedir que volviera a ocurrir en el futuro. A continuación, daré un ejemplo de lo que podría decirte tu voz interior si te hubieras olvidado de repostar gasolina y te hubieras quedado tirado en medio de la autopista al volver a casa del trabajo:

> «¿Cómo puede haber sucedido esto? Tenía pensado repostar gasolina después de hacer algunos recados hoy al mediodía».
>
> «A ver, ¿por qué no eché gasolina después de comer?».
>
> «Ah sí, ya lo recuerdo, se me había hecho tarde. Casi no llego a la reunión que tenía a la una porque había una cola muy larga en el Departamento de Vehículos Motorizados».*
>
> «Fueron circunstancias que escaparon a mi control. ¿Cómo puedo asegurarme de que no me vuelva a pasar?».
>
> «Nunca planifiques repostar gasolina a la hora de comer. En una hora no tendrás tiempo suficiente para hacerlo todo».
>
> «A partir de hoy me aseguraré de repostar gasolina por la mañana de camino al trabajo o cuando vuelvo a casa, porque eso me ayudará a no olvidarme».

Observa que esta voz amorosa pero firme no es demasiado amable, pero tampoco cruelmente autodestructiva. La voz requiere cuatro pasos fundamentales:

---

* N. de la T.: El Departamento de Vehículos Motirizados brinda servicios de certificación e identificación de conductores a los residentes del distrito para garantizar que tengan las credenciales adecuadas para conducir u operar sus vehículos legalmente.

1. Hacerte sentirte responsable de tus errores sin juzgarte ni culparte.
2. Ayudarte a reflexionar sobre qué parte del error ha sido tu culpa, y qué parte se debe a otras personas o circunstancias.
3. Determinar qué otra cosa deberías hacer para no volver a cometer el mismo error en el futuro.
4. Ayudarte a reconocer que el error te ha permitido aprender algo importante y que ya puedes *dejarlo atrás*.

Todos estos pasos son productivos y útiles. Son los medios para llegar a un fin. Te ayudarán a mejorar tu vida sin menoscabar tu autoestima ni la confianza en ti mismo. Todo en la vida consiste en aprender, crecer y mejorar. Estos tres pasos se ocuparán de hacer todo eso por ti. Sigue trabajando para crear esa voz parental amorosa pero firme.

Quinto principio de la autocompasión: permítete ser humano

Al igual que tener sentimientos, cometer errores es una parte fundamental del ser humano. Ambos son condiciones no negociables de la humanidad. Puedes tener por seguro que no existe ningún ser humano sobre la tierra que no tenga muchos, pero muchos, sentimientos, y que no cometa muchos, pero muchos, errores. Si conoces personas que afirman lo contrario, no les hagas caso, porque solo dicen tonterías (por decirlo amablemente).

No cabe duda de que todas estas habilidades pueden resultar un poco abrumadoras. Haber carecido en la infancia de algunos de los componentes más importantes de la salud emocional y el autocuidado no te deja más opción que *re-criarte* a ti mismo cuando eres adulto.

Te prometo solemnemente que si realizas este trabajo de construirte a ti mismo, ladrillo por ladrillo, habilidad por habilidad, paso por paso, obtendrás enormes recompensas. A medida que construyas la pirámide del amor por tus propios medios también habrás comenzado a escalarla, y cuando llegues a la cima descubrirás que dentro de ti tienes una amabilidad y una calma que no sabías que existían. Y cuando por fin dirijas tu poderosa compasión hacia ti mismo, estarás viviendo un nuevo yo. Un yo que es amable, falible, imperfecto, con puntos débiles y puntos fuertes, con ganancias y pérdidas, con sensibilidad y resiliencia. Un yo pleno y conectado.

Capítulo 8

CONCLUIR EL CICLO: OFRECE A TUS HIJOS LO QUE NUNCA HAS RECIBIDO

«He jurado que no cometería con mis hijos el mismo error que mis padres cometieron conmigo».

Si eres una persona que ha sufrido negligencia emocional y ahora tienes hijos, o quieres tenerlos algún día, es muy importante que leas atentamente este capítulo. Lo primero que abordaremos aquí es el tema de tu propia culpa parental. En segundo lugar, identificaremos los ámbitos en los que surgen las dificultades derivadas de tu crianza, o que podrían surgir cuando tengas hijos. Por último, hablaremos de lo que puedes hacer para asegurarte de estar atento a las necesidades emocionales de tus hijos, con el fin de que tengan conciencia de las emociones y puedan sintonizar tanto con las propias como con las ajenas.

Pero antes vamos a empezar por las buenas noticias. Debes saber que todos los errores que hemos cometido con nuestros hijos se pueden reparar. Los niños son increíblemente resilientes. Como ya he mencionado antes, son como esponjas y absorben todo lo que les damos. Y lo contrario también es cierto, no pueden absorber lo que no les damos. De modo que tan pronto como cambiamos lo que les ofrecemos, los niños también cambian después de un periodo de adaptación a las nuevas circunstancias. Cualquier cambio que hagas contigo mismo repercutirá en tus hijos. Cuanto más positivos sean tus cambios, más positivamente cambiarán tus hijos de una manera natural. Esto también se aplica a los adolescentes, aunque con ellos puede ser un poco diferente porque suelen empeñarse en ocultar sus cambios a sus padres. No dejes que te engañen, ellos también cambian.

1. Tu culpa parental

Mis primeras preguntas para ti son las siguientes: ¿leer este libro te hace dudar de tu forma de criar a tus hijos, o te hace sentir culpable? ¿Te ha desencadenado esa culpa y esos juicios implacables que son tan típicos de las personas que han sufrido desatención emocional? Si ese es el caso, intenta asimilar los principios que se presentan a continuación antes de seguir leyendo. A lo largo de este capítulo trata de volver a leer estos cinco principios siempre que sea necesario, con el fin de resolver cualquier culpa que puedas sentir. Esto requiere que estés conectado con tus emociones para poder reconocer cuándo te sientes culpable. Y también requiere que seas capaz de cuidar tus emociones, pues es lo que te permitirá tomarte el tiempo para volver atrás y releer los cinco principios.

- Muchos padres se sienten a veces culpables por la forma de criar a sus hijos. Se preguntan si están haciendo bien su trabajo. Para ser un buen padre o madre NO ES NECESARIO sentirse culpable. Por el contrario, la culpa puede interferir en la crianza sana de los hijos.
- Si tiendes a sentirte culpable, esa culpa podría estar obstaculizando tu capacidad para tomar buenas decisiones en relación con tus hijos. Es difícil decir no cuando te sientes culpable. Es más complicado poner límites a los niños. La culpa puede provocar que cuestiones cada una de tus decisiones. Los niños advierten la falta de confianza de sus padres y saben cómo aprovecharse de ella. Por lo tanto, la culpa te debilita como figura de autoridad.
- Y aunque la culpa puede ser un signo de que te preocupas por tus hijos, probablemente serás mejor padre o madre si no la sientes. En lugar de sentirte culpable, el objetivo es que asumas tu responsabilidad comprendiendo que no existen los padres perfectos. Todos cometen errores, incluso algunos que son importantes.
- En la crianza de tus hijos intenta atenerte a las mismas normas que sigues para la autodisciplina. Cuando eres duro contigo mismo por los errores que cometes con tus hijos,

solo consigues mermar tu propia energía, debilitarte y perder seguridad. Asumir tu responsabilidad no es lo mismo que recriminarte por lo que has hecho o dejado de hacer.
- Como cualquier otra persona, has criado a tus hijos basándote en lo que sabías y en tus propias experiencias. Como es obvio, no has podido ofrecerles las habilidades emocionales de las que carecías. El hecho de que estés leyendo este libro (y este capítulo en particular) significa que te preocupas por mejorar, y que estás preparado y tienes la fuerza suficiente para cambiar. Esto ya significa que tienes una gran ventaja sobre tus propios padres.

2. Los cambios que has hecho hasta el momento

Tal vez ya hayas hecho algunos cambios desde que empezaste a leer este libro. Si es así, entonces tus hijos probablemente ya habrán tomado nota y habrán reaccionado frente a ellos. ¿Dices no con más frecuencia? ¿Te pones en primer lugar más a menudo? ¿Estás dando prioridad a tus propios placeres? Todos estos son cambios sanos que también tendrán efectos positivos en tus hijos. Desafortunadamente, lo más probable es que todavía no se den cuenta. Los niños se limitan a reaccionar cuando no obtienen lo que quieren. Pero eso no significa que el hecho de no haber conseguido lo que querían sea negativo. Por el contrario, percibir que te valoras a ti mismo y priorizas tus propias necesidades es muy beneficioso para ellos. Esto les permitirá crecer valorándose más a sí mismos y a sus propias necesidades.

Tu hijo necesita que lo ayudes a adaptarse a los cambios que estás experimentando. Y tú necesitas luchar contra las secuelas que puedes haberle transmitido. Si observas que tu hijo reacciona a los cambios que has realizado, intenta no reaccionar frente a su reacción. En su lugar, trata de *comprender* su comportamiento preguntándote: *¿Qué es lo que está sintiendo en este momento?* Luego debes transmitírselo amablemente con alguna frase parecida a: «Sé que no estás acostumbrado a escucharme decir esto, cariño. Lo siento, comprendo que debe de ser duro para ti ver que estoy empezando a tomar nuevas decisiones». Esto no impedirá que se enfade porque le dices no. Sin embargo, te sorprenderá descubrir lo importante que es que sencillamente le hables de sus sentimientos y los valores. Volveremos a hablar de este tema más adelante.

3. Identifica tus propios desafíos parentales

La mejor forma de saber de qué manera está afectando a tus hijos la desatención emocional que has sufrido en tu infancia es regresar a ella para entender de qué manera te afectó. Cualesquiera que sean los agujeros o vacíos que tengas en tu salud emocional, serán los mismos que probablemente tengan tus hijos a menos que tú los rellenes. Vamos a volver a la lista de características adultas de las que suelen carecer las personas cuyas emociones no han sido debidamente atendidas. Mientras leas la lista, coloca una marca junto a cada elemento con el cual te has identificado al leer el capítulo tres.

1. **Sensación de vacío**
2. **Contradependencia**
3. **Autovaloración no realista**
4. **Falta de compasión por uno mismo, muy compasivo con los demás**
5. **Culpa y vergüenza: ¿qué es lo que me pasa?**
6. **Rabia hacia uno mismo, culpa**

7. **El defecto fatal: si la gente me conociera de verdad, no les gustaría**
8. **Dificultad para cuidar de uno mismo y de otras personas**
9. **Falta de autodisciplina**
10. **Alexitimia: incapacidad para reconocer, comprender y expresar emociones**

Si no estás seguro de una característica en particular, vuelve a leer sobre ella en el capítulo tres. No le des demasiadas vueltas, sigue tus instintos. Esto no consiste en lo que tú *piensas*, sino en lo que *sientes*. Pregúntate *si sientes que un tema en particular tiene que ver contigo*. Debes confiar en tus sensaciones, y el premio añadido será una buena práctica para aprender a confiar más en tus sensaciones y sentimientos en general.

Ahora que has identificado las características adultas que tienen su origen en tus carencias emocionales, vamos a hablar de cómo cada una de ellas actúa en el contexto de la crianza de los hijos.

1. Sensación de vacío frente a **sensación de plenitud**

La sensación de vacío existe debido a que tus emociones no fueron atendidas en tu infancia. Algo faltaba en la relación que tenías con tus padres en cuanto a la calidad y/o cantidad de conexión emocional. Pensemos en la calidad de los vínculos emocionales de tu familia como la calidad de un combustible. Un niño que crece recibiendo *suficiente* cantidad de un combustible normal, o incluso de mejor calidad, probablemente no tendrá sensación de vacío cuando sea adulto. Si en tu niñez has recibido combustible de menor calidad y como adulto experimentas una sensación de vacío, es muy posible que no estés ofreciendo a tus propios hijos *suficiente* cantidad de combustible de buena calidad.

Si esto te resuena, es muy importante que sepas que *no es tu culpa*. No puedes dar a tus hijos lo que no tienes. Además, es importante que tengas en cuenta que para este dilema existe una solución. No es una fórmula simple, no es un listado, y no tiene nada que ver con cambiar tu conducta. De hecho, *la única forma de dar a tus hijos lo que no tienes es ofrecerte a ti mismo lo que no te han dado*. Tus hijos se beneficiarán de ese cambio.

Y esto funciona del siguiente modo: a medida que trabajas en todos los ejercicios presentados en el capítulo seis, que han sido diseñados para enseñarte a valorar tus emociones, te conviertes en un ser humano más conectado, más expresivo y más consciente. Mientras realizas el proceso de cambio del capítulo siete estás trabajando para llenar tu vacío interior. Cuanto más te ocupes de ti mismo, te quieras, te comprendas y valores tu parte emocional, más te ocuparás de tus hijos y sus emociones, y más los querrás, comprenderás y valorarás. Gradualmente, tu sensación de vacío se irá disipando, y también gradualmente tus hijos serán menos propensos a sentir un vacío interior. Se valorarán a sí mismos y a los demás, y disfrutarán de un amor abundante que los motivará a lo largo de toda su vida.

2. Contradependencia frente a **mutuamente interdependientes**

Si como adulto tienes la característica de la contradependencia, eso significa que en algún momento de tu desarrollo tus padres te transmitieron el mensaje de que no es conveniente que necesites a otras personas y dependas de ellas. Por su falta de atención y de tolerancia ante tus emociones, y por su incapacidad para satisfacer tus necesidades emocionales, tus padres te transmitieron con claridad que lo mejor era que fueras *extremadamente independiente*. Que era más conveniente que evitaras pedir ayuda o atención. Que lo mejor que podías hacer era arreglártelas solo.

Ahora dedica unos momentos a reflexionar sobre esta pregunta: ¿crees que podrías estar transmitiendo este mensaje a tus propios hijos de alguna forma? Dado que has crecido valorando una independencia extrema, tendría sentido que también te pareciera importante enseñarles lo mismo a tus hijos. O quizás ni siquiera has pensado en ello y simplemente repites automáticamente lo que conoces, como todos los padres tienden naturalmente a hacer. En cualquier caso, estás preparando a tus hijos para que no disfruten de una de las grandes ventajas de ser recíprocamente interdependientes con el resto de los seres humanos.

Podrías preguntarte: «¿Qué quiere decir *interdependencia mutua?*». Es el equilibrio ideal para las relaciones entre adultos, más allá de que se trate de relaciones amorosas o de amistad (excluyo los vínculos afectivos entre padres e hijos porque, obviamente, implican una relación de dependencia natural). La interdependencia mutua significa que las dos partes de la relación son capaces de tener un nivel sano de independencia y autonomía, pero cada una de ellas depende de la otra para algunas cosas y en algunos momentos. El potencial de cada persona para cuidarse a sí misma está acrecentado, pero se acrecienta todavía más porque a él se agrega lo que el otro tiene para ofrecer.

Si transmites a tus hijos el mensaje de que no deben depender de nadie, los estás privando de todo lo valioso que pueden ofrecerles las personas que hay en su vida. Y eso se refiere a cualquier habilidad o actitud de otra persona que nos enriquece, nos anima o aligera nuestras preocupaciones. Unos pocos ejemplos simples del vasto océano de posibilidades incluyen: palabras de consuelo, una caricia que nos tranquiliza, ayudar a cambiar los muebles de lugar o una comida preparada con mucho cariño. En nuestra vida debe existir un equilibrio que nos permita dar y recibir, amar y ser amados, cuidar y ser cuidados. Eso es la interdependencia mutua. Y tanto tú como tus hijos merecéis disfrutar de ella.

Si tienes hijos, ¿cómo puedes criarlos con esta clase de equilibrio que no se te da de forma natural? La realidad es que no es nada fácil. Pero las buenas noticias son que los cambios que haces contigo mismo en relación con la contradependencia benefician directamente a tus hijos. Cuanto menos miedo tengas de confiar en los demás, menos miedo tendrán tus hijos. Pero el aspecto más importante de todo esto es que cuanto más disponible estés para tus hijos *cuando te necesitan*, más mutuamente interdependientes serán ellos. No temas convertirlos en personas demasiado dependientes; la única forma de hacer eso es ayudarlos con demasiada frecuencia, y de muy diferentes maneras, cuando *no* necesitan tu ayuda.

Con el propósito de estar disponible para tus hijos cuando lo necesiten, pero sin exagerar, debes sintonizar con ellos. Recuerda a la madre sociópata de Zeke que lo hizo subir a su habitación a escribir cincuenta veces en cursiva: «No volveré a meterme en problemas en el colegio». Es un ejemplo extremo de una madre que no sintoniza en absoluto con lo que su hijo es capaz o incapaz de hacer a su edad. Es muy difícil que una madre con estas características pueda discernir cuándo debe acercarse a su hijo para ayudarlo.

De manera que para poder distinguir correctamente cuándo es adecuado ayudar a tu hijo, será conveniente seguir la comparación expuesta en el capítulo uno entre *padres que crían sanamente a sus hijos* y *padres emocionalmente negligentes,* donde también hablé de Zeke. Tienes que **sentir una conexión emocional** con tu hijo para saber cuándo es el momento oportuno para acercarte a él a fin de calmarlo y ayudarlo, debes **prestar atención** para tener una idea acertada de lo que el niño es capaz o incapaz de hacer y poder reconocer cuándo necesita ayuda de verdad, y tienes que **responder de manera eficaz**, lo que significa ofrecerle la ayuda pertinente.

Ningún padre es perfecto en todos estos aspectos. Lo único que puedes hacer es dar lo mejor de ti. Si lo haces, tus hijos te querrán y valorarán de un modo diferente, porque sentirán que los comprendes y que tendrán tu apoyo y tu ayuda cuando lo necesiten. Estarán más deseosos de alcanzar sus objetivos, tener relaciones más enriquecedoras y desarrollar su propio potencial. Serán independientes, pero también capaces de aceptar la ayuda de los demás. Se sentirán menos solos en el mundo a lo largo de toda su vida.

3. Autovaloración no realista frente a **sentido de identidad claro y firme**

La característica adulta de la autovaloración no realista consiste en básicamente en no saber realmente quién eres. Recuerda que dije que los niños aprenden sobre sí mismos por verse reflejados en la mirada de sus padres. Ese reflejo es difícil de advertir cuando tus padres no te miran demasiado. Si como adulto tienes una visión de ti mismo que no es clara o no se basa en la realidad, es probable que tus padres no te prestaran suficiente atención cuando eras niño. Esto puede significar que no pasaron contigo todo el tiempo que hubiera sido conveniente, aunque no necesariamente. Un padre o una madre puede estar con sus hijos las veinticuatro horas de los siete días de la semana (no pretendo decir que esto sea sano) y, sin embargo, no verlos de verdad. **Prestar atención** en este caso no significa servirle todo el zumo que le apetezca. Tampoco se refiere a la manera ingeniosa de colocarle un bonito pasador en el cabello. Prestar atención quiere decir darse cuenta de cuáles son sus puntos fuertes y débiles, las cosas que le gustan y las que le desagradan, y luego recordarlas para transmitírselas de una manera que pueda serle útil. De este modo, el niño, o la niña, puede interiorizar una idea realista de quién es.

Una de las hojas de cambios que presenté fue «Lo que te gusta y lo que no te gusta». Esta hoja fue diseñada para ayudarte a tomar más conciencia de las cosas que te producen placer y aquellas que te desagradan. Lo que te gusta y lo que no te gusta repercute en la autovaloración, como también lo hacen las habilidades, el aspecto físico, los rasgos de personalidad, el intelecto, las habilidades y preferencias sociales, los hábitos y la casi infinita cantidad de otros factores que constituyen la persona que eres. El proceso que utilizas para aprender qué es lo que te gusta y lo que no te gusta, también se puede emplear para conocer un poco más las complejidades que conforman tu identidad. Y ese proceso también se aplica a tu manera de criar a tus hijos.

Mientras tus hijos crecen es importante que les prestes atención a diario y además que les hagas comentarios que les permitan mejorar. Esto no quiere decir ser muy crítico o negativo, porque eso puede menoscabar la autoestima del niño. Pero si observas que tu hijo juega mucho mejor al fútbol que al béisbol, podrías decirle, por ejemplo: «¡Eres un máquina jugando al fútbol!». Sin embargo, no deberías decirle lo mismo en relación con el béisbol si no fuera verdad. Tampoco deberías decir: «El béisbol no se te da muy bien», porque esta frase es muy negativa y podrías hacerle daño.

Comunícale a tu hija cuáles son las asignaturas para las que tiene un talento especial y háblale también de aquellas en las que suele tener dificultades. Por ejemplo: «Tenemos que dedicar más tiempo a las matemáticas». Si tu hijo parece tener poco talento para el violín pero le encanta tocarlo, haz hincapié en que admiras su amor por la música y su deseo de trabajar duro para dominar el instrumento. Evita decirle que es una tarea demasiado ardua, porque podrías herir sus sentimientos. Evita también hacer comentarios que no sean realistas. Sé sincero, cariñoso, cuidadoso y claro.

Algunas veces lo único que tienes que hacer es estar presente, observar y callar. Tus hijos tomarán nota de tu presencia e interés, y se verán a sí mismos a través de tus ojos. Durante dieciocho años o más, se mirarán una y otra vez en el espejo de sus padres. Conocerán las distintas partes de sí mismos y las verán crecer, modificarse y desarrollarse. Esas partes confluirán y reflejarán la imagen de una persona completa y plena, y esa persona sabrá qué es lo que quiere y de qué es capaz. Llegarán a su vida adulta con una importante ventaja que tú no has tenido: una representación completa y clara de quiénes son. Este es un regalo que solo tú puedes darles.

4. Falta de compasión por uno mismo frente a **compasión**
No quieres que tus hijos crezcan tratándose a sí mismos con dureza y desvalorizándose por sus equivocaciones. Lo que deseas es que aprendan de sus errores, que sigan creciendo y queriéndose a sí mismos. Tu trabajo es enseñarles a ser compasivos consigo mismos y con los demás. Para hacerlo, puedes aplicar los mismos cuatro principios de la autocompasión que presenté en el capítulo siete. Si eres compasivo con tus hijos, aprenderán a ser compasivos consigo mismos y con los demás.

Recuerda que el primer principio de la autocompasión es la regla de oro al revés. A continuación, te explico cómo se aplica a la crianza de los hijos:

> *Compórtate con tus hijos como te gustaría que tus padres se hubieran comportado contigo.*

Una persona que ha sufrido negligencia emocional no puede utilizar la programación que ha recibido en su infancia con sus propios hijos. Dado que esa programación fue instalada por sus cuidadores primarios, eso significaría transmitir a sus hijos las carencias de su infancia. En la crianza de tus hijos es fundamental que trabajes con ahínco para superar tu propia programación con el fin de crear patrones sanos para ellos. De manera que cuando tu hijo, o hija, toma una mala decisión, comete un error o hace algo irreflexivo o incorrecto, es importante que no reacciones de inmediato. Las reacciones emocionales impulsivas están determinadas por tu programación infantil. Tómate un momento para relajarte y piensa: «Si yo fuera mi hijo, ¿qué necesitaría que mi padre, o mi madre, hiciera ahora mismo para poder aprender de lo que ha pasado y seguir avanzando?».

El segundo principio de la autocompasión aplicado a la crianza de los hijos implica observar y actuar cuando el niño se está tratando con dureza. Si percibes que se está castigando por sus errores, o que se enfada mucho consigo mismo, es el momento de ayudarlo. Debes señalarle que la rabia que descarga contra sí mismo es excesiva. Aunque tu intervención no parezca ser de gran ayuda en ese momento, plantará una semilla en el fondo de su mente que tarde o temprano brotará. Luego debes consolarlo con los mismos recursos que tienes para tranquilizarte a ti mismo, de manera que pueda aprenderlos e interiorizarlos.

El tercer principio de la autocompasión es transmitirle a tu hijo tu sabiduría y tu compasión para que se beneficie de ellas. Para poder aprender a perdonarse a sí mismo, el niño tiene que sentir que lo perdonas. Este principio integra los dos anteriores, porque supone responder a los errores de tu hijo ayudándolo cariñosamente a que se haga responsable de ellos, intervenir cuando consideras que está siendo demasiado severo consigo mismo, ayudarlo a entender el motivo del error y la situación en la que se produjo y, por último, perdonarlo. Cuando consigas hacer todo esto por él, podrá aprender a hacerlo por sus propios medios.

El cuarto principio de la autocompasión es ayudar a tus hijos a desarrollar una voz interior amorosa pero firme. Este principio es vital para que aprendan a ser compasivos consigo mismos. Recuerda el ejemplo que presenté en el capítulo siete sobre cómo utilizar una voz interna sana después de experimentar una sensación de vacío. Este es un buen criterio para aplicar con tus hijos. Tu función consiste en hablarles de lo que ha sucedido y de los motivos que han generado esa situación particular, y ayudarlos a identificar por sí mismos en qué se han equivocado. Luego vuelve a destacar que lo importante es aprender de los propios errores. Acompáñalos en el proceso de comprender, aprender y perdonar. Este proceso es extremadamente valioso porque ayudará a tus hijos a asumir la responsabilidad de sus actos, y desarrollar la confianza suficiente para llegar a ser adultos fuertes y exitosos que sientan amor y compasión por sí mismos y por las demás personas.

5. Culpa y vergüenza frente a **autoaceptación sana**

¿Recuerdas qué es lo que causa culpa y vergüenza en las personas que han sufrido este tipo de negligencia? Que los padres no acepten ni valoren los sentimientos de sus hijos. El resultado es que los niños terminan por sentir que hay algo malo en el hecho de tener emociones. Dado que todos tenemos emociones, el niño o la niña podría finalmente sentir vergüenza de su parte emocional e intentar ocultarla ante los demás, o incluso ante sí mismo. Entonces, ¿qué es lo que puedes hacer para asegurarte de que esto no les ocurrirá a tus hijos? Evidentemente, aceptar y valorar sus emociones.

Teniendo en cuenta que en tu infancia tus padres no se ocuparon de las tuyas, esto puede resultarte más difícil de lo que parece. Tendrás que trabajar contigo mismo para sentirte más cómodo con las emociones en general. Deberás ser tolerante con lo que sienten tus hijos, aun cuando consideres que sus sentimientos son excesivos o inadecuados. A continuación, te ofrezco algunas sugerencias para comprender y aceptar las emociones de tus hijos. Para ilustrarlo, vamos a pensar que sus sentimientos son como agua que fluye de ellos.

- Aunque coloques una barrera frente a una corriente de agua, de cualquier manera, fluirá hacia algún lugar. Rodeará la barrera, o pasará por encima de ella, y si no tiene ningún sitio por donde fluir, volverá hacia atrás en dirección al sitio del que manó (lo que significa que tus hijos volcarán sus propias emociones sobre sí mismos). El agua no se detendrá y siempre fluirá hacia alguna parte. *No puedes detener el flujo de los sentimientos de tu hijo*. De manera que te ruego que no lo intentes.
- Con el fin de encargarte del agua que fluye, debes dejarla correr mientras te diriges a la fuente de la que manó. De modo que cuando tu hijo o hija esté sintiendo algo, deja que sus sentimientos fluyan y al mismo tiempo intenta conectar con la causa original. Esto implicaría hacerle algunas preguntas para que ambos podáis entender o pensar juntos cuáles son las situaciones que podrían haber provocado o intensificado esos sentimientos.
- Presta atención para evitar el peligro de que los sentimientos de tu hijo fluyan hacia su propia persona o en tu dirección. Aunque no es aconsejable intentar contener sus sentimientos, hay momentos en los que es aconsejable intervenir para ayudarlo a gestionarlos. Contener los sentimientos y ayudarlo a gestionarlos no quiere decir lo mismo. Es la diferencia que existe entre «los chicos no lloran» y «vamos a intentar descubrir juntos qué es lo que está pasando y qué podemos hacer para resolverlo».

- Ten en cuenta que los sentimientos de tus hijos son una parte básica de su persona, y están arraigados en su anatomía humana. No debes transmitirles el mensaje de que no deben tenerlos; lo que deben aprender de ti es que es posible y necesario gestionarlos.
- Utiliza las habilidades para gestionar las emociones que mencioné en el capítulo seis, para ayudar a tus hijos a desarrollar esas aptitudes que son esenciales.
- Utiliza las habilidades para gestionar tus propias emociones, y tus hijos también las aprenderán a través de tu ejemplo.

Si haces todo lo posible para aplicar todos los principios para gestionar las emociones que he citado, enseñarás a tus hijos lo opuesto a la culpa y la vergüenza. Les estarás enseñando habilidades esenciales que en el futuro podrán utilizar en todos los ámbitos de su vida. Les transmitirás el mensaje de que sus sentimientos son una parte normal y sana de su identidad, que deben prestar atención para entender qué es lo que les dicen, pero que no están a su merced. Como resultado, tus hijos crecerán aceptando e incluso valorando esta parte vital y enriquecedora de sí mismos que les permite conectar con los demás.

6. Culpa frente a **perdón**

Perdonar es la etapa final de la autocompasión. Cuando tu hijo o hija toma una mala decisión o comete un error, recurrirás a los principios de la compasión para ayudarlo a comprender qué parte del error le corresponde asumir, qué parte se debe a otra persona y qué parte tiene que ver con las circunstancias. Luego lo ayudarás a descubrir cómo corregir ese error y evitar que vuelva a ocurrir. Finalmente, lo ayudarás a perdonarse y a dejarlo atrás.

Invertirás todo este tiempo y energía en la crianza de tus hijos porque has experimentado personalmente lo que significa que tus padres no lo hayan hecho. Sabes por propia experiencia que si no dejamos atrás los errores cometidos a lo largo de nuestra vida, nos quedamos estancados en ellos. Si no nos perdonamos, nuestras equivocaciones pueden convertirse innecesariamente en una gran parte de nosotros mismos. Pueden tomar las riendas de nuestra propia identidad e incluso convertirse en la persona que somos. Tú no deseas que tus hijos queden marcados por sus errores, como quizás te ha sucedido a ti. Enséñales ese paso final que es *dejarlos atrás*. De esta forma, sus errores se ajustarán a la realidad y podrán ser libres para asumir riesgos apropiados de una manera sana, manteniendo intactos su autoestima y su amor por sí mismos.

7. El defecto fatal frente a **agradable y amable**

Probablemente recuerdes que el defecto fatal es la sensación de ser imperfecto en algún sentido: «Si llegaras a conocerme mejor, no te gustaría». Esta creencia prolifera entre quienes han crecido en un entorno en el que no se tenían en cuenta sus emociones debido a que no han recibido suficiente atención y cariño de sus padres. Cuando se pregunta a estas personas si se han *sentido queridas* a lo largo de su desarrollo, muchas de ellas responden: «Siempre *supe* que mis padres me querían». No obstante, saber no es sentir, y aquí la clave son los sentimientos.

Es fundamental que te asegures de que tus hijos no solamente saben, sino también *sienten*, que los quieres y los valoras. Los abrazos cariñosos, los acercamientos cálidos, las risas y el hecho de disfrutar verdaderamente de la personalidad de tus hijos contribuyen considerablemente a que les transmitas ese *sentimiento*. Reconozco que esto puede parecer *Parenting 101*,* pero el caso es que muchas personas que han crecido en un ambiente de negligencia en lo que se refiere a las emociones no han recibido estas muestras de afecto con suficiente frecuencia. Y si esta habilidad no te sale de manera natural, tendrás que desarrollarla por el bien de tus hijos.

Y para ir un poco más allá, un paso esencial para impedir que tus hijos lleven a cuestas el defecto fatal es ocuparte del tuyo. El defecto fatal es una de esas características que al parecer se transmiten de padres a hijos prácticamente por osmosis. Se filtra desde los padres hacia los hijos de forma inadvertida y termina convirtiéndose en una parte de la identidad de los niños, como ya ha sucedido con la del padre o la madre. Por ser una emoción latente compleja, las personas rara vez tienen conciencia de ella y, en consecuencia, no pueden ponerle palabras. Sin embargo, es una sensación que está siempre presente, que incide sobre muchas de sus decisiones y cuelga sobre su cabeza como una nube negra (recuerda a Carrie, del capítulo tres). Sin embargo, si no experimentas esa sensación no tienes que preocuparte por el factor osmosis.

Espero que al leer esta sección te haya quedado claro en qué medida los sentimientos que experimentas en relación con tu propia persona se filtran hacia tus hijos. Si *sientes* amor por ti mismo, tienes mucha mayor capacidad de *sentir* amor por tus hijos. Si tienes una fuerte autoestima, eso también se filtrará hacia ellos. La cuestión fundamental es que cuando tú te ocupas de lo que sientes que falta dentro de ti, no traspasas esas carencias a tus hijos.

8. Dificultad para cuidar de uno mismo frente a **dar y recibir**

Si tus emociones no han sido debidamente atendidas durante tu desarrollo, probablemente sientas que hubo lagunas en los cuidados

---

* N. de la T.: *Parenting 101* es un libro sobre los principios básicos para criar a los hijos con amor, disciplina y apoyo, centrado esencialmente en desarrollar relaciones estrechas.

que te prodigaron tus padres. Tal vez te cuidaron muy bien en algunos sentidos, como por ejemplo físicamente, pero no en otros. Me refiero a una forma cálida y afectuosa de cuidar de los hijos, de atenderlos con cariño. ¿Recuerdas a David, que se enfadaba con su hija porque era la única que lo hacía conectar con sus sentimientos? Como ya he mencionado, David era una esponja que estaba demasiado lejos del agua. Su ser emocional se había secado y se había tornado quebradizo, por eso tenía grandes dificultades tanto para dar como para recibir.

Debido a que tus padres no te cuidaron con suficiente cariño durante tu infancia, tu trabajo actual es asegurarte de que tus hijos, que son como esponjas, nunca se sequen. Cada gesto o acción especial destinados a asegurarte de que tus hijos se sienten cuidados y protegidos, los prepara para que sean capaces y estén dispuestos a hacer lo mismo con otras personas. Tu deseo es que tus hijos tengan el mayor éxito posible cuando se casen y tengan hijos. Si los cuidas con amor a lo largo de su vida, dispondrán de un gran caudal de cariño para ofrecer a las personas que aman.

A continuación, presento algunas ideas que te ayudarán a prestar atención a las emociones de tus hijos, comprenderlas y apoyarlas:

- Abraza espontáneamente a tu hijo, o hija, si observas que parece estar triste.
- Pregúntale si se encuentra bien cuando crees que puede estar enfadado.
- Pasa más tiempo con él o ella cuando sientas que lo necesita.
- Si está en un momento de transición o pasando una fase difícil –por ejemplo, acaba de empezar o terminar el colegio, os habéis mudado, o ha cambiado de amigos– intenta hablar con él o ella, y haz algo especial para mostrarle que comprendes por lo que está pasando.

- Presta atención en general a lo que siente. Ayúdalo a tomar conciencia de sus sentimientos y a ponerles palabras. Acepta y valora esos sentimientos para que sienta que lo estás cuidando amorosamente.

9. Falta de autodisciplina frente a **tener todo bajo control**
Como ya he mencionado, tus propias dificultades con la autodisciplina reflejan probablemente los mensajes sobre la disciplina que has recibido de tus padres. Los niños librados a su propia suerte pronto aprenden a ser demasiado indulgentes consigo mismos, aunque también pueden aprender a tratarse con excesiva severidad. Pueden aprender a tildarse de vagos, a desarrollar una tendencia a postergar o a ser adictos a las compras. Pero lo que *no* aprenderán es a obligarse a hacer lo que no les apetece y a dejar de hacer lo que no deberían hacer. Tus hijos tampoco aprenderán a autodisciplinarse, a menos que les ofrezcas lo que a ti te ha costado tanto conseguir por tus propios medios: organización, reglas claras y consecuencias adecuadas y predecibles.

Organización: cuando pones reglas para que tus hijos sean ordenados, les estás enseñando a organizarse por sí mismos. Por ejemplo, los días de semana hay que irse a la cama a las nueve de la noche. Esa es una regla razonable. Cuando pones reglas y los obligas a cumplirlas, les estás enseñando a establecer sus propias normas y atenerse a ellas. Otro ejemplo podría ser hacer la tarea escolar al volver del colegio antes de salir a jugar. Gracias a tus órdenes se obligan a ignorar sus propios impulsos. Cuando sean mayores y tengan el control de su propio tiempo dispondrán de esta capacidad para gobernar sus impulsos. Si son capaces de organizarse, tendrán muchas menos probabilidades de postergar las tareas.

Reglas: una vez que hayas establecido un orden firme pero razonablemente flexible, es muy importante que tus hijos lo tengan muy claro. En cierto sentido, la autodisciplina es la capacidad de establecer reglas claras para uno mismo y luego obligarse a cumplirlas. Esta es la disciplina sana que deberás enseñar a tus hijos. Asegúrate de que las normas son claras, apropiadas a su edad y fáciles de respetar. Pégalas en la nevera o anúncialas en una reunión familiar. No las cambies sin motivo, ni tampoco sin decírselo primero a tus hijos. Los niños deben saber con claridad qué es lo que se espera de ellos.

Consecuencia: tus hijos deben saber qué pasará si no obedecen una regla. Decirle «si no sacas la basura el martes *lo pagarás caro*» no funciona. Sin embargo, «si no sacas la basura el martes no podrás usar el iPod hasta que lo hagas», es un comentario válido porque la consecuencia es clara. «Si no sacas la basura el martes llevaré tu iPod a una tienda de beneficencia» no funciona porque esa consecuencia es excesivamente dura. No se ajusta a la falta cometida. La consecuencia tiene que ser clara y apropiada a la vez. Y, lo más importante, no se debe omitir. No puede depender de si has estado atento a lo que ha sucedido o de si tienes energía para cumplirla. Tu hijo necesita saber que estás hablando en serio y también qué puede esperar de ti. De lo contrario, solo aprenderá a incumplir las normas y tendrá problemas con la autodisciplina.

10. Alexitimia frente a **conciencia emocional**

Mientras leías este libro tal vez hayas advertido que la conciencia emocional es uno de los grandes regalos que puedes hacerles a tus hijos. Quieres que sepan lo que están sintiendo y por qué, y que sean capaces de ponerlo en palabras. También quieres que desarrollen la capacidad de descubrir lo que sienten otras personas, y de alguna manera puedan deducir las razones que motivan los sentimientos y acciones de los demás. Estos son aspectos importantes de lo que Daniel Goleman llama *inteligencia emocional.* Los estudios científicos que ha realizado muestran que una inteligencia emocional alta es un factor de predicción para el éxito mucho mayor que una inteligencia intelectual alta. Las personas que son emocionalmente inteligentes tienen una gran ventaja para desenvolverse en el mundo. Esto incluye el ámbito laboral y también el matrimonio, las situaciones sociales y la crianza de los hijos.

Conociendo la importancia de estas habilidades, ¿cómo puedes asegurarte de que tus hijos las tengan? Debes tener en cuenta que todo lo que hemos hablado en este capítulo contribuye a que tus hijos desarrollen la conciencia emocional. Pero también puedes hacer mucho más.

Tus hijos aprenderán poco sobre las emociones en el colegio, si es que allí realmente aprenden algo. Esta parte de la crianza te corresponde a ti. A continuación, presento cinco pasos que debes seguir para enseñarles la importancia de las emociones con el fin de que desarrollen un alto nivel de conciencia emocional:

1. Presta atención para percibir los sentimientos de tus hijos.
2. Haz un esfuerzo para sentir lo que están sintiendo.
3. Pon palabras a sus sentimientos, enséñales a utilizar sus propias palabras para expresar lo que sienten. Utiliza la «Lista de palabras para los sentimientos» de la sección «Recursos para la recuperación», que puede ser de gran ayuda en esta tarea.
4. Emplea tus habilidades para formular preguntas verticales con el fin de ayudarlos a comprender los motivos de sus sentimientos.
5. Haz de las emociones una parte importante de la vida. Utiliza el lenguaje emocional diariamente. Al hacerlo, ya estarás transmitiendo a tus hijos el valor y la importancia de las emociones, y estimularás su interés para comprender la *parte emocional* de la vida.

A medida que leías esta sección, ¿comenzaste a sentirte culpable? ¿Te has juzgado a ti mismo por no hacerlo todo bien? Si la respuesta es afirmativa, es comprensible. Eso significa que eres como muchos otros padres preocupados por el bienestar de sus hijos y cariñosos. Cualquiera de ellos puede fracasar en algunos de estos aspectos. Ninguno está libre de falta. Todos los padres tienen dificultades y todos se equivocan en algunas ocasiones. Y tú, que has sufrido carencias emocionales, tienes dificultades añadidas. Debes ser compasivo contigo mismo, aprender de tus errores y seguir esforzándote por avanzar.

Si has sido capaz de identificar los ámbitos en los cuales la desatención te ha afectado, y en este capítulo has encontrado respuestas para lo que debes hacer con todo eso, tienes grandes posibilidades de corregir esos problemas en beneficio de tus hijos. Los niños son sorprendentemente resilientes y tienen una gran capacidad de recuperación. Los adolescentes suelen reaccionar más lentamente a los cambios de sus padres, pero terminan por hacerlo. Lo importante es que no renuncies a modificar tu programación. Debes hacerlo por tu propio bien y también por el bien de tus hijos.

Ser padres es uno de los mayores privilegios de los seres humanos. Independientemente de cuáles hayan sido las cartas que nos han tocado, es nuestro imperativo biológico y social hacerlo mejor con nuestros hijos. Nuestro trabajo es volver a mezclar las cartas, y poner mayor atención y dedicación en la crianza de nuestros hijos para ofrecerles las ventajas que nosotros no tuvimos. Te garantizo que no hay nada en este mundo que te haga sentir más lleno que criar mejor a tus hijos de lo que te han criado a ti. Es lo más satisfactorio, positivo, enriquecedor y heroico que jamás podrás hacer. Y lo sentirás en cada paso del camino. Tus hijos se convertirán en las mejores versiones posibles de sí mismos, igual que tú.

Capítulo 9

PARA EL TERAPEUTA

Durante los quince años que trabajé como psicoterapeuta, el concepto de negligencia emocional comenzó lentamente a hacerse visible para mí. A lo largo de todos esos años traté a muchos pacientes que no parecían beneficiarse demasiado de las herramientas habituales de nuestra práctica clínica: empatía, toma de conciencia, terapia cognitiva, confrontación, terapia familiar o de pareja, medicación y algunas otras. Durante un tiempo me sentí incapaz de entender qué era lo que les sucedía. En su historia clínica parecía faltar algo esencial, algo que podría ayudarme a entender a la persona en su conjunto, sus síntomas y su sufrimiento. Era como si yo fuera uno de los ciegos de la fábula, que reconocen las diferentes partes del elefante pero no son conscientes de que existe un elefante completo.*

Al final, el valiente compromiso con el tratamiento de algunos de mis pacientes me ayudó a tomar conciencia de este problema latente. A pesar de su contradependencia, fueron capaces de

* N. de la T.: «Los ciegos y el elefante» es una parábola originaria de la India, desde donde alcanzó una difusión notable. Se ha utilizado para ilustrar la incapacidad de los seres humanos para conocer la totalidad de la realidad.

permanecer en terapia durante un periodo de tiempo lo suficientemente largo como para que yo pudiera reconocer lo que estaba sucediendo debajo de la superficie, ponerle un nombre y abordar el problema.

A medida que este elemento que faltaba empezó lentamente a convertirse en un modelo completo en mi cabeza, me descubrí pensando en él con el nombre de negligencia emocional. No podía recordar haber leído ningún artículo ni libro, ni tampoco haber asistido a ninguna formación, donde se hubiera puesto el foco de atención en este concepto. Sin embargo, era una expresión que me resultaba familiar y tenía un significado específico para mí.

Sentí curiosidad por saber si había alguna ciencia que apoyara las observaciones sobre las que se basaba este modelo. Invertí muchas horas en las bibliotecas de la American Psychological Association ('asociación americana de psicología') buscando artículos de revistas especializadas, libros o documentos académicos que pudieran versar sobre la negligencia emocional. Lo primero que descubrí fue que las palabras *emoción* y *negligencia* suelen utilizarse juntas en los escritos clínicos y académicos, y esto me ayudó a entender mi sensación de familiaridad. No obstante, en vez de aparecer como la expresión real *negligencia emocional*, los dos términos normalmente existen juntos de la siguiente forma: *abuso emocional* y *negligencia*. Analizándolo más cuidadosamente, vi con claridad que en este ámbito de la literatura la emoción se aborda como un acto de perpetración: el abuso emocional. Y cuando se habla de negligencia, se hace referencia a la variedad material y observable: la desatención física. Me percaté de que la literatura no se estaba ocupando del acto de omisión difícil de detectar, pero igualmente dañino, que es la desatención emocional.

Fue entonces cuando decidí escribir este libro. Mi intención y mi esperanza residían en llamar la atención sobre el proceso mencionado anteriormente: la omisión, esa hijastra de los errores parentales que a menudo se pasa por alto. Además, me sentía motivada para compartir ese modelo ya que había observado que muchos de los padres que cometen este error de omisión son padres excelentes en otros sentidos, y tienen la mejor de las intenciones. Y esto es precisamente lo que complica todavía más el trabajo realizado por los profesionales de la salud mental para comprender a sus pacientes.

Durante los últimos diez años he desarrollado una gran práctica para detectar la negligencia emocional. He tomado conciencia de que requiere tratamiento, pero también sé que no es una tarea fácil porque los mismos pacientes están más pendientes de otros síntomas que son más notorios. Muchos de ellos también se resisten a la idea de que sus emociones hayan sido desatendidas en la infancia. Y para complicar aún más el tratamiento existe la contradependencia ya mencionada, que con tanta frecuencia forma parte de las secuelas y que es la causa de que muchos pacientes abandonen prematuramente el tratamiento.

He descubierto que cuando un paciente que ha sufrido negligencia emocional por fin admite y acepta el tratamiento de su «elefante», puede acceder más fácilmente a sus emociones más profundas. A partir de ese momento, la terapia tiende a progresar más rápido. Más adelante, en este mismo capítulo, ofreceré algunas sugerencias para identificar y tratar este problema latente, incluyendo cómo neutralizar la contradependencia, y ocuparse de la culpa, la vergüenza y los autorreproches que suelen acompañar a la negligencia emocional. Pero antes vamos a analizar la literatura científica relacionada con este modelo.

Investigaciones

Como ya he mencionado al principio de este capítulo, no he conseguido encontrar estudios ni artículos que describan o analicen directamente el fenómeno de la negligencia emocional. No obstante, podemos afirmar que está estrechamente vinculado con dos grandes campos de la psicología. Veo su núcleo en la intersección donde se encuentran la **teoría del apego** y la **inteligencia emocional**. La teoría del apego es la mejor demostración de que los actos de omisión de los padres dan lugar a las secuelas correspondientes a la negligencia emocional. El ámbito de la inteligencia emocional se ocupa del síntoma central: la falta de reconocimiento y conciencia emocional.

Teoría del apego

El conocimiento científico de la mente humana ha recorrido un largo camino desde que John Bowlby escribió en 1951 *Maternal Care and Mental Health* [Los cuidados maternos y la salud mental]. El libro de Bowlby postuló que el apego del niño a su madre tiene un impacto significativo en la personalidad que tendrá cuando sea adulto. Su teoría fue criticada y cuestionada por otros expertos de la época, que consideraron que no estaba sustentada por una cantidad suficiente de datos. Otros científicos se opusieron a sus ideas porque desafiaban la creencia general de que el desarrollo de los niños se basaba exclusivamente en algo interior, y no tenía nada que ver con las relaciones externas ni los cuidados maternos. Afortunadamente, desde entonces hubo algunos científicos que se dedicaron a estudiar la teoría de Bowlby. Hubo quienes invirtieron muchas horas y días observando y registrando las interacciones más sutiles entre madres e hijos. Utilizando métodos longitudinales* fueron capaces de encontrar algunas de esas relaciones sutiles

* N. de la T.: Un estudio longitudinal es un tipo de investigación en el que se evalúa un mismo grupo de sujetos durante un periodo de tiempo largo haciendo un seguimiento de las características de la muestra de estudio y analizando su evolución durante años.

entre madres e hijos reflejadas exactamente en esos mismos niños años más tarde.

A lo largo de los últimos sesenta años, cientos de estudios sobre el proceso del apego han demostrado la importancia de la conexión emocional entre madres e hijos. En la década de los setenta del siglo pasado, el psiquiatra Daniel Stern ayudó a mejorar nuestra comprensión del apego mediante el uso de grabaciones destinadas a identificar un proceso que denominó «sintonización». Su definición de este término implicaba que la madre respondía al niño con expresiones emocionales o conductas que concordaban exactamente con el estado emocional del bebé o lo reflejaban con acierto. Stern postuló que la sintonización emocional de la madre, que comienza en el momento mismo del nacimiento, transmite a su hijo que es comprendido y que sus necesidades serán colmadas. Esto ofrece al niño una base sólida desde la cual puede proyectarse hacia delante para asumir riesgos y explorar el mundo.

Muchos investigadores posteriores como, por ejemplo, Mary Ainsworth (1971) e Isabella y Belsky (1991) han demostrado la conexión directa que existe entre las actitudes de los padres respecto de las emociones, y la posterior capacidad de sus hijos para gestionar, aceptar y expresar sus propias emociones. La gran cantidad de investigaciones existentes permite afirmar que pocos profesionales de la salud mental, si es que existe alguno, podrían cuestionar actualmente una verdad que está tan bien documentada.

Al examinar las investigaciones realizadas sobre el apego, es posible encontrar numerosos estudios que analizan las respuestas emocionales *fuera de tono* de los padres, por ejemplo, la ira injustificada, las suposiciones emocionales inadecuadas o las interpretaciones emocionales inexactas (todas ellas *acciones* parentales). Pero es difícil encontrar investigaciones que se ocupen de la *falta* de respuestas emocionales por parte de los padres, como pueden ser no conocer a su hijo, no prestarle atención o no responderle, el tipo de piezas faltantes de las que trata este libro. Esto puede deberse a que es difícil observar algo que falta, y todavía más difícil medirlo o documentarlo. Es comprensible que los científicos hayan encontrado que los actos de perpetración son más susceptibles de ser investigados que los actos de omisión, que son tan significativos en la negligencia emocional.

Dada la sólida base científica y el conocimiento generalizado sobre el apego que tienen los profesionales del campo, es sorprendente lo poco que la población en general entiende y utiliza este concepto tan valioso. Para nosotros los profesionales de la salud mental es prácticamente una obviedad que los problemas de personalidad de un individuo tienen sus raíces en su infancia. Sería difícil encontrar un psicólogo, una psiquiatra o una trabajadora social que no se haya sentido frustrado/a por intentar hacérselo comprender a un paciente sin toparse con una gran resistencia.

En mi práctica he descubierto que muchos de mis pacientes, si no la mayoría, se sienten muy incómodos ante la idea de que sus primeros cuidadores tuvieran tanta influencia sobre ellos. Tal vez el hecho de reconocer el increíble poder de los padres es inherentemente amenazante para todos nosotros. Es posible que entender el verdadero impacto que nuestros padres tuvieron en nuestra vida nos haga sentir solos, impotentes o incluso victimizados. Y si además tomamos conciencia del verdadero impacto que tenemos sobre nuestros propios hijos, podemos sentirnos aterrados. De manera que tendemos más a culparnos por nuestros propios problemas y a restar importancia al impacto de nuestra conducta en nuestros hijos.

Uno de mis objetivos al escribir este libro es que la teoría del apego resulte comprensible y asimilable para una gran parte de la población. Estimo que muchas personas no llegan a curarse debido a su resistencia natural a la idea de que su infancia sigue teniendo efectos significativos cuando ya son adultos. Tengo la esperanza de que aquellos cuyas emociones han sido desatendidas en la niñez se reconozcan en las viñetas correspondientes a todas las personas agradables presentadas en este libro, y entiendan que no solo no se debilitarán al comprender el impacto real que los padres tienen sobre la personalidad de sus hijos sino que, por el contrario, resultarán fortalecidos.

Inteligencia emocional

En su libro *Inteligencia emocional*, el doctor Daniel Goleman explica que este concepto consiste en cinco habilidades: conocer las propias emociones, gestionar las emociones, motivarse uno mismo, reconocer las emociones de otras personas y manejar con acierto las relaciones. Podemos decir que un individuo que carece de estas habilidades tiene una inteligencia emocional baja. Como puedes ver, el concepto de inteligencia emocional baja podría considerarse igual a la alexitimia, que ya fue definida en este libro.

Es interesante considerar las diferencias entre el concepto de inteligencia emocional y el concepto de negligencia emocional. En los trabajos sobre inteligencia emocional (en particular, los libros escritos por Goleman) el foco de atención se centra en cómo se desarrolla la baja inteligencia emocional. La interacción entre madre e hijo, descrita previamente a través de la teoría del apego, es analizada como un factor directo en el desarrollo de la inteligencia emocional. Además, el doctor Goleman señala la empatía y la sintonización emocional como factores que contribuyen a la inteligencia emocional, lo mismo que yo hago en este libro con la negligencia emocional. Por lo tanto, hay una gran cantidad de coincidencias en el resultado (síntomas de inteligencia emocional baja y de negligencia emocional) y la causa. Ambas son la consecuencia de la falta de empatía y sintonización parental, y los dos resultados involucran a la alexitimia.

Me interesa mostrar la experiencia interna de una persona cuyas emociones han sido desatendidas en la infancia, y el impacto psicológico tal como se manifiesta en su etapa adulta, por medio del concepto de negligencia emocional. Abordo la cuestión de la falta de apego emocional de los padres y observo la etiología evolutiva desde la perspectiva de la psicología clínica. Mientras Goleman considera los efectos que tiene la incapacidad de los padres para conectar con las emociones de sus hijos desde la perspectiva del *conocimiento emocional,* yo me ocupo de la *constelación de los síntomas psicológicos* resultantes: sensación de vacío, poca conciencia de sí mismo, falta de autocuidado, rabia autodirigida, autorreproches, y demás.

Las personas pueden descubrir que tienen una baja inteligencia emocional gracias a un curso de capacitación laboral o a una evaluación de sus jefes, y pueden tener la oportunidad de aprender y desarrollar las habilidades de la inteligencia emocional en ese mismo contexto. Sin embargo, creo que hay una gran cantidad de personas en el mundo que no tienen la menor idea de lo que les falta, ni del motivo de su carencia. Irónicamente, *necesitarían tener conciencia de sus emociones para percibir que no tienen conciencia emocional*. Esas son las personas a las que está dirigido este libro.

En los trabajos sobre inteligencia emocional, Daniel Goleman y otros investigadores hacen mucho hincapié en la importancia de las habilidades emocionales para tener éxito en la vida. Mi objetivo es diferente. Yo pretendo ayudar a las personas que viven sus vidas sin saber que carecen de esas habilidades, para que se den cuenta de que gran parte de sus problemas se debe a la programación que han recibido en la infancia, y para que dejen de culparse y se curen a sí mismas y a sus hijos.

Identificación de la negligencia emocional

Como ya he señalado, puede ser difícil detectarla, en particular porque a menudo está oculta bajo la depresión, la ansiedad, los traumas, los problemas matrimoniales, las dificultades en la crianza de los hijos, el duelo o alguna otra situación que no es claramente visible y que, sin embargo, es un aspecto fundamental de los problemas del paciente.

El cuestionario que presenté al comienzo del libro ha sido diseñado para ayudarte a identificar a los pacientes que lo han padecido. Puedes copiarlo y utilizarlo libremente en tu práctica. Reconozco con absoluta franqueza que desde que este libro fue editado, no se ha hecho ningún trabajo para investigar la validez psicométrica o la fiabilidad del cuestionario. De cualquier manera, he decidido incluirlo en el libro porque me ha resultado muy útil para identificar las secuelas de la negligencia emocional en mi consulta. Utilízalo a sabiendas de que puede tener limitaciones psicométricas. Yo he observado que un paciente cuya puntuación es 6 o superior es un buen candidato; y si ese es el caso, vale la pena seguir investigando.

En el capítulo tres nombré diez signos y síntomas de la negligencia emocional. Algunos de dichos signos tienen menos probabilidades de ser percibidos, o incluso comunicados, por los pacientes. Es mucho más probable que sean detectados por los terapeutas. A continuación, presento algunas pautas a las que debes prestar atención al trabajar con tus pacientes.

1. Expresar culpa, malestar o rabia autodirigida por el hecho de tener sentimientos

Muchos pacientes que han sido criados en entornos negligentes en lo referente a las emociones se han disculpado por llorar delante de mí durante sus sesiones de terapia. No es inusual para ellos comenzar por disculparse antes de expresar una emoción. Por ejemplo: «Me siento fatal por decir esto, pero realmente no me apetecía en absoluto ir a la reunión familiar», «Sé que esto no es lo correcto, pero en realidad sentí que no quería estar allí», o «Reconozco que esto significa que soy una mala persona, pero la verdad es que me enfado mucho cuando ella hace eso».

2. Defender vehementemente a los padres de las interpretaciones del terapeuta

Las personas que han sufrido negligencia emocional se muestran desesperadas por proteger a sus padres y niegan que hayan sido culpables de sus problemas. Como no pueden recordar lo que sus padres *no hicieron*, tienden a considerarlos padres ideales, y se sienten naturalmente inclinadas a culparse a sí mismas. Cuando la terapia comienza a revelar en qué les han fallado sus padres, estos pacientes responden rápidamente que «lo hicieron lo mejor que pudieron», o que «no se los puede culpar». Esta es su forma de preservar la creencia profundamente arraigada de que son *ellos los culpables* de todo lo malo que les pasa en la vida.

3. Dudar del contenido de sus recuerdos de la infancia

Según mi experiencia, muchas personas cuyas emociones han sido ignoradas en la infancia tienen dificultades para recordar determinadas situaciones de su niñez. Con frecuencia verbalizan que su infancia está tan desdibujada que les resulta difícil diferenciar los acontecimientos con precisión. Más aún, quienes han sufrido este tipo de carencias suelen desconfiar de lo que recuerdan sobre su infancia. Cuando hablan del temperamento enérgico de su madre o de la adicción al trabajo de su padre, etc., a menudo tienden a cuestionar la realidad, la importancia o la validez de sus recuerdos. «Creo que probablemente estoy exagerando. Realmente no fue tan terrible», afirmó una mujer mientras las lágrimas se deslizaban por sus mejillas. «¿No le resulta aburrido escuchar todo esto?», me preguntó un hombre mientras me contaba que sus padres no habían expresado ninguna emoción por la muerte de su perro cuando él solo tenía diez años. «No sé por qué le estoy contando esto, probablemente no tiene ninguna importancia», me dijo otro hombre mientras me comentaba que su padrastro, a quien quería mucho, había desaparecido de su vida después de divorciarse de su madre.

4. No comprender cómo funcionan las emociones, ni las propias ni las ajenas

Como ya he mencionado, las personas que han sufrido desatención emocional en su infancia son candidatas a tener un cociente bajo de inteligencia emocional. Sin embargo, es muy difícil para estas personas advertir que tienen un escaso conocimiento de las emociones. Han crecido en familias en las que se vivía sin tenerlas en cuenta, y en su vida adulta han seguido la misma pauta. En consecuencia, es vital que los terapeutas identifiquen la alexitimia y que le pongan nombre para que ellos la reconozcan. Algunos de los signos son:

- Malestar físico reiterado (que se puede poner en evidencia a través de un sentimiento de vergüenza o de una sensación de nerviosismo) al experimentar una emoción en tu lugar de trabajo.
- Contar historias emocionalmente intensas de una forma completamente vacía de contenido emocional.
- Cambiar de tema rápidamente o recurrir al humor cuando el terapeuta lleva la sesión al terreno de las emociones.
- Mostrar una constante incapacidad para responder a preguntas sobre los sentimientos. Esto puede consistir en dar respuestas racionales o evitativas.

Ejemplo: respuesta racional

P: «¿Qué sentiste cuando te dijo que te iba a dejar?».

R: «Pensé que era una imbécil».

Ejemplo: respuesta evitativa

P: «¿Qué sentiste cuando te dijo que te iba a dejar?».

R: «No me di cuenta de que estaba tan enfadada hasta que me lo dijo».

5. Contradependencia

De acuerdo con mi experiencia, las personas cuyas emociones han sido desatendidas en la infancia se sienten mucho más enfadadas consigo mismas por necesitar ayuda que el resto de mis pacientes. Su contradependencia se hace valer en la relación terapéutica, y he descubierto que lo hace de manera afortunada y desafortunada. El aspecto desafortunado es que puede ser muy difícil que permanezcan en terapia, y el aspecto afortunado es que he sido capaz de utilizar mi relación con ellas para abordar directamente su vergüenza y su contradependencia, y ayudarlas a superarlas.

Los pacientes que han sufrido negligencia emocional pueden considerar que el hecho de hacer un tratamiento psicológico es una debilidad, algo vergonzoso o patético, una tontería o una frivolidad. Presta atención a manifestaciones del tipo: «¿No debería haber superado ya todo esto?», «Apuesto a que no muchas personas de treinta y siete años siguen intentando aprender a decir no» o mi favorita: «No me gusta sentir que la *necesito*. Prefiero dejar el tratamiento durante un tiempo, para asegurarme de que puedo hacerlo solo». Según mi experiencia, a veces puede ser difícil que sigan viniendo a terapia a pesar de que yo –e incluso ellos– percibo que los está ayudando. En la próxima sección daré algunas sugerencias sobre cómo utilizar la contradependencia en el tratamiento.

6. Recuerdos

Tal como sucede con otros diagnósticos y afecciones, identificar la negligencia emocional en los recuerdos de los pacientes puede ser complicado. Esto es especialmente cierto porque cuando les preguntas sobre su infancia, tienden naturalmente a relatar *acontecimientos* de esa época de su vida. Como bien sabes, en sus relatos de lo que sucedió puede ser difícil averiguar qué es lo que *no* sucedió. A continuación, encontrarás algunas sugerencias para saber cuáles son las señales a las que hay que prestar atención en el relato de esos recuerdos:

- El paciente recuerda que sus padres mostraban una considerable incomprensión de sus necesidades y sentimientos, o de su personalidad. Una joven que estaba a punto de terminar el grado de Trabajo Social me habló de la presión a la que la había sometido su familia durante el instituto para que no siguiera ninguna carrera universitaria y se hiciera cargo de la empresa de reparto de ladrillos de su padre. Me encontré preguntándome si estos padres tendrían la más remota idea de quién era su hija.
- El paciente recuerda que sus padres negaron, ignoraron o restaron importancia a sus emociones. Por ejemplo, poco después de que su marido hubiera muerto de forma repentina una madre le comentó a su hijo: «Tu hermana mayor echa mucho de menos a tu padre» y no mostró ningún interés por conocer sus sentimientos.
- El paciente recuerda alguna frase favorita de sus padres para acallar sus expresiones emocionales; por ejemplo: «No te comportes como un bebé», «Olvídalo» o «Deja de llorar». (Observa que muchos padres conscientes pueden usar estas frases en alguna ocasión. No obstante, puede ser utilizada

de una manera muy poco adecuada solamente una vez o empleada frecuentemente, lo que indica que representa una filosofía general de negligencia emocional).

- El paciente tiene recuerdos que transmiten importantes sensaciones de carencia en algún aspecto que no era físico. Por ejemplo: «Me encantaba tocar la guitarra, pero mi madre insistió en que tocara el violín». O: «Yo *realmente* quería estar con mis amigos en el instituto, pero mis padres eran muy estrictos».
- El paciente tiene recuerdos que no parecen importantes, pero están cargados de emociones. Kathleen, a quien conocimos en el capítulo uno, compartió un recuerdo en el que estaba en la playa jugando con su padre en la arena. A un nivel superficial parecía un recuerdo trivial, pero para ella era difícil de olvidar por haber sentido la falta de sintonía emocional de sus padres. Presta atención a este tipo de recuerdos aparentemente poco significativos que en realidad son intensos, porque a menudo el paciente los rememora específicamente porque están cargados con el sufrimiento invisible de la desatención emocional.

Cada vez es más frecuente que los pacientes que empiezan una terapia ya se hayan diagnosticado a sí mismos. Algunas personas son capaces de percibir que están deprimidas o tienen ansiedad. No obstante, no es habitual que un paciente reconozca haber sufrido negligencia emocional. Albergo la esperanza de que los terapeutas estén atentos para descubrir si sus pacientes la han padecido, y también que las sugerencias mencionadas anteriormente resulten útiles para identificarla.

Tratamiento

1. Tratar el problema actual en primer lugar

En la mayoría de los casos el terapeuta percibirá el origen de las secuelas antes que el paciente. Debido a que es difícil para muchos pacientes percibir que han sufrido negligencia incluso después de que el terapeuta lo haya mencionado, puede ser problemático centrarse en él al principio de la terapia. He descubierto que el concepto de negligencia emocional es mejor aceptado por el paciente después de que se haya creado una sólida alianza terapéutica, y esto también se aplica a otros hallazgos que causan dolor. Al tratar este problema, el terapeuta podrá ofrecer al paciente ejemplos de sus carencias emocionales a medida que surja la ocasión. Y así, pieza por pieza, irá desarrollando el proceso, de manera que cuando pueda finalmente presentarle el concepto total, pueda ser un modelo útil y significativo para que el paciente pueda comprenderse a sí mismo.

2. Neutralizar la contradependencia

Debido a la contradependencia, las personas que han sufrido negligencia emocional muestran una tendencia general a abandonar el tratamiento en cuanto sienten algún alivio para los problemas que consideran más acuciantes. Yo creo que la mejor forma de tratar la contradependencia es trabajar con firmeza para que los pacientes cuyas emociones han sido ignoradas en la infancia permanezcan en terapia todo el tiempo que puedan sacar provecho de ella, y cuestionar su contradependencia a cada paso del camino.

Los terapeutas a veces pueden descubrir que se requiere una gran cantidad de energía simplemente para evitar que los pacientes abandonen el tratamiento antes de lo conveniente. Pero para quienes han crecido en un entorno emocionalmente negligente continuar la terapia no es meramente la posibilidad de *realizar* el trabajo terapéutico, *es* el trabajo real de la terapia. Esencialmente, un paciente con estas características obtendrá muchos beneficios al experimentar una dependencia sana de su terapeuta que, cuando era niño, no pudo *sentir* con sus padres.

Cada vez que en una sesión de terapia un paciente hace alguno de los comentarios relacionados con la contradependencia que ya he mencionado, es muy importante detectarlo y abordarlo directamente. El paciente puede hacer este comentario de diversas formas y en diferentes momentos del tratamiento. Cada vez que lo hace, está ofreciendo al terapeuta la oportunidad de tratar uno de sus problemas principales (la contradependencia) desde un nuevo ángulo. A continuación, presento algunas preguntas que me han ayudado a acceder a este problema central:

¿Piensas que es malo necesitar la ayuda de otra persona? ¿Por qué?

¿En qué momento de tu infancia recibiste el mensaje de que no deberías necesitar ayuda?

¿Qué es lo que sientes cuando me necesitas, confías en mí o dependes de mí?

¿Hubo algunas personas en tu infancia que te hicieron sentir que podías confiar en ellas sin sentirte incómodo?

¿Piensas que todas las demás personas ya han resuelto todos sus problemas?

¿Juzgarías a un amigo por hacer terapia?

¿Crees que hay un periodo de tiempo límite para hacer terapia?

¿Sabes qué es la contradependencia? (Luego defínela para que el paciente la comprenda).

¿Temes que te decepcione? ¿Te abandone? ¿O te haga daño de alguna manera?

¿Te preocupa que pueda juzgarte por necesitar ayuda?

¿Por qué te impones normas imposibles?
¿Te das cuenta de que no te estás permitiendo ser humano?

Estos son solamente algunos ejemplos, pero hay una cantidad infinita de formas de hacer frente a la contradependencia. Como es evidente, la decisión final la tendrá el paciente. Pero la cuestión es que el terapeuta deberá aprovechar cada oportunidad que se presente para interpretar la contradependencia. He descubierto que es más provechoso pensar en la dificultad de mis pacientes para permanecer en terapia como una oportunidad, y no como una inconveniencia.

3. Desarrolla la tolerancia frente a las emociones

Los profesionales de la salud mental que trabajan con terapia cognitivo-conductual, terapia psicodinámica, psicoanálisis, tratamientos médicos, personas que tienen adicciones, familias, parejas, pacientes ingresados o ambulatorios, o con tratamientos diarios, deben gestionar muchas emociones en su trabajo. Si bien es cierto que la mayoría de las personas deciden hacer terapia por problemas emocionales, puede ser particularmente difícil abordar las dificultades asociadas al conocimiento y la tolerancia de las emociones con quienes han sufrido negligencia emocional. Este aspecto del tratamiento puede ser el más complicado porque el lenguaje emocional les resulta muy extraño, y experimentar emociones los hace sentir muy incómodos.

Cuando se trata de ayudar a un paciente de estas características a que se sienta más cómodo con sus sentimientos, sugiero un modelo de exposición gradual. En términos de estilo terapéutico, considéralo una desensibilización sistemática y no una terapia implosiva. He utilizado el ejercicio para identificar los sentimientos y ponerles nombre (página 181) con varios de estos pacientes.

Realizar este ejercicio durante una sesión puede ser útil en dos aspectos: evaluar la capacidad del paciente para conectar con sus emociones y comunicarlas, y desarrollar la tolerancia frente a ellas. Cuando en una sesión terapéutica le pedí a un paciente que se sentara frente a mí, cerrara los ojos, dirigiera su atención hacia el interior y se preguntara qué era lo que estaba sintiendo, abrió los ojos de inmediato y me dijo: «Tuve la sensación de estar totalmente insensibilizado». Fue un momento revelador del tratamiento, tanto para él como para mí. En ese instante supimos cuál era nuestro punto de partida, y continuamos utilizando este ejercicio a lo largo de la terapia, siempre con el objetivo inicial de no caer en ese estado.

Es muy importante que el terapeuta señale la emoción que percibe o escucha del paciente en el transcurso de una sesión. Muchos terapeutas lo hacen de manera habitual, pero esto es especialmente importante cuando se trata de estos pacientes. Es necesario utilizar el lenguaje emocional durante la terapia. Pregúntale qué cree que sentía la otra persona en la situación que está relatando. Pregúntale qué era lo que él sentía. Pregúntale que está sintiendo aquí y ahora. (Las tres preguntas anteriores se deben formular en un orden que empiece por la que sea más fácil para el paciente y termine por la más difícil).

He descubierto que es muy útil preguntar a estos pacientes qué fue lo que sintieron cuando se produjeron determinados acontecimientos en su infancia. Como ejemplo tenemos a Kathleen y su recuerdo de jugar en la arena con su padre, que vimos en el capítulo uno. Fue capaz de identificar las razones de la ira que como adulta sentía hacia su madre, después de pedirle que describiera su reacción emocional ante una afirmación aparentemente inocua de su madre cuando era una niña. O a Simon, del capítulo tres, que se irritaba por las preguntas que le hacía sobre las emociones en terapia, pero gracias a las cuales finalmente consiguió resolver sus problemas. Describe las emociones de tus pacientes cuando no sean conscientes de lo que están sintiendo: «Estás afirmando que no es demasiado importante y, sin embargo, parece que hablar de ello te entristece» o «Habías dicho que no te importaba, pero puedo percibir la ira en tu voz». Además, es muy importante que el terapeuta se permita a sí mismo sentir mientras está con el paciente, y que sea auténtico con sus propias respuestas emocionales (evidentemente, sin traspasar los límites terapéuticos).

4. Sirve de espejo

Este aspecto del tratamiento reúne varias facetas de la negligencia emocional previamente mencionadas, y todas ellas implican desarrollar el conocimiento de uno mismo. No se trata de un problema de identidad. Los pacientes cuyas emociones han sido ignoradas tienen normalmente una identidad bien desarrollada; el problema es que no están lo suficientemente familiarizados con ella.

Como ya he comentado, los adultos que han sufrido desatención emocional en su infancia generalmente crecen sin que sus cuidadores les hayan transmitido una información precisa sobre su identidad. De manera que el conocimiento que tienen de sí mismos está distorsionado o es muy deficiente. Cuando son adultos y hacen terapia pueden tener dificultades para definir lo que quieren, lo que pueden y no pueden hacer, y quiénes son en realidad.

En este sentido, puede ser muy útil hablar directamente con ellos del espejo parental. Dado que les resulta difícil entender que sus padres no han sido capaces de devolverles una imagen de sí mismos, el concepto de espejo parental puede ofrecerles una visión clara de lo que *no* recibieron. Una vez que lo comprendan, el terapeuta podrá ayudarlos a completar su propia imagen convirtiéndose en un espejo para esos pacientes. Esto significa observar atentamente todo lo que se refiere a sus preferencias, estilo de aprendizaje, estilo cognitivo, estética, debilidades y fortalezas, y estilo relacional. Luego comunicárselo cuando sea posible, y de una forma que los pacientes sean capaces de asimilar. De este modo podrán verse reflejados en la mirada del terapeuta o aprender sobre sí mismos a través de sus observaciones verbales. En ambos casos, se familiarizarán gradualmente con la persona que son.

Paralelamente, es importante asegurarse de que los pacientes entienden que, *en total, en la visión global*, tienen calidad. Su terapeuta debe transmitirles que sus debilidades y fallos, o el hecho de que no les gusten algunas cosas o personas, no constituyen ningún problema puesto que también tienen cualidades y aciertos, y además en su vida hay personas y cosas que sí les gustan. Esta manera equilibrada de definirse a sí mismos y desarrollar su autoestima será su sostén en épocas de dificultades, decepciones e incluso fracasos.

5. Ofrece una voz parental sana y equilibrada

Una de las cosas más vitales que faltan en el mundo interno de estos pacientes es esa voz interior integrada y equilibrada que se supone que todos deberíamos tener. Una voz que nos habla en épocas de dificultades, nos ayuda a comprender nuestros errores y aprender de ellos, y de alguna forma funciona como nuestra caja de resonancia personal. Vivir la vida sin este anclaje emocional puede causar que las personas cuyas emociones han sido ignoradas en la infancia se sientan desconectadas y vulnerables frente a las complicaciones de la vida. Muchos pacientes con estas características me han expresado que tienen la sensación de no poder controlar su propia vida, que «van a donde los lleva el viento», y que se limitan a tratar de sacar el mejor provecho posible dondequiera que se encuentren. ¿Recuerdas a Josh, del capítulo tres? Tenía grandes dificultades para decidirse por una carrera y renunció a su trabajo de profesor en cuanto recibió algunas críticas. ¿O a Noelle, también del capítulo tres, que se sentía paralizada por su propia voz interior, que era muy severa? Ninguno de los dos había tenido padres que los ayudaran a reflexionar, les enseñaran a aprender de sus errores o les ofrecieran una voz equilibrada y basada en la realidad que ellos pudieran interiorizar. Como adultos, ambos tenían dificultades para ser resilientes frente a los retos de la vida.

Por lo tanto, una parte importante del tratamiento es ofrecerles esa voz equilibrada. El terapeuta debe guiar al paciente para que analice sus experiencias negativas, independientemente de que sean críticas, fracasos o errores. Debe ayudarlo a reflexionar sobre las razones por las cuales tuvo lugar un determinado acontecimiento y qué es lo que puede hacer al respecto, manteniendo en todo momento una actitud compasiva. Cada vez que se dan estas condiciones, el paciente tiene una oportunidad para aprender a pensar en sí mismo de una manera compasiva, reflexiva y equilibrada. Y esto contribuirá a que tenga menos probabilidades de repetir el mismo error o que fracase cuando tenga que afrontar un nuevo reto en el futuro.

6. Resiste el impulso de complacer a tu paciente

¿Por qué sugiero que el terapeuta podría sentir ese impulso? La respuesta no tiene nada que ver con el terapeuta, sino con el paciente. Como ya he mencionado, este tipo de pacientes tienden a pasar de un extremo al otro, lo que significa autocastigarse o sentirse libre de cualquier responsabilidad. Como terapeutas, nuestro objetivo es neutralizar esas dos voces interiores ofreciendo al paciente una tercera alternativa: una voz que le exige responsabilidades de una forma equilibrada y afectiva, una voz que dice la verdad compasivamente.

Este tipo de pacientes, como demuestra el proceso de pasar de un extremo a otro, no solamente tienen una voz interior implacable; también tienen mucha experiencia con la autocomplacencia.

Presentan una tendencia inconsciente a respaldarse en el terapeuta para no asumir responsabilidades. En su mente hay dos opciones: o bien son absueltos, o bien severamente reprobados. Es comprensible que se inclinen reiteradamente por ser absueltos de cualquier equivocación. Más aún, dado que los pacientes que sufren las secuelas de la negligencia emocional son probablemente personas muy agradables, al terapeuta puede resultarle difícil hacerles asumir la responsabilidad del problema en cuestión. Pero si el terapeuta observa que el paciente no está dando lo mejor de sí mismo, puede decir, por ejemplo: «Creo que podría hacerlo mejor». Si se da cuenta de que está tomando malas decisiones, debe decirle lo que piensa y ayudarlo a reflexionar. Y cuando percibe que el paciente se está tratando a sí mismo con excesiva benevolencia, debe hacérselo saber de una forma que neutralice las dos expresiones extremas de su voz interior y dé lugar a una tercera voz que sea compasiva pero firme a la vez.

7. Cuestiona el autocastigo

Este aspecto natural de la mayoría de las terapias se torna particularmente importante con las personas que han padecido las secuelas de la negligencia. El terapeuta debe estar atento a cada palabra, cada insinuación, cada expresión facial y cualquier otra connotación sutil que indique que el paciente puede estar castigándose verbal o mentalmente. Si esto ocurre en presencia del terapeuta, este debe considerarlo como una oportunidad para conseguir que el paciente sea consciente de su voz autodestructiva y del daño que se está infligiendo. Una vez que el paciente tome conciencia de ello, los ejemplos verbalizados por el terapeuta respecto de las palabras, el equilibrio y la fuerza que encontrará en la autocompasión serán mucho más efectivos. La finalidad es que interiorice esta voz, para que con el paso del tiempo llegue a convertirse en su propia voz.

Resumen para el terapeuta

- Presta atención a las señales sutiles.
- Si sospechas que el paciente ha sufrido negligencia emocional, utiliza las herramientas de diagnóstico.
- Señala con prudencia las señales que apuntan a una crianza emocionalmente negligente mientras te ocupas de su estado actual.
- Actúa como un espejo para que el paciente pueda desarrollar el conocimiento de sí mismo.
- Sé la voz del equilibrio, la compasión y el desafío.
- No seas complaciente, cuestiona continuamente el sentimiento de culpa y la rabia autodirigida.
- Neutraliza la contradependencia.
- Habla sobre la tolerancia frente a las emociones, valórala y ayuda al paciente a desarrollarla.
- Ofrece al paciente la relación afectiva, atenta y basada en la realidad que no tuvo con sus padres.
- Ayúdalo a desarrollar la autocompasión y el autocuidado.

Conclusión

Albergo la esperanza de que mi concepto de negligencia emocional resuene con la experiencia de otros profesionales y que provoque la curiosidad de los investigadores. Existen varios supuestos comprobables que subyacen a este modelo:

- ¿Con qué frecuencia concurren los síntomas identificados de la negligencia emocional?
- ¿Esa frecuencia tiene un nivel lo suficientemente alto como para sugerir que están interrelacionados a través de un síndrome latente?

- ¿Cuál es la correlación entre los resultados del cuestionario de negligencia emocional y la percepción individual de los terapeutas sobre la secuelas de la misma en sus pacientes?
- ¿Hay validez y fiabilidad entre los codificadores del cuestionario de negligencia emocional?
- ¿Puede mejorarse la validez y la fiabilidad del cuestionario añadiendo o eliminando determinadas preguntas?
- ¿Progresa mejor el tratamiento cuando el terapeuta utiliza adecuadamente el concepto de negligencia emocional?

Estas son simplemente algunas de las preguntas que creo que justifican un análisis científico. Estoy verdaderamente interesada en ello y espero que este libro sirva para motivar también a otras personas.

Mi mayor esperanza es que este libro arroje luz sobre el concepto de negligencia emocional. Y, lo más importante, que ofrezca claridad, autoconciencia, consuelo y fortaleza a todas las personas que todavía ignoran lo que no han recibido en la infancia y merecen saberlo.

RECURSOS PARA LA RECUPERACIÓN

Para tener más información sobre la negligencia emocional y la recuperación:
www.drjonicewebb.com

Libro de asertividad:
Alberti, Robert E. y Michael L. Emmons. *Con todo tu derecho: asertividad e igualdad en su vida y en sus relaciones*. Ed. Obelisco, 2005.

Libro para mejorar las relaciones:
Real, Terrence. *The New Rules of Marriage: What You Need to Know to Make Love Work* [Las nuevas reglas del matrimonio: lo que necesitas saber para que el amor funcione], Nueva York: Ballantine Books, 2008.

Lista de palabras para los sentimientos:

TRISTE

Lloroso	Apesadumbrado	Dolido
Apenado	Melancólico	Abatido
Desanimado	Afligido	Sombrío
Acongojado	Abrumado	Perdido

Gris
Descorazonado
Desalentado
Malhumorado
Nostálgico
Agobiado
Desdeñado
Desdichado

DEPRIMIDO

Patético
Negro
Adusto
Suicida
Negativo
Mermado
Aborrecido
Despreciable
Desesperado
Malhumorado
Disfórico
Lúgubre
Asediado
Avergonzado
Autodestructivo
Autohumillado
Exhausto
Abominable
Sensación de pérdida
Decepcionado
Oscuro
Taciturno
Morboso
Menoscabado
Culpable
Insatisfecho
Repulsivo
Terrible
Pesimista

HERIDO

Aberrante
Profanado
Estropeado
Lastimado
Atribulado
Repulsivo
Contaminado
Detestable
Mutilado
Marcado
Asediado
Desagradable
Anormal
Aborrecido
Quebrado
Impuro
Degradado
Deteriorado
Maltrecho
Destruido
Despreciable

INCÓMODO

Inquieto
Torpe
Amargado
Nervioso
Desconcertado
Desequilibrado
Indignado
Peculiar
Desmañado
Alterado
Trastornado
Desagradable

Desengañado
Irritable
Descompuesto
Extraño
Disconforme
Descontento
Ansioso

ENFADADO

Misantrópico
Disgustado
Irritado
Perturbado
Despectivo
Exaltado
Desagradable
Rencoroso
Trastornado
Hosco
Ansioso
Furioso
Rabioso
Confrontador
Irascible
Enfurecido
Peligroso
Molesto
Contrariado
Peleador
Gruñón
Agresivo
Encolerizado
Hostil
Ofensivo
Exasperado
Despiadado
Frustrado
Enardecido
Conmocionado
Sublevado
Turbulento
Cascarrabias
Frenético
Horrorizado
Enojado
Exasperado
Asqueado
Violento
Receloso
Dolido
Alterado
Descontento
Insultante
Desagradable
Odioso
Detestable
Amargado
Consternado
Resentido
Encendido
Provocador
Furibundo
Agitado
Tenso

ABURRIDO

Rutinario
Desmotivado
Tedioso
Apático
Monótono
Anodino
Indiferente

HIRIENTE

Mezquino
Rencoroso
Despiadado
Despreciable
Ofensivo
Manipulador
Controlador
Grosero
Amenazante
Maleducado
Peligroso
Malicioso
Dañino
Rabioso
Irrespetuoso
Cruel
Vengativo
Malevolente
Sádico

VULNERABLE

Acosado
Pequeño
Delicado
Superado
Controlado
Contenido
Perdido
Cautivo
Desprotegido
Susceptible
Tierno
Eclipsado
Engañado
Limitado
Quebrado
Oprimido
Acorralado
Prescindible
Débil
Incomprendido
Sensible
Superado
Expuesto

AVERGONZADO

Humillado
Torpe
Tonto
Absurdo
Abochornado
Mortificado
Ingenuo
Llama la atención
Incómodo
Desmañado
Deshonrado

CULPABLE

Indigno
Arrepentido
Engañoso
Incorrecto
Responsable
Pesaroso
Equivocado
Deshonesto
Contrito
En falta
Compungido

SOLO

Abandonado
Sin amor
Inaccesible
Demandante
Distante
Desolado
Desahuciado
Antisocial
Alejado
Necesitado
Nostálgico
Ignorado
Evitado
Excluido
Sobrepasado
Disociado
Sin amigos
Evitado
Enajenado
Rechazado

PERDIDO

Sin rumbo
Estancado
Desconcertado
Disperso
En búsqueda
Sin planes
Confundido

CONFUNDIDO

Ambivalente
Contradictorio
Perdido
Inquieto
Confuso
Aturdido
Embarullado
Distraído
Asombrado
Perplejo
Indeciso
Receloso
Desorientado
Desconcertado
Ansioso
Liado
Indeciso
Anonadado
Inseguro
Dubitativo
Irresoluto
Nervioso
Aturullado
Apabullado
Aturdido
Estupefacto

SORPRENDIDO

Boquiabierto
Horrorizado
Impresionado
Estupefacto
Espantado
Atónito
Pasmado
Extrañado
Curioso
Afectado
Sobrecogido
Conmocionado

Asombrado	Inquieto	Aturdido
Embobado	Anonadado	

NEGATIVO

Dubitativo	Reacio	Llevar la contraria
Reticente	Beligerante	Antagonista
Discordante	Rebelde	Obstinado
Terco	Recalcitrante	

CANSADO

Desgastado	Exhausto	Sobrecargado
Fatigado	Extenuado	Agotado
Débil	Desaliñado	Consumido
Lánguido	Flojo	Agobiado
Confundido	Molesto	Abrumado
Mermado	Nervioso	Desanimado
Acabado	Vacío	Preocupado

ASUSTADO

Temeroso	Ansioso	Aislado
Acorralado	Receloso	Suspicaz
Dubitativo	Cobarde	Amenazado
Tembloroso	Cauteloso	Asustadizo
Aterrado	Nervioso	Inquieto
Aterrorizado	Espantado	Alterado
Agobiado	Alarmado	Preocupado
Atemorizado	Amedrentado	Abrumado

ANSIOSO

Tímido	Inquieto	Neurótico
Cohibido	Confundido	Intimidado

Atemorizado
Preocupado
Cauteloso
Obsesivo
Nervioso
Amedrentado
Aterrado
Irritable
Asustadizo
Frenético
Vergonzoso
Vencido
Cauto
Tenso
Estresado
Disgustado
Confuso
Inseguro
Tembloroso
Enervado

HERIDO

Invalidado
Ridiculizado
Engañado
Quemado
Burlado
Maltratado
Insultado
Ofendido
Abandonado
Intimidado
Oprimido
Injuriado
Torturado
Desalentado
Lastimado
Desanimado
Traicionado
Invisible
Equivocado
Noqueado
Aniquilado
Rechazado
Cogido por sorpresa
Atormentado
Victimizado
Estafado
Rechazado
Ninguneado
Doliente
Agredido
Entristecido
Ignorado
Desairado
Escarmentado
Humillado
Subestimado
Culpado
Desairado
Desgarrado
Despreciado
Olvidado
Perseguido
Afligido
Vilipendiado
Abatido
Maltratado
Machacado
Menoscabado
Desmoralizado

VICTIMIZADO

Acosado
Chivo expiatorio
Embaucado
Anulado
Maldito
Asfixiado
Maltratado
Deshecho
Importunado

Tachado
Cosificado
Engañado
Abatido
Degradado
Rebajado
Forzado
Abusado
Controlado
Censurado
Machacado
Despojado
Denigrado
Denunciado
Engatusado
Estafado
Agobiado
Mortificado

DEFECTUOSO

Mediocre
Insuficiente
Dócil
Inferior
Inepto
Despreciable
Debilitado
Incompetente
Indigno
Débil
Incapaz
Patético
Deficiente
«De segunda»
Inseguro
Impotente
Sumiso
Inútil
Sin carácter
Bloqueado

INDEFENSO

Incompetente
Impotente
Estancado
Controlado
Inepto
Forzado
Desesperanzado
Dominado
Desdichado
Inferior
Ineficaz
Agotado
Desamparado
Reprimido
Inútil
A la defensiva
Impedido
Inservible
Trágico
Patético
Vacilante
Solo
Indeciso
Controlado
Paralizado
Vulnerable
Aburrido
Inmóvil
Poco natural
Angustiado
Frustrado
Vacío
Cansado
Agobiado

INDIFERENTE

Apático	Mortecino	Vacío
Robótico	Muerto	Aburrido
Anodino	Desinteresado	Insensible
Abúlico	Banal	Displicente
Frío	Aburrido	Hastiado
Ausente	Neutral	Reservado
Agotado	Despistado	Soso
Despreocupado	Distraído	

FELIZ

Alegre	Contento	Embelesado
Afortunado	Exuberante	Boyante
Encantado	Glorioso	Deleitado
Gozoso	Entusiasta	Agradecido
Festivo	Jubiloso	Satisfecho
Contento	Alborozado	Luminoso
Exultante	De buen humor	Afortunado
Importante	Optimista	Genial
Brillante	Bullicioso	Dichoso

ABIERTO

Comprensivo	Dispuesto	Seguro de sí mismo
Fiable	Bondadoso	Receptivo
Tolerante	Satisfecho	Empático
Aventurero	Divertido	Exultante
Inagotable	Interesado	Libre
Fascinado	Relajado	

VITAL

Alegre
Brillante
Valeroso
Dinámico
Renacido
Juguetón
Muy feliz
Glorioso
Valiente
Entusiasta
Libre
Provocativo
Animado
Maravillado
Despierto
Vigoroso
Liberado
Optimista
Impulsivo
Espléndido
Lleno de vida
Interesante

BUENO

Sereno
Meritorio
En calma
Fabuloso
Extraordinario
Satisfecho
Contento
Convencido
Relajado
Decente
Cómodo
Motivado
Listo
Brillante
Seguro
Tranquilo
Agradable
Complacido
Sorprendido
Inteligente
Discreto
Confianza en sí mismo

CARIÑOSO

Considerado
Leal
Adorable
Amor
Apasionado
Tierno
Afectivo
Conexión
Admiración
Sensible
Cordial
Amabilidad

INTERESADO

Ensimismado
Indiscreto
Fascinado
Inquisitivo
Entrometido
Absorto
Preocupado
Abstraído
Cotilla
Intrigado
Afectado
Atento

Curioso
Consciente
Imaginativo
Concentrado

FUERTE

Resistente
Tenaz
Resolutivo
Estable
Con autoridad
Perseverante
Revitalizado
Valiente
Singular
Dinámico
Moral
Nervioso
Influyente
Rebelde
Enérgico
Seguro
Ético
Autoconfianza
Franco
Claro
Confrontativo
Dotado
Controlado
Fiable
Capaz
Asertivo
Seguro de sí mismo
Realizado
Sólido
Competente
Corajudo
Vigoroso

POSITIVO

Entusiasta
Emocionado
Afanoso
Aplicado
Serio
Resuelto
Ansioso
Determinado
Inspirado
Halagado
Productivo
Sincero
Esperanzado
Voluntarioso
Entusiasta

ACEPTABLE

Adecuado
Aprobado
Suficientemente bueno
Normal
Funcional
Legítimo
Práctico
Válido

ATENDIDO

Admirado
Apreciado
Estimado
Mimado
Complacido
Honrado

AGRADECIDO

Apreciado
Satisfecho
Complacido
En deuda

INTELIGENTE

Listo
Brillante
Preciso
Avispado
Genial
Centrado
Conocedor
Perspicaz
Claro
Decidido
Rápido
Informado
Observador
Imaginativo
Elocuente
Lógico
Maduro
Sagaz
Sabio
Cualificado
Reflexivo
Sensato
Analítico

AFECTUOSO

Benevolente
Cariñoso
En armonía
Conectado
Empático
Altruista
Compasivo
Amable
Entregado
Apegado
Leal
Generoso
Afectivo
Responsable
Cálido
Comunicativo
Cuidador
Tierno

RELAJADO

Calmo
Despreocupado
Tranquilo
Soñoliento
Liberado
Resuelto
Sereno

ATRACTIVO

Cautivador
Guapo
Gracioso
Irresistible
Llamativo
Atrayente
Interesante
Deseable
Bien parecido

Apuesto
Agradable
Dandi
Bien vestido
Distinguido
Popular
Sexi
Erótico
Estiloso
Caballeroso
Encantador
Espléndido
Elegante
Gallardo

REFERENCIAS

Ainsworth, Mary. «*Infant-Mother Attachment and Social Development: Socialization as a Product of Reciprocal Responsiveness to Signals*». *The Integration of a Child into a Social World.* [Apego entre madre e hijo, y desarrollo social: la socialización como producto de la capacidad de respuesta recíproca a las señales. La integración del niño en el mundo social] Londres: Cambridge University Press, 1974.

Baumrind, Diana. *Effects of Authoritative Parental Control on Child Behavior* [Efectos del control parental autoritario en la conducta del niño], *Child Development 37.4* (1966): 887-907.

Bowlby, John. *Maternal Care and Mental Health* [Los cuidados maternos y la salud mental], Publicaciones Científicas. Diciembre de 1954).

Isabella, Russell y Jay Belsky. *Interactional Synchrony and the Origins of Infant-Mother Attachments: A Replication Study* [Sincronía interaccional y los orígenes de los apegos entre madre ehijo: un estudio de repetición], *Child Development 62* (1991): 373-394.

Jacques, Sharon. *Horizontal and Vertical Questioning* [Preguntas horizontales y verticales]. Seminario de tratamiento de parejas, 2002.

Linden, David J. *La brújula del placer: por qué los alimentos grasos, el orgasmo, el ejercicio, la marihuana, la generosidad, el alcohol, aprender y los juegos de azar nos sientan tan bien*. Editorial Paidós, 2011

McKay, Matthew y Patrick Fanning. *Autoestima*. Editorial Sirio, 2018

Instituto Nacional de Salud. Instituto Nacional de Salud Mental. *Suicide in the U.S. Statistics and Prevention* [Suicidio en las estadísticas de Estados Unidos y prevención]. Bethesda, Maryland: Instituto Nacional de Salud Mental, 2007.

Pleis, J. R., Ward, B. W. y Lucas, J. W. *Summary health statistics for U.S. adults: National Health Interview Survey, 2009* [Resumen de las estadísticas de salud para los adultos de los Estados Unidos]. Centro Nacional para las Estadísticas de Salud. *Vital Health Stat 10* (249). 2010.

Stern, Daniel N. *El mundo interpersonal del infante: una perspectiva desde el psicoanálisis y la psicologia evolutiva*. Editorial Paidós Ibérica, Buenos Aires,1991

Stout, Martha. *El sociópata de la puerta de al lado*. Editorial Obelisco, 2019.

Thoreau, Henry David. *Walden*. Ediciones Cátedra 2005.

Winnicott, D.W. *El niño y el mundo externo*. Editorial Horme Paidós, Buenos Aires, 2009.